聪明的商业咨询师
全局商业思维主导下的策略与技巧

Successful Business Analysis Consulting Strategies and Tips for Going It Alone

[美] 卡尔·魏格斯（Karl Wiegers）◎著　王小刚◎译

清华大学出版社
北京

内 容 简 介

本书分6篇35章，取材于作者数十年的独立咨询顾问生涯，主题包括如何为将来的独立咨询顾问事业打好基础，如何选定方向和目标，如何自我提升，如何识别客户，如何维护客户关系，如何沟通与协作，如何做好财务管理和规划，如何提升自己的专业领域内的个人领导力，等等。这些发自内心的体会和感悟，整合为一本智慧之书，可以帮助有志于深耕于专业领域的读者少走弯路，做到生活、工作与财富的平衡。

本书可以帮助读者提升专业能力，成为高效率的专业人员、咨询顾问、培训师或企业家。

Copyright©2019 by Karl Wiegers
北京市版权局著作权合同登记号　图字：01-2021-4287

本书封面贴有清华大学出版社防伪标签，无标签者不得销售。
版权所有，侵权必究。举报：010-62782989，beiqinquan@tup.tsinghua.edu.cn。

图书在版编目(CIP)数据

聪明的商业咨询师：全局商业思维主导下的策略与技巧/(美)卡尔·魏格斯(Karl Wiegers)著；
王小刚译.—北京：清华大学出版社，2022.8
书名原文：Successful Business Analysis：Consulting Strategies and Tips for Going It Alone
ISBN 978-7-302-59146-7

Ⅰ.①聪…　Ⅱ.①卡…　②王…　Ⅲ.①企业管理－咨询 Ⅳ.①F272

中国版本图书馆CIP数据核字（2021）第192510号

责任编辑：文开琪
封面设计：李　坤
责任校对：周剑云
责任印制：曹婉颖

出版发行：清华大学出版社
　　　　　网　　　址：http://www.tup.com.cn，http://www.wqbook.com
　　　　　地　　　址：北京清华大学学研大厦A座　　邮　　编：100084
　　　　　社　总　机：010-83470000　　　　　　　　邮　　购：010-62786544
　　　　　投稿与读者服务：010-62776969，c-service@tup.tsinghua.edu.cn
　　　　　质量反馈：010-62772015，zhiliang@tup.tsinghua.edu.cn

印 装 者：三河市东方印刷有限公司
经　　销：全国新华书店
开　　本：160mm×230mm　　印　　张：18.25　　字　　数：456千字
版　　次：2022年8月第1版　　　　　　　　　　　印　　次：2022年8月第1次印刷
定　　价：99.00元

产品编号：087734-01

献给克莉丝

这些年来,我长期出差在外

而她,不得不经常一个人用餐,数不清有多少次

推荐序 1

劳拉·布兰登伯格，CBAP，Bridging the Gap 创始人

　　我创办了自己的培训业务，旨在帮助专业人士在职业生涯中期从事商业分析。从这段经历中，我得到一个启示：我们总可以着手去做很多事情，可以去成就很多事情，也可以自主做很多事情。我们人类的天性，就是盼着生活中取得硕果累累，职业生涯中取得更多成就，追求事业有成，成就非凡。对我们中的许多人来说，通往更高成就的道路，就是创业，做自己的 CEO，劳拉·布兰登伯格（CBAP）创建一个属于我们自己并且甘愿为之奋斗不息的公司，脚踏实地地在这个世界上留下我们的印记。从事独立咨询顾问，就是这样的途径之一。

　　与就职于大公司的人相比，独立咨询顾问更自由，薪水更高，影响力更大。不同于只效力于一家公司，咨询顾问可以从很多公司中汲取营养来扩大自己的知识面。而且，对咨询顾问来说，带薪环游世界也是常有的事儿！但只要一涉足咨询顾问业务，就意味着同时一定也要做出一些牺牲。

　　2008 年开始踏上独立咨询顾问之路时，我就抱定一个对自己很苛刻的信念：要成为一名成功的咨询顾问，我肯定会牺牲自己的个人时间，甚至什么时间出现在哪里，都身不由己。所以在真正开始做独立咨询顾问之前，我就改变主意，转而创建了一家对我来说更灵活，也更自由的在线培训公司。虽然这家公司的成就已经远远超出我当初的梦想，但根基并不稳固，信念有偏差，知识储备也不足。

　　如果那一年我的手边有卡尔这本书，想必我已经学会了如何凭借自己的才能和优势创建一个咨询机构以及如何与客户建立起良好的关系。卡尔的这些分享肯定可以在我创建在线培训业务时助我一臂之力，为我节省很多时间，省却许多麻烦。

　　亲爱的读者，你们比我幸运，可以通过这本书一窥卡尔——一名成功的商业分析顾问——的内心世界，了解他在创业伊始和事业发展壮大时期所做的关键决定。再忙，也要抽出时间来读和用。卡尔在书中描述了如何创建一个发展势头良好的咨询机构，以及如何决策和行动。他毫无保留地公开了自己的成功秘诀，分享了如何吸引自己的第一个客户、如何经营好自己的业务、如何与挑剔的客户打交道、如何定价以及如何用更先进的手法提升个人的品牌认知度和个人影响力。

　　翻开这本宝藏书，深入了解如何成为一名聪明的独立咨询顾问，并尽情享受阅读的乐趣吧！

推荐序 2

张楠，埃森哲企业教练

咨询顾问这个头衔，既让人羡慕不已，又让人驻足不前。究其原因，莫过于工作强度和难度都让人望而生畏。在咨询顾问中，难度最大的莫过于独立顾问。本书作者卡尔博士作为独立咨询顾问中的佼佼者，把自己毕生秉持的原则和积累下来的经验，分门别类地进行了总结。阅读本书，犹如与良师益友对话，在衣食住行各个方面为我们提供真诚而实用的建议和指导，如果能够吸收和采纳，将可以帮助我们站在巨人的肩上开启精英顾问的职业生涯。

作者是《软件需求》这部经典的作者，他把 BA 这个角色在捕捉需求时使用的系统性方法、持续改进意识和商业敏感完美地迁移了到独立咨询顾问这个角色。在我看来，书中的内容具有前所未有的宽度和深度，很多观点都引起了我深刻的共鸣。和作者一样，我也是一个长期主义者。在咨询和培训项目中，我始终坚持这样的个人风格：不内卷，但也绝对不将就；知足，但也绝对知不足；有为，但也有所不为；谨慎选择合作伙伴；始终保持高水准的专业技能。

书中的第 2 章和第 3 章尤其适合新入行的咨询顾问阅读。第 2 章的重点是如何选择合作伙伴，包括客户、老板、同事和其他合作顾问等。我们常常说，选择大于努力，咨询项目中所面临的种种选择更是保证项目能够取得成功的基石。

第 3 章的重点是，在咨询和培训项目的交付中如何进行预防性的保护和应对性的补救，我们在最大程度地让客户满意的同时，还需要保护好自己的权益，从旅行检查清单，到合同签署，从"睡后收入"到各类保险，卡尔博士的介绍可谓巨细靡遗，如同长者一样，和我们分享他毕生心血的结晶。

本书可以成为每个咨询甚至专业人士的百宝箱，因篇幅所限，书中精华恕我不能在此一一呈现给大家。期待国内有志于从事咨询顾问的同行们，可以把本书作为照亮前程的灯塔，能够依托于前辈的智慧，砥砺前行，取得累累硕果。

推荐语

"要是我当年创办公司的时候就能看到这本书,那该有多好啊!这可真是一本宝藏书!即使你没有开启自己的咨询顾问生涯,依然可以从中领悟到作者深邃的洞见;即使你当前仍然身为雇员,也可以从本书的许多章节中获得很多启发和帮助,特别是资深人士。"

——凯瑟琳·汉斯
商业分析领导力联盟联合创始人,Kathleen Hass 公司首席咨询顾问

"卡尔·魏格斯在商业分析领域所取得的成就,我多年来一直都有关注。看到他以这样一种妙趣横生而又富有实践意义的方式在本书中分享自己的真知灼见,我真是喜出望外。虽然我本人并不是独立咨询顾问,但书中丰富多彩的主题也可以让我们这些从事其他行业的人受益匪浅。无论是独立顾问还是企业家,也无论是专业服务机构里踌躇满志的领导,还是崭露头角的作家,都可以从本书中吸取到丰富的营养。"

——乔伊·贝蒂
持有 CBAP 和 PMI-PBA 等认证,Seilevel 公司研发副总裁

"书中充满了可操作的实践和远见卓识。尽管已经从事咨询行业很多年,我还是发现书中许多真知灼见引起了我广泛的共鸣。另外,这本书同时也是卡尔·魏格斯(Karl Wiegers)个人对咨询行业职业发展的建议。无论是身经百战的资深咨询顾问,还是面对咨询行业跃跃欲试而心向往之的萌新,都可以从中收获良多。"

——劳拉·帕顿
持有 CBAP、PMP 和 PMI-PBA 认证,BA 研究院创始人

"这本书字字珠玑。尽管已经有 20 年独立咨询顾问经验,但我仍然从中受益良多。如果您是一名新晋的独立咨询顾问,或者您对这一行业已经关注很久,不妨试试作者在书中分享的见解。"

——迈克·科恩
CST,Scrum 联盟以及 Agile 联盟联合创始人,Mountain Goat 创始人

"在我读过的所有咨询相关书籍中,这本书算得上出类拔萃。原因有两点:第一,书中全面覆盖了商业分析咨询领域可能面临的问题,并针对性地给出了切实可行的建议;第二,每章结尾都以"下一步行动计划"的形式告诉读者要采取哪些行动来实现改进。尽管我已经从事咨询服务 15 年,但我依然能从书中吸收到许多有价值的建议,并且把其中的一部分付诸实践。"

——吉姆·伯罗斯恩
Clarrus 咨询集团首席咨询顾问

"本书以非常简洁而又风趣的笔调为独立咨询顾问提供了一个职业生涯指南。在没有把这本书读上两遍之前,千万不要想着逃离朝九晚五的职场,那一步艰难的跨越会让您感受到难以想象的痛苦。"

——加里·K. 伊凡斯
敏捷教练,引导师,用例专家,Evanetics 公司创始人与首席咨询顾问

"本书内容丰富,精彩纷呈,可以帮助您成为成功的演说家、顾问和咨询师。您不需要再走弯路,可以直接借鉴和参考作者多年积累下来的经验教训。我从这本书中学到特别适合我的两点:第一,有效利用检查表这一简洁有效的方式来避免错误;第二,业务规则与业务政策要结合。"

——乔伊斯·斯塔兹博士
Statz 咨询公司商业分析与过程改进领域首席咨询顾问

作者寄语

从本质上讲，咨询往往是一项独来独往的活动。除非就职于一家真正的咨询公司，否则您极少有机会通过观察其他咨询顾问的日常工作来汲取营养。我要感谢许多咨询顾问多年来以讨论或评论的方式与我分享他们的智慧。他们中有些人，早在我在就职于柯达的时候就一直在帮助我，比如约翰·埃尔登博士和乔伊斯·斯塔兹博士，他们都是经验相当丰富的咨询顾问和培训讲师。从其他许多工作搭档身上，我也学到很多很多，特别是拉里·康斯坦丁、诺姆·科斯和史蒂夫·麦康奈尔的深刻见解，让我受益匪浅。亲爱的读者，如果您认识我，如果您跟我也有过这样的对话，那我还要谢谢您！

我要感谢奥德丽娜·碧尔、克劳迪亚·邓克尔、加里·K.伊凡斯、薇姬·詹姆斯、玛格丽特·梅洛尼和詹妮特·皮金，感谢大家慷慨地为本书的初稿贡献内容和分享智慧。乔伊·贝蒂、坦娅·恰普利、琼·戴维斯、芭芭拉·汉斯康、理查德·海瑟薇、琳达·李维斯、斯科特·梅耶斯博士、劳拉·帕顿、贝兹·斯多克戴尔、梅根·斯多威、斯黛芬·斯特朗提供了许多有益的评论，特别是加里·K.伊凡斯。乔伊·贝蒂在商业分析师和项目经理的职业认证方面所做的贡献是富有价值的。我还要感谢迈克·科恩为我分享了他制作的一些核对清单。

我要感谢经销商和出版社的副总裁德鲁·吉尔曼先生独具慧眼，不吝赐教；还要感谢斯蒂夫·巴达和J. Ross的出版人员。

特别感谢我的妻子克莉丝给予我那么多的耐心与宽容。就像大多数咨询顾问的另一半，无数次，她都只能独自一人进餐；独自一人在家里度过几百个寂静的夜晚，而我还不知道远在哪里讲着什么课。每次到达一个新的地方，我都会从当地给她寄张明信片，一如既往地写着同样的话语："在某某地方度过美好的时光。这里每天天气晴朗，阳光明媚，气温26℃。大部分时间我都留在海滩上。真心希望您也能在！"第一张明信片发自伊利诺伊州的皮奥里亚，那是一月里的某一天。那天其实并不怎么阳光明媚，气温也不是26℃。现在，克莉丝已经攒了很多这样的明信片。如果没有她的爱与鼓励，没有她对我那些差旅行程的耐心与宽容，我根本不可能走上独立咨询顾问这条路。"亲爱的克莉丝，我要发自内心地感谢您！"

译者寄语

2021年,是我投身于咨询行业的第十五个年头。

在这十五年当中,不断有朋友问我:"怎样成为一名咨询顾问?"

以往,在没有翻译这本书之前,我对这个问题的标准答案都是下面这样的:

"我建议啊,先请我的太太跟您的太太聊一下,让她了解一下作为咨询顾问的另一半都有哪些艰辛和酸楚。如果您的太太觉得没有问题的话,我再来跟您聊聊怎样成为一名咨询顾问(此处一定要加一个注解,以免除我的性别歧视嫌疑:迄今为止,还没有女性朋友问过我这个问题)。"

之所以这么回答,是因为的确出自我的真情。成为一名咨询顾问,并不是个人的职业选择,而是需要整个家庭共同做出的选择。

本书一开篇,作者卡尔博士就如此这般向卡尔太太深情告白:

"衷心感谢你给予我那么多的耐心与宽容。就像任何一名咨询顾问的另一半一样,无数次,你独自一人用餐,在家里形单影只地度过几百个寂寥的夜晚;而我却还不知道远在哪里讲着什么课。"

相信我,翻译到这一段时,我不禁潸然泪下。毫不夸张地说,每一名咨询顾问的身后,都有一位伟大的、无私的、坚强的而又默默奉献的另一半。

成为咨询顾问之后,我觉得最难以逾越的坎儿就是家庭生活。由于讲师和咨询顾问的身份,我不得不常年穿梭于各个大城市,与形形色色的客户接触,自个儿的家完全顾不上。家,基本上就是一个脱下脏衣服后换上干净衣服的栖息地。

当我对此逡巡犹豫时,我太太有一句话让我充满了底气:"没事,不管怎么着还有我。"如果没有她为整个家庭做出莫大的牺牲和贡献,如果没有她的支持和鼓励,我可能早就放弃这个行业了。

我太太自己的工作也不轻松,她在一家5 000人规模的公司担任助理副总裁,主管整个公司的教育培训工作。在工作之余,每当我有新开发的课程课件,她都天然是第一听众和第一评审,而且还是一位有着火眼金睛且挑剔到近乎严苛的评审者。她还拥有"国际绩效改进教练"的头衔,一旦我对工作稍微有些懈怠或者流露出一点点志得意满的苗头,她都会给我"当头一棒"式的提示和警醒。

我愿意借此机会向我生命中最重要的人表达我最真诚的敬意和谢意。如果说，迄今为止我在讲师和咨询顾问职业生涯中还算小有成就的话，我愿意把这一切都归功于她——我的太太 Angel Zhang（我家领导比较羞涩，特别指示"不署真名"）。人如其名，她真的就像天使一样守护我，守护着我们的家。

　　2021 年，是我投身于咨询行业的第 15 个年头。

　　实话实说，在没有翻译这本书之前，我真的没有想过（当然也不知道）怎样才能成为一名咨询顾问。我踏上这条路上的历程，可以总结为八个字：蓄谋已久，跌跌撞撞。

　　最早接触到"咨询"这个概念的时候，我还在华为工作。当时正值华为延请 IBM 咨询团队引入 IPD（Integrated Product Development，集成产品开发）。第一次聆听咨询顾问介绍 IPD 流程体系内在逻辑的时候，我的脑海里立刻出现了历史长河中运筹帷幄、长袖善舞的那一类人物——谋士。举止儒雅，知识渊博，神通广大却又隐于幕后，区区几个人的团队就可以给几万人的公司带来大规模的变革。我倾慕于他们拥有如此大的"魔力"，同时又不免有些好奇："他们的力量到底源自何处？"

　　后来，我加入了 IBM。我们团队属于咨询业务部门的后端，负责将前端顾问给客户制定的方案（比如传统行业公司的 e-Business 改造方案）落地成为可以运行的软件系统。这正好给了我大把机会近距离观察咨询顾问。他们在工作中表现出来的那种成就感，令我神往。从那时起，我就开始努力寻找机会成为一名咨询顾问。

　　然而，当我真正开始转型成为顾问的时候，我才真正感受到咨询工作中的重重煎熬与痛苦：寻找业务时的沉重压力，无边无垠的工作不确定性，离家数周只能住在酒店里"对影成三人"的孤独，完全不是我想象中那种田园牧歌似的浪漫和潇洒。

　　这其中，最要命的莫过于每天都要面临陌生的问题和全新的挑战。每个领域的业务模式千差万别，每个公司的实际情况迥然相异。我很快就发现自己的知识储备远远不够。恶补自学虽然也是个办法，但效率比较低，有些时候高手的一句点拨就足以抵得上自己去看上整本书。可是，咨询这一行还有个特点，大家的工作模式基本上都是单打独斗。就算有人有心想要帮你，都不一定有时间，更何况你自己也不一定有时间。

怎么办？当时，我服务的咨询公司有很多很优秀的外籍顾问。他们来国内讲课或现场咨询的时候，现场翻译的质量直接决定着咨询服务的交付质量。国内的顾问同事们不愿意去做现场翻译（因为日薪会打一个很大的折扣），如果请专职翻译的话，他们的专业背景又是个问题。就这样，我突然发现自己的机会来了！一方面，我的英语不错，另一方面我的专业经验又超过了专职翻译。于是，此后大约不到半年，我就赢得了公司"首席翻译官"的称号，外籍同事来华时，都点名"让 David 来做现场翻译"。我获得的回报是能够近距离、高效率、无衰减地观察他们的整个咨询工作过程，从中可以汲取到丰富的技术和工具层面的"营养"。

通过这些途径，再加上个人以系统化的方式从"方法论"级别进行学习、总结和提炼，我总算跟跟跄跄地度过了"技能关"。然而，现在回想起十多年前自己那段艰辛的历程，额头上依然冷汗涔涔。因为这种方法（如果称得上是一种方法的话）实在是具有很大的不确定性和不可复制性。

2021 年，是我投身咨询行业的第 15 个年头。

如果 15 年前我手头就有这本书，那该有多好啊！

卡尔博士著作等身，在需求分析和过程改进方面造诣深厚，是业内公认的泰斗级大师。他身经百战，投身咨询顾问行业数十年之久，他的个人经历本身就是一部传奇。所以，不难想象，这本凝结了他数十年咨询工作经验结晶的专著，可以成为各位咨询顾问同仁的枕边书和掌中宝：

如果您有志投身于咨询行业，建议您从第 I 部分开始阅读。这一部分以"蒙太奇"似的手法向您全景呈现咨询顾问的工作内容、生活方式以及（更关键的）如何快速适应这种职业，这正是 15 年前的我在历经千辛万苦之后才算略有领悟的东西。

如果您已经在咨询行业初窥门径，已经拥有了第一批客户，正在为如何进一步拓展业务而大伤脑筋，那么不妨仔细阅读第 II 部分、第 III 部分和第 IV 部分。这三部分可以被看作是咨询工作的

FAQ。在咨询工作中碰到的各种问题——精妙如怎样赢得客户的信任，琐碎如怎样打理好财务与税务问题——都可以在这里找到答案。

如果您已经在咨询行业浸淫许久，正处于从优秀走向卓越的康庄大道上，建议您不妨看看第Ⅴ部分"声名远扬"和第Ⅵ部分"笔耕不辍"。这两部分内容着重介绍如何以著书立说和传经布道的方式为自己在业界赢得盛赞和美誉。

衷心希望这本书能够摆上每一位顾问的案头、床头或者放入我们随身的行囊。它可以引导我们身体更健康，技能更全面，生活更美好，道路更平坦。

所以，现在，不瞒您说，我已经近水楼台，开始采用卡尔博士分享的若干实践。

所以，现在，如果再有哪位朋友问我怎样才能成为一名咨询顾问，我会坚定地回答他："去看看这本书吧，书中有你所想要的全部东西。"

相比咨询行业的翘楚卡尔博士，作为译者的我，能够尽得本书读之译之，可谓幸矣。谨识于此，与诸位读者共勉。

在此，我要感谢陆媛（Helen）女士在百忙之中承担本书"Beta审阅者"的角色。她不仅通读了全书清样，还提出了大量优质的修改意见，并做了有价值的批注。陆媛老师现在就职于某著名咨询公司，作为敏捷教练与咨询顾问，她拥有多年的实践经验，还翻译出版过多部规模化敏捷相关书籍。作为敏捷社区的组织者和运营者，她长期致力于敏捷思想与实践在中国的推广和发展。我和她相识于14年前，当时我们联手，成功交付了一个总计279个咨询日的软件研发组织过程改进咨询项目。此次《聪明的商业咨询师》能够得到她的大力相助，我在深感荣幸之余，恍若穿越回到刚刚投身于咨询行业的当年，不禁百感交集！

译者致谢

最近几年，我越来越深刻地体会到一点：其实，每个客户都知道自己的问题，而且都清楚如何解决这些问题。他们只是暂时不知道自己"已经知道了"而已，或者欠缺一点点勇气承认自己"已经知道了"。作为咨询顾问，我们这个工作全部的意义，莫过于努力帮助每一个客户都找到一个合适的方式和时机，充分调动他们内在的智慧。因此，我们之所以对咨询工作如此痴迷而执着，无非是为了遇见一些有趣的人儿，一起做些有意思的事儿，能够清晰记得自己当初的豪情万丈，能够坦然面对自己真实跳动的心，能够把一个个温馨的瞬间留待多年以后慢慢回味……这或许就是传说中的"不忘初心"吧。

所以，我首先要感谢我的每一位客户和每一位学员！感谢你们所有的观点、所有的论断乃至所有的问题。正是那一次次的思维碰撞和深切研讨，才让我能够有机会一次次地自省，一次次地丰富自我。谢谢大家！

其次，我要感谢中国铁路总公司以及各大航空公司！由于讲师和咨询顾问的特殊身份，我一年之中的大部分时间都要穿梭于国内各大城市，和不同的客户打交道，所以，本书大部分翻译工作，不是在3万英尺高空的机舱中完成，就是在300公里时速的高铁上完成。感谢这些公司为我提供优质安全的服务，让我可以心无旁骛地遣词造句。

感谢我的父母。谢谢他们对我的教导和晓谕，让我在这个纷繁复杂的世界上没有胡乱地生长。在此，我要向他们说一声："感谢你们，永远！"

特别感谢我生命中的两位天使：我的太太 Angel Zhang 和我的儿子小 William。欠他们的太多了，借卡尔博士的这本著作，略表我对他们的歉疚之情。

目　录

第 I 部分　整装待发，入行成为咨询顾问　1

第 1 章　从企业员工转为独立顾问　3
本书写作动机　3
IT 行业的咨询顾问　4
我走过的路　6
单干　7
海纳百川　8
本书的结构　9
一些注意事项　10
请继续阅读，直到最后一页　10
下一步行动计划　11

第 2 章　挂牌，广而告之　13
选个好名字　14
发布到网上　15
吸引眼球　15
公诸同好　16
登台演讲　16
综合应用　17
下一步行动计划　18

第 3 章　入行上路：您好，世界　19
自我营销　19
借力第三方　21
切断外援　21
下一步行动计划　22

第 4 章　加入专业组织　23
发表演讲的机会　23
专业认证　24
　国际商业分析协会　25
　项目管理协会　26
　国际需求工程委员会　26
　证书，您真的需要吗　27

		成为认证机构的培训师	29
		怎样与专业机构互动	30
		下一步行动计划	30
	第5章	咨询模式，哪一种最适合您	31
		旁观者模式：专家	31
		智多星	33
		执行者模式："撸起袖子干起来"	36
		合作者模式：并肩作战	38
		下一步行动计划	40
	第6章	咨询顾问的生活方式	41
		为什么要选择做咨询顾问	41
		选择成为咨询顾问，与整个家庭有关	43
		与家庭成员一起工作	45
		下一步行动计划	46

第Ⅱ部分　人在旅途，忙碌的咨询顾问生活　47

	第7章	先拟清单，后敲定	49
		差旅检查单	49
		计划与跟踪	50
		下一步行动计划	52
	第8章	关山阻隔，得之不易	53
		轻而易举的话，还轮得着您吗	53
		驱病符①	54
		神奇的规则	55
		下一步行动计划	56
	第9章	刚刚好，才是真的好	57
		过于懦弱	58
		过于强势	58
		恰到好处	59
		下一步行动计划	60
	第10章	避免合作风险	61
		客户	63

	商业伙伴	63
	协作者	63
	下一步行动计划	64
第11章	梦幻客户	65
	1号梦幻客户	65
	2号梦幻客户	66
	下一步行动计划	67
第12章	伤害性大的客户	69
	遭遇欺诈	69
	炒掉客户	70
	道德问题	71
	绝不将就	72
	走为上策	73
	骤然消失的客户	73
	下一步行动计划	74
第13章	客户难缠？快试试这些妙招	75
	下一步行动计划	76

第Ⅲ部分　躬身笃行，咨询顾问的最佳实践　79

第14章	人有所值	81
	不管怎样，都要快乐呀	81
	市场的承受力	82
	您好，加薯条吗	83
	固定价格还是小时费率	84
	下一步行动计划	85
第15章	新顾问必须面对的财务事宜	87
	首先，请一个会计	87
	报价：不要低价倾销	88
	不要烧钱买办公设备	90
	独资经营与合伙公司	91
	退休计划	92
	下一步行动计划	93
第16章	口说无凭，须立协议	95
	培训服务时使用的简化版协议	95

	咨询服务时使用的正式协议	96
	课程课件许可协议	97
	免责声明	98
	下一步行动计划	98
第17章	一切都好商量	99
	上层路线	100
	费用	101
	取消	103
	使用权	103
	录像	104
	保险	104
	其他费用	105
	竞业禁止条款	105
	努力达成双赢	106
	下一步行动计划	107
第18章	一人智短，众人智长	109
	整合资源	109
	幕后支援	110
	促成合作	112
	合作过程	112
	知识产权	113
	下一步行动计划	114
第19章	都是原则性问题	115
	商旅出行原则	115
	适用于财务管理的原则	120
	适用于客户关系处理的原则	122
	下一步行动计划	123
第20章	个人保障	125
	商业责任险	125
	商业财产险	125
	专业责任险	126
	人寿保险	127
	医疗健康保险	127
	丧失工作能力收入保险	129
	长期护理保险	130

	有用的小贴士	131
	下一步行动计划	131

第IV部分　策马扬鞭，拓展个人业务　133

第21章　"睡后收入"　135
　　下一步行动计划　141

第22章　秣马厉兵，随时应对不时之需　143
　　处处都有意外的商务洽谈　144
　　经验教训　145
　　下一步行动计划　146

第23章　如何把客户转化为回头客　147
　　运用系统思维技巧　148
　　诚实正直　149
　　先客户之忧而忧，后客户之乐而乐　150
　　下一步行动计划　151

第24章　远程咨询的挑战　153
　　人际关系　153
　　保持接触　155
　　协调工作　158
　　解决问题　160
　　善待自己　161
　　下一步行动计划　162

第V部分　声名远扬，积攒人气和提升影响力　163

第25章　以一当十　165
　　做正确的事　166
　　权属问题　167
　　下一步行动计划　168

第26章　关于知识产权　169
　　版权声明　169
　　引用第三方的作品　170
　　合理使用　171
　　许可费用　172
　　保护自己的著作权　173

	注释	173
	来历不明的幻灯片	174
	不请自来的新作者	174
	及时制止剽窃行为	174
	摘录	175
	未经许可的转载	175
	出版的风险	**176**
	纯粹的盗窃行为	**176**
	最有趣的案例	**177**
	下一步行动计划	**178**
第27章	**17大演讲技巧**	**179**
	演讲准备	**179**
	演讲技巧1：确定目标	180
	演讲技巧2：了解目标听众	180
	演讲技巧3：预测可能遭遇的排斥	181
	演讲技巧4：确认演讲地点，不要跑错了地方	181
	演讲技巧5：备份演示文稿	182
	演讲过程	**183**
	演讲技巧6：没人知道您接下来要讲些什么	183
	演讲技巧7：一切尽在掌握之中	183
	演讲技巧8：在这个房间里，只有您更了解自己在讲的话题	184
	演讲技巧9：很少会遇到有敌意的听众	184
	演讲技巧10：避免说"下一张幻灯片……"	185
	演讲技巧11：不要确切讲出"关于这件事，我要讲X点"	185
	演讲技巧12：不要把幻灯片念给听众听	186
	演讲技巧13：回答问题时，可以说"我不知道"	186
	演讲技巧14：控制时间	187
	演讲技巧15：演讲摘要须准确，演讲内容忌跑题	187
	演讲技巧16：即使有很多人参加网络研讨会，也不要紧张	188
	演讲技巧17：请记住，您开着麦呢	188
	下一步行动计划	**189**
第28章	**我学到手的一些演讲技巧**	**191**
	引人入胜的开场白	191
	彩色活动挂图	191
	幽默风趣，提高亲和力	192
	如果提问者的声音太小……	192
	互动活动穿插其中	193
	保持眼神接触	194
	人们喜欢听故事	194
	精挑细选的特殊奖品	195

		来自其他专家的真知灼见	196
		下一步行动计划	197

第VI部分　笔耕不辍，记录个人的辉煌足迹　　199

第29章　文如其人　　201

- 奉为楷模　　202
- 简洁洗练，清晰明了　　203
- 旁征博引　　204
- 自成一体　　205
- 下一步行动计划　　206

第30章　兢兢业业，一丝不苟　　207

- 自行检查　　207
- 第三方审阅　　208
- 策划编辑　　211
- 专业技术编辑　　211
- 文稿编辑　　212
- 仔细检查　　213
- 校对　　215
- 使用语音识别软件　　216
- 责无旁贷　　217
- 下一步行动计划　　217

第31章　为杂志、网站和博客撰稿　　219

- 了解受众　　219
- 入乡随俗　　220
- 取悦编辑　　220
- 微言大义　　221
- 引人入胜　　222
- 给博客回帖　　222
- 成文成事　　223
- 下一步行动计划　　223

第32章　听说您要写书　　225

- 为什么要写书　　226
- 如何着手　　228
- 关于写书的一些建议　　229
  - 结构　　229
  - 主题　　229

精心设计的吸睛小技巧	230
补充材料	231
可以作为教材吗	232
准备采取行动了吗	232
下一步行动计划	233

第33章 新书付梓 — 235

瞄准利基市场	236
电梯营销30秒	237
选择出版社	238
新书提案	240
合约	242
作者样书	243
版税	243
预付金	244
储备金	245
版权	245
下一本书	245
责任	246
信守承诺	247
保持跟踪	248
章节状态	248
审阅状态	249
全书篇幅	249
下一步行动计划	250

第34章 自助出版 — 251

自助出版，可真是便宜啊	251
自助出版，可真不便宜啊	253
总结：书籍版式设计包括的活动	254
自助营销	258
下一步行动计划	260

第35章 合作写书 — 261

"需求"的需求	261
跨越千山万水	262
共同制订合作计划	263
状态跟踪	264
成果感悟	265
您要不要尝试共同创作呢	266
下一步行动计划	268

第 I 部分

整装待发，入行成为咨询顾问

第 1 章：从企业员工转为独立顾问

第 2 章：挂牌，广而告之

第 3 章：入行上路：您好，世界

第 4 章：加入专业组织

第 5 章：咨询模式，哪一种最适合您

第 6 章：咨询顾问的生活方式

第 1 章　从企业员工转为独立顾问

商业分析①和项目管理领域的从业人员因循着同样的职业发展道路。首先肯定从入门级新手开始起步。随着工作经历的增加和职业生涯的发展，逐步积累了丰富的专业知识和技能之后，成为有经验的中级熟练工。最终，可能成为一名资深专家级的商业分析师（Business Analyst，BA）或者项目经理（Program Manager，PM）。

在同事们看来，资历深的高级 BA（商业分析师或者商业分析师）是他们公认的专家，精通许多分析技术，是他们寻求建议和帮助的对象。通常情况下，高级 BA 往往由管理层来选拔，负责领导执行组织级别的项目过程或方法。高级 BA 位高权重，而且薪酬也很高。

然而，那又如何？成为一名受人尊敬的内部专家之后，您的职业生涯又将去往何处？有些人凭借其与众不同的技术技能、领域知识、商业头脑以及技术知识，可以成就自己，成为商业分析师、培训师或企业家。成为咨询顾问的路上，需要逐步专精于商业分析、产品管理、项目管理、流程改进、领导力、软件开发等一系列 IT 行业专业领域的相关知识。无论是效力于行业内某家老牌咨询公司，还是自己成立公司成为一名独立顾问，咨询顾问的工作都可以为才华横溢的商业分析师提供丰富多彩而又富有挑战的职业发展机会。

本书写作动机

商务人士谈咨询的书不胜枚举，这些人中，有的已然成功上位，成为公司高管，少数幸运儿还能成为成功的咨询顾问。然而，我注意到，目前市面上还没有文献介绍技术型人才如何才能成为咨询顾问，尤其是具体到商业分析和项目管理方向。在开启 IT 顾问职业生涯之前，虽然并不要求你必须得是企业高管，但确实需要具备深厚的知识、广泛的经验、良好的洞察力以及优秀的沟通技能。

---

① 译注：在本书中，也指业务分析。在软件开发场景下，也指需求分析。

从 1998 年初开始，我就一直是一名全职的软件行业独立顾问。在没有做好充分规划的情况下，我最终选择了专注于软件需求和商业分析、项目管理、软件质量和过程改进领域的咨询工作。甚至，在我成为独立顾问之前，当我还在为一家大公司工作时，我就开始浸淫于这些领域。这类经验可以让我稳健从容地迈入咨询顾问的大门，而不是贸然深入险境而不自知。

我写这本书的目的是分享我多年积累下来的各种见解以及从痛苦失败中吸取的教训。我真心希望自己在决定尝试咨询工作之前就可以看到这本书。另外几位拥有 IT 背景的资深顾问也为本书贡献和分享了他们各自的经验和观点，这些内容收入本书中独立成章。衷心希望我们提供的信息能够在您决定尝试独立顾问工作的时候帮助您降低学习难度，避免产生任何恐惧心理。

书中的例子和故事来自我的个人经验以及前面提到的对本书有贡献的作者，他们从事的领域包括传统商业分析与敏捷商业分析、项目管理和软件开发。本书所论及的策略和技巧既适用于执业的咨询顾问，也适用于有志于从其他任何领域转型成为独立顾问的人士。即使独立咨询并非是您当下的选择，也可以从本书中发现很多有用的建议，涉及如何发表演讲、如何发表文章以及如何与他人合作等主题。

IT 行业的咨询顾问

IT 行业有大量的咨询顾问，他们从事许多类型的工作，其中一些人已经在各自的领域里名满天下，著作颇丰，巡回世界各地，成为各种会议上的特邀演讲人，当然，收入也很可观。

有些人则不然，因为无法拿下足够的业务来维持生计，所以不得不返回正常的工作岗位。许多独立顾问对此情有独钟，认为这样的工作多姿多彩，有许多机会可以从客户那里收集到各种各样的远见卓识，同时还可以利用它们来有效地影响到整个行业及其从业者。还有些人则被频繁的差旅搞得身心疲惫，被经常缺席家庭生活搞得苦不堪言，被无法预测的收入搞得惴惴不安。咨询这个行当并不适合每个人，但对那些已经学会如何让咨询为自己服务的人来说，咨询可能是一个妙趣横生、受益匪浅、有利可图的职业。

也许您听过这么一句尖酸刻薄的话："能干实际工作的人躬身践履，干不了实际工作的人好为人师。"我得补充一句："有实战经验的人，才会选择做咨询。"高效率咨询顾问在专长领域内积累的经验不仅丰富而且深邃，能够迅速评估情况，诊断问题根源，能够向客户传递全新的工作方式，使其获得更出色的业务成果。咨询顾问必须具备良好的适应性，能够从工具包中选择最合适的技术来满足不同文化背景下不同客户的不同需求。通过与各种各样的客户合作，高效率咨询顾问很快就能看清横跨不同组织、不同业务领域的常见问题及其解决方案模式。

拥有各种项目经验有助于准备好开启咨询顾问生涯。但是，要做的事情远不止这些，只擅长自己的工作并不一定能成为一名优秀的咨询师。还必须熟悉专长领域的一整套技术，帮助人们有效解决各种问题；需要时刻追踪所在领域的文献资料，洞悉当前行业趋势和热门话题，并且可以根据当前最有效的知识体系为组织出谋划策。

高效率咨询顾问可以将我们已知的有效而实用的技术与当前最时髦的流行语区分开。作为一名经验丰富的观察者，优秀的顾问会关注到在纷繁复杂的情势下什么有效以及什么无效，并将这些认知综合成为一个可以付诸实践的解决方案。除此之外，咨询顾问必须是可以信赖的、才华横溢的沟通者，能够鞭辟入里，觉察到组织的缺陷，进而温文尔雅地说服客户，让他们愿意尝试新的方法。

在软件开发领域，咨询顾问涉及的领域很广。我有一个朋友，他是一名真正的软件开发顾问。他是某个特定语言编程的世界级的专家。他并不为客户开发软件，但能够作为一名权威深入某个公司，用他的真知灼见切实帮助客户并因此而备受尊重。另外，还有许多软件开发咨询顾问实际上是独立承包商，他们都是"独狼"，自己找业务，自己为不同的客户写代码。

一些 BA 还以独立承包商的身份工作，他们会在一段时期内加入某一个客户组织，在项目开发过程中交付 BA 服务，或者是单打独斗，或者与整个 BA 团队协作。商业分析工作尤其适合用这种咨询形式，因为团队中的各个角色不一定在整个项目的存续期间都需要是全职的，而 BA 更习惯于从一个项目转战到另一个项目。然而，真正的专家级顾问可能会带领和指导 BA 团队。他们擅长培训，也善于评估组织当前的 BA 实践，对如何改进当前 BA 工作和解决性能缺陷提供建议。咨询顾问有时也会协助组织开发新技术并将其引入组织中，咨询顾问还会在组织内倡导建立精益高效的商业分析文化。

与之大同小异，项目管理领域的咨询顾问既可以依照合同工作，管理一个又一个的项目，也可以培训和指导组织内部的项目经理提高效率。一些项目管理顾问专门从事项目矫正工作，将陷入困境的项目重新带回正轨。

另外，还有专注于流程改进或者变革领导力的 IT 咨询顾问，帮助组织发展。还有一些专注于软件开发某个特定领域的咨询顾问，比如系统架构、软件设计、数据库开发或测试。有些专家致力于帮助客户学习使用特定的语言、方法或者开发工具。总而言之，IT 咨询工作的种类与 IT 工作的种类是互相匹配的。

商业分析师与项目经理都是项目中的角色。每个项目都必须有人履行商业分析和项目管理这些重要的任务。他们可能拥有相应的头衔(或同等的职位，比如需求工程师、需求分析师或者系统分析师)，又或者他们可能与其他的项目角色（如开发人员或质量保证）一起完成这些重要的任务。传统的软件团队通常倾向于专人专职；在敏捷开发团队中，BA 和 PM 的职责可能分散到多人身上。随着项目变得越来越庞大和复杂，越来越需要擅长商业分析和项目管理的团队成员。缺乏 BA 或 PM 专业技能的组织可以引入这些领域的咨询顾问，为组织出谋划策，在组织内开展培训。您的业务机会来了。

独立咨询顾问确实能够获得相当丰富的经验。可以把事业伸入自己喜欢的任何领域，从自己觉得最称心的工作中充分吸取营养，只要电话铃声不断，只要业务不断。

我走过的路

在进入正题之前，首先让我描述一下我是如何开始咨询业务的。在获得伊里诺伊大学有机化学博士学位后，我于 1979 年开始职业生涯，在纽约罗切斯特的柯达公司担任研究科学家。计算机编程是我继化学之后的第二个感兴趣的领域，我的博士论文有三分之一是代码。出于好几个原因，1984 年，我在柯达公司开始全职从事软件开发工作。六年之后，我接任经理一职，管理一个小型的软件团队。

通过阅读书籍期刊和参加会议，我开始"贪婪"地学习软件过程改进方面的知识。很快，我发现，自己可以在软件开发的各个方面为柯达内部的其他团队提供帮助,于是,我开始担任内部顾问和培训讲师。这最终促成我在柯达的数字成像技术领域专职从事软件过程改进。在我离开公司前不久,我领导了柯达 Web 开发团队进行流程改进,该团队的工作成果就是 Kodak.com。

1991 年,我开始在各种会议上发表演讲,同时陆续开始在各种杂志上发表以软件工程为主题的文章。三年后,我第一次收到邀请,要在另一家公司就我一直发表论著的主题发表演讲。作为作家和演讲人,我的知名度越来越高,于是乎,这样的机会越来越多。之后不久,在柯达公司担任全职工作的同时,我利用假期时间为其他公司提供培训和咨询服务。这一切都是在管理层知晓和认可下完成的。这是一种轻松愉快地进入咨询行业的方式。

我的第一本书《创建软件工程文化》[①]出版于 1996 年,当时我还在柯达工作。此后不久,一位著名的软件咨询顾问问我是否愿意离开企业界成为一名独立顾问。我的第一反应是,为了每天的衣食生计,这个提议看起来相当冒险。经过反复思量,我决定放手尝试。

1997 年 12 月,我自己的咨询公司 Process Impact 正式开业,员工就我一个人。几个月后,我离开柯达,看看仅凭一己之力的个人事业会怎样发展。我想,无论什么原因,即使我的咨询事业不够成功,还是总能再找一份真正的工作。然而,实际情况是,作为一名独立顾问、培训讲师兼作家,我的事业一直发展得很顺利。

单干

一些顾问通过中介来找业务,其他顾问则受雇于特定的咨询公司,公司再以服务外包的方式把他们派遣到客户那里。但是,除了极早期的六个月时间,我一直靠自己单打独斗,一心经营自己的 Process Impact 公司。(顺便说一句,我发现,即使是一个人的公司,也存在着管理层对公司运营情况不甚了了的情况,管理层照样不可理喻,员工照样很懒散而且态度也不友好。)在刚起步时,我对这种新的就业方式知之甚少,能够获取到的资源也寥寥无几。

我确实学到了一些知识来让自己能够安然度过咨询生涯早期。首先,我有幸得到了获得大量业务机会。这还真是一件值得额手称

[①] 译注:中文版由清华大学出版社 2003 年出版。

庆的事情，因为许多新晋顾问都需要费尽洪荒之力才能勉强维持生计。我发现，我真心享受自主创业的灵活便利。我将之归功于在柯达的那段工作经历，那时我既不需要管理，也不喜欢当经理，所以这种自主创业进而成为个体经营者的工作很适合我。最后，我发现做一个自我管理、个体经营的独立顾问，确实有很多很多东西要学。

本书中的许多策略和技巧对这部分实践者也有用，因为他们以签订劳务服务协议的方式成为公司或者政府的临时雇员。对于就职于大公司而非自雇类型的咨询顾问，本书所涉及的某些主题可能不太重要。但即使现在还不是，迟早有一天您也会成为一名独立顾问的。

海纳百川

当我告诉柯达的同事"我要成为一名咨询顾问"的时候，有人问我："如果不再做具体的项目，如何跟得上软件行业的发展呢？"我从来没有考虑过这个有趣的问题。然而，我很快意识到，作为一名咨询顾问，我可以看到很多项目和组织的运作过程，而不是只能在一家公司长期观察几个项目。与其犯下每个可能犯的错误，还不如站在别人的肩膀上学习。我在客户网站上、在各种研讨会议上以及在专业协会的闭门会议上遇到的每一个人都是我潜在的知识来源。

拜访各种各样的公司，得到的信息远比浸泡在同一个微观世界里工作和沉浸在同一种企业文化中得到的信息大得多。这足以让我收集到海量的信息，然后以合理的价格与其他人分享。我对这种做法驾轻就熟：综合多种来源的知识，打包之后以非常实用和便利的方式交付他人。这实际上就是咨询这份工作的精髓。

虽然通过咨询活动能够获得足够的知识，但其实还有第二个不那么明显的问题。多年来，我在软件需求领域做了很多工作。人们偶尔会问我："卡尔，那些真正擅长需求分析的公司都在做些什么？"

我的回答是："我不知道，他们不会打电话给我。"也就是说，我的客户总是富有自知之明，他们希望改进团队在某些方面的工作绩效。他们邀请我帮助评估这些好机会，通过培训或指导来传递知识，并促使他们寻求更优的工作方式。对自己商业分析能力有相当信心的公司可不会邀请我跟他们合作。综上所述，除非他们自己公开，否则我还真没有办法知道他们是如何做到如此卓有成效的。

其他从不给我打电话的公司,要么根本没有意识到自己有问题,要么根本就是不想解决问题。很难把性能卓越的捕鼠器卖给那些压根儿意识不到自家有老鼠的人。

本书的结构

本书共 6 部分。第 I 部分"整装待发,入行成为咨询顾问"介绍如何为咨询事业打下基础,具体包括:将自己投身于咨询行业的消息广而告之;咨询的不同模式;成为独立顾问之后对生活和家庭的影响。另外还介绍了如何与专业组织互动,比如如何寻找潜在客户以及如何寻求相关专业认证。

第 II 部分"人在旅途,忙碌的咨询顾问生活"涵盖我不得不通过试错才领悟到的许多事实,这些错误并不是太有趣。本部分介绍了许多技巧和工具,能够把令人手忙脚乱的事情变得有条不紊的检查表,用于确定如何在纷繁复杂的情况下与客户打交道、什么样的客户是理想客户、什么样的客户又让人头疼无比以及如何应对这些难缠的客户。

在第 III 部分"躬身笃行,咨询顾问的最佳实践"中,您会发现一些重要的技巧,比如如何制定收费政策、如何管理财务、如何与客户谈判以及如何起草书面协议。这部分还讨论了如何建立商业原则和怎样合理购买保险。另外,也许有一天您有机会和其他顾问合作完成大型咨询项目,所以这部分还分享了一些如何进行合理分工的技巧。

业务进展可能有些缓慢,促使您不得不想方设法促进业务增长。第 IV 部分"策马扬鞭,拓展个人业务"将对此提出许多建议。我将以个人经历为例,告诉您如何建立多个收入来源,这样,即使我没有做任何与公司相关的事情,也能听到现金流入账户时的提示声。另外还针对如何开拓新业务和获得回头客提出了一些建议,介绍了如何进行远程咨询。

尽管一直自称咨询顾问,但我的大部分工作都和培训有关。讲课和做报告是司空见惯的咨询活动,因此第 V 部分"声名远扬,积攒人气和提升影响力"将提供许多技巧,帮助您自信满满、卓有成效地完成演讲。此外还描述了如何利用不同形式的媒体持续扩大个人知识产权(IP)的影响力及版权、合理使用和管理个人 IP 等一系列重要的问题。

全书以第Ⅵ部分"笔耕不辍，记录个人的辉煌足迹"结束。写作能力是所有顾问、商业分析人员或者 PM 的核心技能。出版书籍可以让人与时俱进地与世界分享自己所掌握的知识，并且向潜在客户营销自己的专业知识能力。最后这几章提供了大量不同形式的写作出版的相关信息，包括杂志、网站、博客和书籍。有位多产的作家曾经说过，除非亲自写过十几万字，否则您不会发现自己是名好作家。我写的书加起来超过了一百万字。尽管我不想说自己是名好作家，但我的确在这个过程中学到了一些有用的东西，这些都将在本书第Ⅵ部分中进行分享。

本书的每一章都以"下一步行动计划"结束，您可以立即采取行动，应用本章所论及的指导和提示。如果刚刚开启独立顾问职业生涯，我建议您在完成每一章后尝试这些活动，它们可以帮您起到事半功倍的作用，还能帮助您克服摆在面前的种种难关。

有几章可能包括您觉得有用的东西，比如示例表单、检查表和其他的引用内容，可以从 www.jrosspub.com 的 WAV 资源中心下载。

一些注意事项

请允许我强调一句：本书中的任何内容都不宜理解为法律意义上的建议。我既不是律师，也不是会计，有关法律事宜，包括财务、税务、保险、承包以及公司治理等方面的问题，建议咨询专业人士。

您可能会得出这样的结论：我和我同事研究发现的某些有价值的方法和您所说的情况不匹配。那样的话，接受我们的建议将是愚蠢的。恰恰相反，在这种情况下，应当寻求每个建议背后的想法，然后看看是否有其他一些经过深思熟虑之后的方法可以用于具体情况。与所有这些著作一样，您的经历可能与我的不同。

请继续阅读，直到最后一页

入行成为一名独立顾问的时候，我真心希望能够有导师帮助我回答我当时遇到的无数问题。有一位资深同事曾经警告我："您经常都得亲自去当地的办公用品商店采办物品。"他说的还真没错，我需要学的东西实在是太多了，从如何找到客户和费用收取等基本问题，到类似如何给发票设置唯一识别码这些鸡毛蒜皮的小事情（我用的是一个带有客户名称缩写、当前年份和年内序列号的代码，比如 IC1904，指代的是我在 2019 年提交给客户 InfoCorp 的第四张发票）。

如果此刻您对我所选择的独立咨询顾问这一职业道路心驰神往，这本书也许对您有用。即使现在并不打算成为一名独立顾问，也可以从中找到很多信息来提升自己的专业能力。

下一步行动计划

- 把个人职业目标设定为 BA 或者 PM。您认为自己目前的职位在哪些方面使您难以实现这两个目标？成为一名独立咨询顾问又会如何帮助您实现这两个目标？
- 找出您想成为独立咨询顾问的原因。考虑一下为什么您认为它更好，并将其与您现在职位的优势相比较。这种比较能让您确定独立咨询顾问对自己是否真的是一个深谋远虑的选择。
- 如果您的目标是成为一名商业分析的咨询顾问，那么请对您当前所掌握的 BA 相关知识、技能和资源进行一次评估。作为一名 BA，您最大的优势是什么？您拥有哪些能力？您应该消弭哪些知识上的差距才能有效帮助客户？
- 如果您以前与客户方的顾问合作过，那么他们中的哪一位给您留下的印象最深？为什么？他们是否拥有您认为对您组织行之有效且大有裨益的知识、能力或行为？列出他们身上所具备的特质，以便在日后的咨询生涯可以尝试效仿。
- 想一想，在您认识的人当中，哪些经验丰富的顾问可能以这种全新的工作方式来指导您。

第 2 章　挂牌，广而告之

我认识几位知识渊博、才华横溢的人，他们自称是咨询顾问，但从来就没有开拓出足以维持生计的工作机会。从他们的经历中，我得到一个启示：

"**如果没人知道您的存在，您再优秀也没用。**"

有一个人的经历尤其让我刻骨铭心，他就是凯文。

凯文聪明绝顶，在过程改进领域见多识广，经验丰富。有一天，他决定辞去公司的工作，成为一名咨询顾问。然而，凯文在刚入行的时候犯了一些错误。

刚开始，他并没有做足准备工作，让潜在客户都知道他已经准备就绪，他能对客户有所贡献。凯文从未开办一家属于自己的正式公司，也从未开发过网站来营销自己的服务。他只是在软件杂志和网站上发表过区区几篇文章，要知道，这些的确都是让自己扬名立万的好方法。博客是另一种行之有效的途径，如果能够在博客上频频发表文章，能够在论坛（比如领英上的论坛）积极发表有见地的观点，人们会意识到您有很好的想法，您有很多有用的信息可以分享，那么他们可能就会进一步了解您，进而选择您。然而，遗憾的是，这些事情，凯文都没有做。

凯文在软件大会上做过几次演讲。然而，不幸的是，他并没有意识到，在学术会议上所发表的演讲或者讲座内容通常并不会在企业界引起多大的反响。即使受邀到一家公司做一个简短的演讲，也不会得到太大回报，只有很小的概率可以转化为长期的合作。

凯文还把自己限定于一个过于狭窄的专业领域，只是软件工程中的几个细分领域。以我的经验，尽管这些领域很重要，并没有哪个组织会延请顾问来帮助他们改进这些特定领域。最好瞄准体量比较庞大的市场，而不是犄角旮旯的所谓利基市场①。

这一切导致的最终结果就是，作为一名独立顾问，凯文始终没有能够引起业界足够的关注。最后，为了赚取可靠的收入，他不得不重新回到公司工作。

---

① 译注：指在较大的细分市场中具有相似兴趣或需求的一小群客户所占的市场空间，也就是那些高度专门化的、狭小的需求市场，即小众市场。

如果想要选择成为某个专业领域的独立咨询顾问，就可以从凯文的经历中吸取教训。不知道怎么回事，我却很幸运。当我踌躇满志踏上顾问之路时，我的工作量总是很饱和，想做多少就有多少。也许是当时我所选择的几个领域（需求工程、项目管理和软件质量管理）刚好炙手可热，需求旺盛，我也正好在这些方面有丰富的专业知识积累、培训材料以及其他开发出来的资源。除此之外，我认为我还是采取了一些正确的行动，下面一一讲给大家听。

选个好名字

我曾经费尽心思，希望给自己的公司取一个好名字。有些顾问从来不用公司名称，他们只用自己的名字，比如"独立顾问 J. Fred McGillicutty"。恰恰相反，这对我来说很重要，因为公司名称可以使自己看起来像是一家真正的公司。我不想自称 Wiegers 集团或者 Wiegers 咨询公司。您可能会惊讶于有很多这样的公司其实只有一名员工，并不是什么集团，更没有合伙人。

经过一番深思熟虑，我意识到自己的业务目标是对软件组织构建其产品的过程产生影响，并使这些过程对组织的商业成功产生积极的影响。因此，我为自己的一个人公司取了一个名字：Process Impact。

顺便说一下，Process Impact 公司有一个口号："我们的员工就是我们最大的资产。"我们确实笃信这一点。

您可以通过多种途径成立一家咨询公司，比如独资公司、有限责任公司（LLC）或者 S 股份有限公司[①]。在第 15 章中，将详细讲述这些选择之间的不同。

我的 Process Impact 公司一直都是独资企业，只有我自己，没有其他雇员。我在我所居住的各州都注册为独资企业。官方称呼为 Karl Wiegers dba Process Impact。"dba"的全称是"doing business as"，意思是"以这样的名义从事商业活动"，虽然，在我现在居住的俄勒冈州，它的意思也可以是"以这个假名做生意"。这听起来有点"你懂的"，但只是供政府使用的官方措辞。

---

① 编注：没有公司层面上的赋税义务，公司的盈利由股东自己申报个人所得税，尤其是在创业阶段，公司的亏损可以在个税中抵扣。

发布到网上

在我创办公司时,第一时间创建了 www.ProcessImpact.com 网站。网站的设计很简单,但提供了很多有用的内容。我笃信"实体胜过浮华,功能胜过形式"。网站上那些充斥着人们颔首微笑着工作的图片大而无当,除了占据屏幕空间之外,对我并没有多大帮助。我现在有好几个网站,包括我的个人网站 www.KarlWiegers.com,而且,我的每一本非技术书籍都有专属的网站。优秀的网站不仅仅是一张在线名片,理想情况下,它取代了过去必须打电话或者发电子邮件的互动方式。

吸引眼球

建好网站是一个好的起点,但您仍然需要吸引人们访问网站。日复一日,我在网站上加入越来越多的内容,包括我自己写的文章和白皮书、我自己开发的文档模板、其他有用的工作辅助工具……这些内容就像诱饵一样,吸引了那些正在搜索特定内容的访客。我网站上最受欢迎的内容是我定义的软件需求规范说明书模板,已经被下载了几千次。亲手打造出其他人认为有用的内容虽然令人欣慰,但也有被盗版的风险(详见第 26 章)一旦人们知道您的网站提供许多有价值的资源,他们就会将其加上书签,稍后回来获取更多信息,这可以增加您在恰当的时机向他们进行销售的机会。

网站上还可以发布和您所撰写的书籍相关的补充内容,比如文档模板、电子表格工具、检查单和表单。这样,购书者在访问网站的时候就可以很容易地了解您的其他产品和服务。可以邀请这些访问者加入邮件列表,通知他们您又新推出了哪些好东西、好书籍乃至于您要做的讲座和您最新的培训课程。这样很容易接触到对您的工作感兴趣的人。这有助于提高您在领域内的影响力,同时有机会增加您的收入。

切记:在任何一封发送给邮件列表成员的邮件里,如果包含有推销内容,必须附带有"取消订阅"或者"选择退出"链接。2003 年通过的《反垃圾邮件法案》对此有明文规定。

公诸同好

早在 1984 年，我就在信息技术（IT）杂志和网站发表了自己的处女作，后来陆续发表的文章大约有 180 多篇。我所涉猎的主题非常广泛，包括软件工程、需求工程、项目管理、人员管理、质量管理、度量与过程改进。我平均每年要发表 10 篇左右的文章，平均长度大约是 3 000 字。这些呕心之作的实用性很强，它们为我在上述专业领域内赢得了较高的声誉，也使我的研究成果受到广泛的关注。可以参阅本书第Ⅵ部分，了解更多有关写作和出版的技巧。

我发表专著的时间甚至早于我创办 Process Impact 公司。到目前为止，我已经出版了七本关于软件开发和管理的专业书籍，还有一本人生感悟回忆录 *Pearls from Sand: How Small Encounters Lead to Powerful Lessons* 以及一本 *Reconstruction*——哦，对了，我还没有算上当前这本书。把小说的书名印在专业书上，既会提高知名度，也会让您成为万众瞩目的焦点。除此之外，在写每本书时，我所做的研究也大大拓宽了我的知识面。这并不是说我俨然已是某一特定领域内享有世界级影响的专家。不过，您只要比其他人多知道那么一点点，已经足以长期受用。

登台演讲

在我的职业生涯早期，每年会参加六到八次的各种会议，每次会议上，我都会发表多次演讲。这种方式可以让我每年结识上千名业内人士。这种方式可以让他们在现场看到您本人，而不再仅仅是文章前的一个署名。一旦开始频频接到不少会议出品人的邀约，邀请您提交话题、参加小组讨论和发表主旨演讲，就意味着您的职业生涯进入了一个风生水起的好时期。不仅如此，在获得广泛认可之后，您还可以从演讲中获得一笔不菲的报酬。另外，作为特邀的演讲者，基本上都有免费参会的权益，而每一个会议本身就是一次与业内人士深入交流的机会。能够遇到熟悉自己工作内容的人，总会令人欣喜不已。

很多听过我在各种专业会议上发表演讲的听众后来都自然而然地成了我的咨询业务客户。举个例子，有次大会上，我碰到一位参会者，她负责为华盛顿州州政府机构制订有关信息技术与项目管理方面的培训计划。她非常喜欢我的讲座，以至于在接下来的几年，请我在奥林匹亚市讲了三十多节课，那里离我家只有两个半小时的车程。

在这个世界上，许多城市都有类似国际商业分析师协会（IIBA）和项目管理协会（PMI）这些专业组织的分支机构。如果能在这些离家很近的地方发表演讲，有可能提升您在当地社区的形象，并创造出当地工作机会。本地专业论坛也是一个很好的地方，一些新课程在正式发布之前可以在这里试试水，就像"路演"一样。

尝试寻找机会与所在领域的工具供应商合作，举办一些联合演示活动。我与许多需求管理工具开发商都有合作，我和他们一起做实时或在线演示。有大约半个小时的网上研讨会，也有为期两周的全欧洲巡回研讨会。工具供应商当然明白，我不会在大庭广众之下认可某一个特定的工具。他们邀请我参加研讨会是因为我在软件需求领域的专业声誉与专家形象。与会者前来听我谈谈需求过程，工具供应商也得到一个现成的听众来了解他们的工具和服务。这是一种多赢的局面。

任何有关的消息，比如发表演讲、参与网络研讨会、接受采访或者发布播客内容，一定要在自己的网站上预先通告，在领英和推特这样的社交媒体上发通告也是可以的。您所吸引来的每一次瞩目（或每一次聆听），对您而言都意味着未来的潜在收入来源。无论论坛的主办者是谁，都将感激您为活动所做的额外营销工作。一旦成为公认的知名演讲者，您就能陆续收到大量的邀约。

综合应用

前面我所介绍的各种自我营销活动，彼此之间都存在着良好的协同作用和正向的反馈循环。下图展示了其中的一些连接。例如，发表演讲可能会发一篇同一主题的文章。反过来，如果您写了一篇专业领域某一主题的文章，那么很可能在将来某个时候针对同一主题发表演讲。

文章和演讲都是标配，可以让潜在客户了解您本人以及您所能提供的服务，两者都会为您的个人网站带来流量，促使更多访问者了解您的产品和您的书籍。读过您某本书的人可能会访问您的网站，进一步了解您所提供的服务。事实上，我的大部分咨询项目都是这样得来的。仔细研读上图，仔细考虑一下如何将现有的各种资产和服务关联在一起，让大家都知道您的名字和您的聪明才智。这么做会有丰厚的回报。

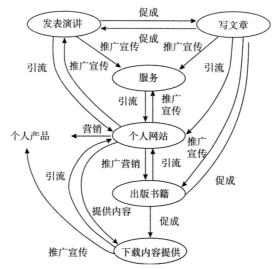

毫无疑问，正是将上述这些活动有机地结合在一起，才促使软件行业了解我个人及我的能力。我很幸运，作为一名顾问和教练，我过着体面的生活。我从来没有想过要回到大公司上班。我想，我是不会考虑再次受雇于人的。

下一步行动计划

- 为自己的咨询公司想几个备用名。让同事看看这些名字，问问他们的想法。哪一个名字最能够代表公司的使命？
- 为自己的公司设计一个标识，然后印到名片上。标识一定要能够把您的价值观传递给潜在的客户。
- 列出至少四项行动来提升您作为顾问的知名度。仔细想想可以发表演讲的场所、自己所在的领域有哪些行业峰会，以及可以将著作发表在哪些期刊或者网站上。
- 列出五个主题，每个主题都写一篇 1000~3000 字的文章。知道可以把这些文章发表到哪里吗？
- 确定可以在研讨会议或者行业峰会上发表演讲的几个主题。看看往期会议记录，看看有哪些热门话题，然后考虑如何顺应潮流又能并在此基础上有所超越。

第 3 章　入行上路：您好，世界

这么说来，您已经下定决心辞职，要自己创业了。祝贺您！这可是人生的巨大转折点，难免有点儿让人惴惴不安，离开了公司的庇护，没有了优渥的工资收入，失去了体面的福利待遇和周全的晋升机会，更没有同事间的工作氛围。不是每个人都能做到自律，可以把家作为工作场所。如果您有小孩，还得做出特别的调整，让家庭生活继续保持常态。如果一直习惯于有很多人围在您身边，不管是在工作场合还是社交场合，突然变为单打独斗的工作方式之后，可能会让人变得有些焦躁不安。所以，在做出这项颠覆性的决定之前，请仔细考虑一下如何应对这些变化。

当成为独立顾问之后，要对公司发生的一切负全部责任。那些做独立顾问最成功的人往往就是能够清晰规划个人职业道路以及擅长独立工作的自主创业者。善于独自工作，善于在不同的工作环境之间自如切换，这是显而易见的优势。成为独立顾问后，要为自己寻找工作机会，这就意味着要向潜在客户充分展示自己的主观能动性、耐心和创造力。除了具备自己领域的专业技能以外，还必须要身兼营销人员、会计师、作家、PPT设计师和办公室行政人员等多个角色。琐碎如咖啡喝完了、记事贴用完了这类鸡毛蒜皮的小事，紧要如业务、工作这类大事，统统都得亲力亲为。所以，让我们来看看刚入行的时候，应该如何安排最重要的客户以便维持好自己的业务。

自我营销

走出去主动找工作，与守株待兔等着工作上门来找自己，完全是两回事。任何一个能够一本万利的商业计划其实并不只是一个计划，而是一个许下的愿，且还不是那种"中了彩票就退休"似的海市蜃楼般的妄想。要想成为一名成功的咨询顾问，必须要有个计划。花些心思好好想想自己最擅长什么，突出个人的优势。如果不喜欢与陌生人打交道，又或者无法在短短15秒的时间内清楚表达出自己可以给客户带来哪些价值，那么独立顾问对您可能就不太现实。如果对市场营销、会计或者其他维持业务运营（哪怕是一个人的业务）所需要的诸多非技术性任务没有兴趣，还不如雇其他人来打理这些事情，当然得付钱给人家。

要想拓展业务，必须四处出击，积极寻找。这就意味着您得做好自我营销。切记，不要让自己老是局限于同样的渠道上；技术发展如此迅速，自我营销的渠道也可以因时而变。当下，可以利用领英这样的专业化网络，也可以利用电子邮件直接推销自己，凡此等等。想想潜在客户都聚集在哪里以及哪种联系方式最有效。

回想我在刚入行做独立顾问的时候，我的第一个客户是"从天上掉下来的"，哈！自己找上门来的。最初，我在一家知名计算机公司顺风顺水工作了十五年，直到有一天我和公司里其他三分之一员工一起收到裁员通知。于是，我竭尽全力想找一份全职工作，我面试了许多岗位，但每次都被告知我的职位太高了。后来，纽约有家公司听说我的前雇主裁员，于是主动联系我，邀请我去他们那里做咨询工作，因为我恰好拥有他们所需要的技能。

接下来的三四份合约，我基本上都是仰仗其他机构的推荐而得到的。在每个咨询项目上，我都会遇到一些人并和他们建立起良好的人际关系。过不了多久，这些人际关系无一例外地成为我的营销渠道，我积累下的良好口碑都使我能够获得推荐并拿到项目。我讲授的面向对象（OO）技术的设计和编程课程的影响力也越来越广泛，我与多家大型 OO 软件公司建立了良好的合作关系。一旦我的咨询业务出现"青黄不接"的情况，这些面向对象课程培训工作就成了我的"备用计划"。在为这些公司讲授了各种面向对象课程（质量参差不齐）之后，我觉得这些课程仍然有待改进，于是就开始动手"自产自销"。

起先，我尝试着用陌生电话拜访的方式向自己完全不认识的人推销课程，但是收效甚微。1998 年年底，我有意识地开始尝试一个更为激进的营销方式，我建了一个网站。接下来，我开始在专题研讨会上发表演讲。从 1999 年开始，我为杂志写有关面向对象技术、面向对象的软件开发以及建模工具的文章。很快，我荣幸地受邀担任"软件生产力图灵奖"评委，并且一做就是 11 年。几年前，我创办了自己的第二家公司，为那些想要管理个人营养与健康的人开发商业软件产品。

我想要强调一点：必须不断走出自己的舒适区。真的，我不是在开玩笑，我就是只有离开自己的舒适区才觉得舒适。

借力第三方

身为独立顾问，并不意味着必须得自个儿去找客户，尤其是在独立咨询事业的初创时期，您可能会发现，有些来自第三方机构或者系统集成承包商的业务机会就在您身边，触手可及。我有一些很不错的项目机会就是这么来的。第三方机构负责市场营销、陌生电话拜访、开具发票等其他一些琐碎的事情，而我负责技术工作。唯一不爽的是他们的收入都是从我身上薅下来的。

不过，不要对此怨声载道。要认识到：与自己合作的第三方也是要赚钱的。毕竟，他们承担了销售、记账和签订合同等许多工作。看，您还在乎他们从您身上赚了多少钱吗？

我的立场很简单：我无权知晓别人的利润是多少，我甚至对此全然不在乎。如果我决定通过职业介绍所为我介绍工作，而且我期望的时薪是 75 美元，即使我发现他们向我客户收取的费用是每小时 125 美元，那又怎样？如果时薪 75 美元就是我的心理价位，我就心满意足了。过分在意别人的所得，会破坏彼此的关系，会给自己贴上"牢骚大王"的标签，会导致您以后再也无法通过这家机构拿到项目。

可以交涉，但不能强迫。睁大眼睛，竖起耳朵，即使知道第三方为您打出的标价，也要稳，少安毋躁，直到有下一个项目或者下一单业务。集中精力做好必须要做好的事情，让人们意识到其实您值得时薪 100 美元，让第三方去操心涨价的事，让他们去跟客户谈。这本来也是他们的本职工作。

切断外援

随着行业知名度和曝光率的提升，您可能会发现，越来越多潜在的客户会直接与您联系，希望您能够直接为他们提供服务。也许他们喜欢您写的某一篇文章，又或者从您在某一次论坛上发表的演讲中学到很多。一旦发生这种情况，您就可以不再依赖于第三方公司和分包商为您找项目。原先分包商从您的所得中分得的那一杯羹将直接进入您自己的口袋。但是您得记住，此后只能依靠自己，必须把先前由他们帮您完成的工作全部承担起来。凡事皆有得必有失。

独立咨询已然成为许多行业的普遍做法。随着我们的经济不断向着集成化、电子化的小规模产业化服务方向转变，独立咨询的份额似乎注定会不断增大。独立咨询的回报潜力巨大，但同时也有不足。您几乎可以随心所欲地充分利用这种独立性，但同时必须要关注业务拓展。如果确实想要成为独立咨询，就要仔细计算成本，提前制定好收费标准，做好各种心理准备。这很有可能永久性地改变您的生活。

下一步行动计划

- 列出过去尝试过的营销技巧。哪些有效？为什么？哪些又不太好用？为什么不奏效呢？
- 找出三种新的咨询服务营销方法。想一想可以联系到的某个组织或者个人，想一想可以采取哪些行动来有效利用这些方法。
- 想一想可能寻求哪些公司来帮助自己拓展咨询顾问业务。

关于作者

加里·K. 伊万斯，独立敏捷顾问。他有 20 年的从业经验，帮助过《财富》500 强公司整合敏捷方法和面向对象技术，他是认证 Scrum Master，也是敏捷教练和 SAFe 项目集咨询顾问。

第 4 章　加入专业组织

也许是因为我是以科研人员的身份开始个人职业生涯的缘故，我一直认为加入某个专业协会并参加相关的活动至关重要。我是美国化学协会、计算机协会、电气与电子工程学会的会员，以及 IEEE 计算机协会与美国质量协会等协会的会员。

参加专业组织可以提升自己的专业素养，可以在会员中分享专业知识。一些专业协会还有自己的期刊或者出版物。阅读这些期刊有助于掌握行业发展的最新动态。若是向他们投稿，还有助于提升我们个人在业界的声誉，让大家都知道你是一个卓有成效的实干家，是一名有深刻见解的思想家。参加社区论坛和研讨会，可以为建立广泛的人际关系提供宝贵的机会，这些都可以为独立顾问和寻求固定工作岗位的人带来就业机会。同时，还有机会结交到新的朋友。

发表演讲的机会

在软件领域成为作家和演讲者之后，我陆续受邀在各种专业组织的会议上发言，其中有地区性的，也有全国性的，更有国际。事实上，在撰写本章内容的时候，我甚至还收到了一份邀请。我收到过国际商业分析学会项目管理协会以及电气电子工程师学会和国内其他机构的邀请。

在本地会议上发表演讲，对试讲新的演讲主题而言，是一个好方法，因为不是在大型的会议上面对上千人发表演讲，而是在一个相对熟悉友好的现场进行试讲。另外，我还在家里的办公室通过网络发表演讲。这些活动都大大提升了我的知名度和影响力，丝毫不亚于那些需要真人出席的场合。而且，最棒的是，我还用不着为了发表演讲而安排差旅活动。

发表演讲同时也是我推广书籍和咨询服务的一种方式。在我早期的职业生涯中，在地方性的专业大会上发表演讲为我创造了很多培训和咨询的机会。当然，今非昔比，虽然我仍然经常在大会上发表演讲，但现在很少有人在听了我的演讲之后还要求我提供后续的培训服务。我不知道为什么会这样。请注意，参加本地论坛的人主要是负责执行的人，而不是那种可以拍板做决策的人。但是，和他们的每一次接触，都可能有签单的机会。

如果是在专业组织地方分支机构举办的会议上发表演讲，我是不会收取任何费用的。不过，我会要求主办方来付费。正如我在第19章中所提到的，我认为，要求获得演讲报酬是个人职业发展是否优秀的表现。如果有人邀请我去他们当地论坛发言，我会解释说我不可能飞过去做那种没有报酬的演讲，即使他们可以报销我的差旅费。对此，他们似乎感到非常惊讶。他们认为："这是增加你的影响力，可以给你带来业务啊。"这个论调对我没有说服力，特别是我这样的独立咨询顾问。当然，刚刚入行的新手独立顾问，其时正在寻求所有机会来提高自己的影响力和增加曝光度的话，可能会有不一样的选择。在差旅过程中，我会尝试安排这种类型的演讲，充分利用我在附近工作的空档。专组织会和当地的培训公司联系，由他们来安排一场公开课，这样一来，我就可以在当地的专业论坛上发言并获得相应的报酬。对于没有报酬的演讲，我也会大大方方地借机推销我的书、我的网课或者其他产品和服务，当然了，并不是很露骨的那种。我可能会给参会的人一个专属的折扣，比如 Process Impact 产品系列 3 折的折扣，吸引他们访问我的网站。嘿，作为独立咨询顾问，不得不充分利用一切机会来推销自己。

专业认证

许多组织都会 IT 专业人员提供了专业认证计划。如果在 IT 以外的领域工作，肯定是需要考虑专业认证的。本小节总结了三大专业组织为商业分析师和项目经理提供的认证。其中，国际商业分析师协会（IIBA）和项目管理协会（PMI）还提供了敏捷相关的认证，这个认证也许可以满足一些 BA 的诉求。

从业人员如果想要获得这些证书，通常需要拥有多年的综合工作经验，接受过专门的培训，还要通过基于学科知识体系的考试。IIBA 是商业分析知识体系（Business Analysis Body of Knowledge，BABOK）。PMI 的项目管理知识体系（Project Management Body of Knowledge，PMBOK）也有很多年的历史了。PMBOK 主要面向寻求项目管理（PMP）认证的项目经理。但是现在 PMI 还发布了专门针对 BA 的《PMI 商业分析指南》。这些资源都是由业界实践团队总结下来的知识库，内容丰富。每个知识体系都描述了一套公认的术语、实践和技能，无论从业人员是否选择认证考试，都应该掌握这些术语、实践和技能。

国际商业分析协会

不同经验级别的商业分析师可以分别对标到 IIBA 三个级别的认证。每个级别的能力评估都建立在之前的级别上。所有的 IIBA 认证都基于当前版本的 BABOK，也就是《商业分析知识体系指南》。

可以申请哪个级别的资格认证，取决于具体的工作经验。工作经验必须涉及商业分析实务，而且，必须与相关的知识领域对应（以 IIBA 的定义为准）。每个级别的认证，都要求通过单独的考试。获得资格认证之后，还必须完成基础的技能拓展活动，证明你在业务分析领域的技能和经验都在持续增长。此外，IIBA 还要求你在申请某一个级别的时候有两位已经取得更高级别资格认证的专业人士作为你的推荐人。

商业分析入门证书是为没有商业分析经验但希望进入该行业并且认为自己已经准备好从事商业分析活动的个人设计的。要求能够对商业分析的基本知识有透彻的理解，自学或者说参加过培训都可以。不可否认，实践出真知，确实可以积累丰富的工作经验，但结构化的培训可以填补认知上的空白，这是无可替代的。如果对 ECBA 感兴趣，就需要在申请认证之前打好理论基础。

如果已经有不少于 3 750 小时的工作经验，那么可以考虑申请商业分析能力认证，也就是 CCBA。申请 CBA 的人，能够将商业分析的基本知识应用于工作实践中，能够向其他人提出技术应用方面的建议，并且，能够对组织中的商业分析实践提出改进的建议。如果商业分析工作超过 7 500 个小时，则可以申请注册商业分析师认证，也就是 CBAP。这个级别的从业者是专家，个人工作经验往往非常丰富，而且有完善的知识体系，可以运用这些经验和理论在组织或者团队中建立一个商业分析过程体系。团队的其他成员通常也会向他们请教商业分析方面的问题。

综上所述，ECBA 表明你对商业分析基础有透彻的了解，CBA

---

① 译注：中文版由电子工业出版社 2009 年出版。

表明你可以熟练应用哪些商业分析技术，CBAP 表明你已经是商业分析的高级专家，完全可以带人从事商业分析。一个商业分析师，如果已经全面掌握这三层知识体系并且具备相关的实践经验，如果还喜欢寻求新的挑战，那么成为一名独立咨询顾问的想法就会油然而生。

项目管理协会

传统上，项目管理协会（PMI）专注于项目管理领域，该机构的 PMP 认证有一些年头了。此外，PMI 还有项目组合管理（PMP）、项目集管理（PMP）、风险管理、进度管理和敏捷实践方面的认证。PMI 的项目管理核心知识体系都包含在《项目管理知识体系》中。该指南定期更新，其他认证都有各自对应的发不标准。

最近，PMI 开发了商业分析专业认证（PMI-PBA）。此项认证专门为负责产品的人而设计，这些人的工作任务包括在产品生命周期中启发需求、管理需求以及推动业务成果的达成等。最匹配的人群就是商业分析师。此项认证同时也适用于项目经理或者项目集经理。他们的日常工作中往往也少不了商业分析这方面的活动。

PMI-PBA 认证的知识体系，也就是 PMI 对商业分析活动的定义，全部包含在两本书中，分别是《PMI 商业分析指南》[1]和《PMI 业务分析实践指南》[2]。要想通过认证，必须参加考试，考试的重点就是商业分析的实际应用能力（包含在这两本书中）。PMI 对商业分析实践经验有基本要求，也就是必须要有多少个小时，因为学历水平的不同而有所不同。与 IIBA 一样，PMI-PBA 也有取得认证之后的专业能力拓展时间最低要求，这也是一项刚需。

国际需求工程委员会

国际需求工程委员会 2006 年成立于德国，提供的是三级需求工程专业认证。许多商业分析师的主要工作就是需求工程 (CPRE)。商业分析师的其他活动可能没有包含在这个认证体系内。

想要获得国际需求工程委员会基础级别的认证，必须参加一项考试，考题全部都是多项选择题。这个考试评估的是需求工程基本

---

[1] 译注：中文版由中国电力出版社 2015 年出版。
[2] 译注：中文版由中国电力出版社 2015 年出版。

知识的掌握情况。尽管不要求有工作经验，但事实上默认你已经为准备考试而学习了相关的知识或者接受了相关的培训。

CPRE 基础认证虽然没有指定知识体系，但指定了一个详细的、包含所有需求工程关键实践的教学大纲。认证讲师可以以此为基础自行编写教材。参加考试的人员在备考的时候会发现课程大纲有助于识别他们还需要补全哪些知识上的短板。国际需求工程委员会还推荐了几本书，其中包括经过检验的概念和实践。不同于 IIBA 和 PMI-PBA 认证，CPRE 不要求取得认证之后必须要有多少小时的专业能力拓展时间。

高级证书要求要求掌握四个模块当中论述的概念和技术：启发与整合、需求建模、需求管理和敏捷实践。每个模块都有相应的证书，可以申请一个或者多个模块的证书。在申请高级证书之前，必须获得基础级别的证书。如果想要取得更高级别的认证，需要参加考试，同时还需要完成书面作业，证明你把学到的知识实际应用到了项目中。虽然高级认证对之前的工作经验没有规定门槛，但确保完全掌握这 4 个主题，可能真的需要好多年的经验。这四个高级模块各自都有单独的教学大纲和手册。

毋庸置疑，CPRE 专家认证需要先通过高级认证，要么通过这四个高级证书当中至少一个或者一个高级证书再加上其他相关的学位或者 CPAP 这样的证书，专家认证至少需要具备三年工作经验以及作为该领域培训讲师或者教练经历证明。申请者不需要参加笔试，但需要提交一份书面申请来阐述自己是否满足所有申请条件，此外还需要完成一份书面作业来表明自己对 CPRE 的概念有深刻的理解和广泛的应用。同时还要参加一次口试，说明如何处理考官给出的案例场景。

证书，您真的需要吗

企业越来越希望自己的员工精通行业内成熟的专业知识体系。因此，取得 IIBA、PMI 或者 IREB 等组织颁发的证书的话，在求职的时候可以有一些竞争优势。但是，只是能够按照要求背诵知识体系远远不够，必须能够实际应用到项目环境当中，必须知道工具包中哪个工具可以用来解决眼前的问题。

现在，很多培训公司都在为准备参加认证考试的人提供考前培训，我有些担心认证可能会变质，成为应试教育，而不是真正帮助候选人掌握必须要具备的实践知识和技能。理想情况下，通过考试后获得证书与掌握必须具备的知识与技能，这两个目标是一致的。但是，我不确定现在究竟是不是这样。

可以考虑一下，自己是只需要一个证书还是需要好多个这样的证书，在一大串高大上的英文缩写之后加上自己的名字，以便巩固自己在江湖上的地位，让自己在未来的客户和雇主面前更有吸引力。正如我的一个顾问同事所说的那样：

> "这些专业证书给我带来了很多工作机会，我按照标准来开发课程内容，拓展我的培训服务目录，我可以做考前培训班。这些证书是我的招牌，表明我是一名持证的讲师而且还有一手的备考经验，随时待命，可以帮助学员进行备考。"

我向来尊重那些能够回到学校或者通过努力自学来提升学历或者获得证书的成年人。这种做法表明他们对自己是有要求、有承诺的，表明他们有心致力于继续教育和持续增强个人知识、技能和能力。

我本人没有考过任何专业资格证书，所以只能在自己的名字后面写上硕士和博士，而且还是有机化学专业。

有些人似乎热衷于收集证书，热衷于在自己的名字后面加一长串缩写。下面是我遇到过的一些非常极端的例子：

- ACS、ALMI、CSM、FIII、IPGDRM、MIB、AHM、SAFe
- MBA、PMP、RMP、SIPM、PRINCE 2、CABA、CAT
- MSc、PhD、PMP、CSM、CSP、PMI-ACP
- PMP、MIET、MQS、MCIOB、MRICS
- PMI（PBA 和 ACP）、PROSCI、ITIL v 3、PSM、PSPO

说真的，这些缩写中，大部分我都不知道是什么意思。一长串证书放在一起，确实能够给人留下深刻的印象（也许真的是这样），但花大量时间来学习就是为了获得一纸证书，这并不等于在实际工作中积累了丰富的实践经验。组织机构以及招聘经理肯定会通过缜密的面试来甄别真正身经百战的候选人，哪些人只会纸上谈兵。我怀疑某些证书收藏爱好者的目标就只是证书，想要包装自己，把虚有其表的自己武装得像是专家，他们的目标并不是卓有成效地运用自己经过千辛万苦之后才掌握的知识。如果我要重塑职业身份的话，你觉得有没有人会对咖啡馆我名字后面那一长串缩写肃然起敬呢？

成为认证机构的培训师

IIBA、PMI 和 IREB 等专业组织,早就已经充分认识到持续学习是拓展个人专业能力的重要组成部分,所以,即使取得了证书,专业人员也必须积累一定数量的 CDU(持续发展单元,在商业分析领域内进行继续教育和实践的累计时间)和 PDU(专业发展单元,在项目管理专业方向进行学习、授课或提供志愿服务的累计时间)来保持资格。同时,为了有效地控制这些培训的质量,两个认证机构都制定了各自的认证计划,对提供培训服务的公司进行评估和授权。IIBA 的由 EEP(Endorsed Education Providers,授权认证教育机构)注册;PMI 的由 REP(Registered Education Providers,注册教育机构)注册。与此类似,IREB 也有一份公开的 CPRE 培训公司名单。

作为咨询顾问,您也许希望在自己擅长的领域为学院提供认证培训课程。这个时候,有些潜在的客户可能会质疑你是否拥有 EEP 或者 REP 资格。事实上,即使没有资质,也不妨碍学员向 IIBA 或者 PMI 申请获得 CDU 或 PDU。但如果名单上有您的名字,那么您的学员申请 CDU 或者 PDU 的过程就要相对简单一些。

想要成为 EEP 或者 REP 中的一员,必须要向这两个组织提交课件以及公司的相关信息作为评估材料。他们会验证是否符合组织的标准以及与相关的知识体系是否一致。每门课程可能都需要单独的评估或者单独的批准,所以整个过程实际上是对培训师本人的认证,也是对课件的认证。培训师本人可能需要只有特定的证书,比如 IREB 颁发的 CPRE 证书。可以从每个组织的网站获取更详细的信息,了解如何申请成为这些认证培训体系的讲师。

如果是后来把课件授权给其他的培训公司,那么可能还需要再次提出认证申请,即使他们用的仍然是你开发的同样的课件。此外,如果以多种形式交付材料,比如有现场教学的课件,又有学员可以自行确定学习进度的电子课件,那么每份课件都需要单独提出认证申请。以策万全,最好查看一下相关组织的现行政策。

获得授权之后,维护的费用非常高,但是这笔钱花得值,因为这可以凸显你的个人优势。有培训需求的人往往会通过 IIBA 和 PMI 网站来物色优秀的讲师,因为他拥有 EEP 或者 REP 的身份。如果他们特别需要基于特定知识体系的培训课程,这些培训认证机构就是他们的首选。

基于很多方面的原因，我并没有选择成为认证课程讲师。最主要的是，我确信这会使我丧失一些业务机会。不过，我对此也不是特别排斥。如果这样做对您和您的公司利大于弊，不妨试试看。

怎样与专业机构互动

不管是独立执行顾问还是准独立咨询顾问，我都鼓励大家加入专业组织，参加他们在当地组织的活动。我喜欢和参会的人共聚一堂，有时甚至还会提供比萨或者饼干。说不定哪一天，我还能够和其中的某个参会者建立起长久的友谊。通过这些活动形成的人脉，有时确实很有帮助，可以提升个人的知名度或者给你带来业务机会。

如果您在专业领域已经有了很高的声望，那么参加这样的活动对当地社区而言，也可以说是一种善举，或一种善意，如果积极参与社区建设，人们往往会对您肃然起敬。一旦有了这样高大的形象，好事自然能水到渠成。

下一步行动计划

- 识别自己领域内的大型专业组织，考虑一下如何加入组织。找到并加入当地分支机构，锁定可以参加的会议。
- 梳理一下手头上与工作相关的各种专业证书，一一甄别，看看它们对你是否有用。针对自己感兴趣的每个资格认证列出"为什么"（考证的原因）和"是什么"（期望证书给自己带来哪些帮助），可能是为了拓展知识，也可能是获得更多业务。
- 如果开发了商业分析或项目管理相关培训材料，请分别研究以下如何成为 IIBA 或者 PMI 认可的培训师，两个机构分别有哪些具体的要求。分别评估各个认证的成本和时间，以及可能获得的回报。

（感谢乔伊·贝蒂对本章的大力协助）

第 5 章　咨询模式，哪一种最适合您

彼得·布洛克在其经典著作《完美咨询》[①]中描述了咨询师可能扮演的三种角色：专家、执行者与合作者。每一种都代表与客户合作时的不同互动方式以及对顾问不同的满意度要求。本章将介绍我对这三种咨询服务模式的不同体会以及积累的一些经验。

旁观者模式：专家

在专家模式下，您将与客户一起工作，当他遇到问题时，希望您去尽力解决。当您以专家的身份工作时，客户希望您为他们提供一些培训，执行流程评估工作、评审项目的某些可交付的成果或者评审流程文档。在内部改进工作停滞不前时，他们也可能会向外寻求真知灼见。

许多客户跟我说："我们长期饱受折磨，实在太痛苦了，所以我们需要您来帮助我们脱离苦海。"公司在某个领域内出现问题，流程实践效果如水投石，乏善可陈，他们雇我来帮助他们纠正这些问题。也就是说，他们向外部专家寻求帮助。

然而，不幸的是，我无法为组织真正地"解决"问题。我可以评估组织当前的状况，我可以找出导致问题的根本原因，我也确实能够为组织出谋划策，找到适合改进的方向，对症下药，为客户推荐有用的知识与资源，我甚至可以制定出一个路线图，规划出如何在其项目组中应用这些知识的路径。然而，是否能够切实有效地执行这些活动，取决于客户的管理者和实践者。持续改进行动需要组织文化的变革。这需要时间，而且必须由组织内部来驱动，而不是由外部来驱动。因此，作为一名顾问，我的部分工作就是鼓励客户组织的关键成员追求更高的绩效标准，并向他们传授实现目标的方法。

我发现，当我进行流程评估时，无论是需要提交书面报告的正式的、结构化的评估，还是非正式的讨论与反馈，我都很少能够告诉客户他们还不知道的事情。我的客户对自己的痛点一般都了如指

[①]　译注：机械工业出版社 2013 年出版。

掌，然而，他们可能无法让高层认真对待这件事情，也无法说服高层提供必要的资源来解决这些问题。

当管理者以专家的身份把我引进他的组织时，他会对我说："这六个月以来，我一直试图说服其他人，要他们去做一些事情，但就是没人肯听。您来告诉他们吧，他们会听您的。"由于某些我还没有悟到的原因，相对于内部员工提出的意见和建议，局外人提出来的更容易被接受，哪怕意见或建议完全一样。咨询顾问的独立身份对您是有利的，您可以游离于组织政治之外，不必陷入"在我们这里一直就是这么做事的"怪圈之中。外部专家与许多其他组织合作过，积累了丰富的经验，具备深邃的洞见，能够对有效的或无效的行业实践洞若观火。

在咨询过程中扮演"专家"角色时，我最开心的事莫过于在客户现场的某个房间里一坐就是一整天，人们就爱和我讨论他们所面临的各种问题。我根本不知道下一个问题会是什么，可能是如何让客户参与需求讨论，也可能是如何处理配置管理，或是为了做好项目计划该如何改进估算方法。我觉得这些意料之外的问题既紧张刺激又富有挑战。我需要真正将自己沉浸到问题当中，深入了解情况并竭尽所能给出行之有效的建议。这一切还都得是速战速决。

我做过的咨询工作中，大部分内容都是评审流程或者项目的交付成果，指出其中的错误并给出改进建议，最常见的是需求文档评审。在这些活动中，我扮演的都是外部专家的角色。多年之后，在参与评审了那么多客户的那么多需求文档之后，我对"怎样的需求文档才是优秀的需求文档"有了深刻的心得体会，并且总结归纳出一些常见的问题。这些经验使我能够快速有效地评审一组需求，给出立竿见影的改进建议。当然，我不能确定，文档中所描述的就是项目正确的需求，因为我没有参与设置业务目标、定义需求以及访谈客户等活动。但我很擅长识别其他类型的问题，不具备需求工作经验的人可能会忽略的问题。

在专家模式下，咨询工作的另一种方式是在诉讼中充当专家证人。我只有一次这样的经历。某项目涉及的某个组织购买了一个打包的软件解决方案，然后雇用该软件包的开发商来执行一些定制化开发与数据迁移任务。这个项目最终一败涂地，惨淡收场。在该公司和供应商之间的诉讼中，其中一方雇我来诊断失败的原因。

在研读了大量的项目文档之后，我得出结论：大部分问题都是由雇我的一方（也就是我的当事人）一手造成的。我的当事人阅读了我的报告，对我说了声"谢谢"之后付钱给我，然后一切就这样结束了。我听说，后来双方达成了和解，所以我不需要出庭作证。这次的经历最终促使我写了一篇题为"法庭上见"的文章，我在其中分享了一些如何成功交付此类外包项目的建议。我还听说，有些顾问充分运用自己积累多年的行业经验，常年以"专家证人"的身份出庭作证，并且获得了丰厚的酬劳。20年前，有位顾问告诉我，他做其他咨询工作才能收到每小时300美元，而出庭作证时，他的收费是每小时500美元。对我来说，这个价格可真是不菲。

智多星

作为一名专家顾问，我认为自己的主要职责是给客户出谋划策，帮助他们更有效、更快捷地构建软件和解决问题。为了找到出类拔萃的解决方案，我总是尝试着给出多个解决方案。每10个建议中，我认为总有两个属于谬想天开，还有两个可能不见效，因为与企业文化有些不匹配，另外还有三个是不言而喻、人人都想得到的，剩下两个对客户来说才是睿智新颖的，而最后那个才是真正精彩绝伦的。所以，我需要提出足够多的想法，然后依靠最后两三个想法来赢得客户的青睐。

我在咨询讨论过程中或是在撰写正式的建议报告时，都会用心理测试来检验我提出的任何建议。首先，我要考虑我建议的行动是否可以真正解决客户的问题。也就是说，我的建议必须是行之有效的。其次，我会扪心自问：如果客户采纳了我的建议，他是否真的会依计行事。

换而言之，我们的提议，必须既要切合实际，又要适合于客户的组织文化和当前现状。我提议的每种做法都必须经过自己仔细检查和确认后才提交给客户。我最不希望随随便便给客户提出一些建议，这些建议对他们无用，或者与其具体情境不贴合，又或者对他们而言弊大于利。

教练

专家模式下另一种顾问工作方式就是担任教练的角色。您可以与某一位商业分析师或者项目经理一同工作，评估他们当前的工作方式，向他们推荐更为合理有效的做法。在更大的范围内，您可以帮助组织建立"卓越商业分析中心"（Business Analysis Center of Excellence，BACoE）或项目管理办公室（Project Management Office，PMO）。这些部门的职责就是在组织内部建立、维护和监控标准的实施情况。

组织建立 BACoE 或者 PMO，彰显出组织的一项庄严承诺：致力于提升商业分析实践能力、项目管理实践能力以及相关人员的专业能力。作为扮演"专家"角色的顾问，此时您可以帮助客户定义部门人员组成、架构与岗位职责。您的专业知识可以帮助一个初出茅庐的专业团队开发出适合的方法、培训材料、项目交付成果模板、流程与指导文档、表单工具以及其他资源。您可以协助定义相关人员的职业发展与能力拓展路径。

在交付这些服务内容时，您可以充分利用自己之前从其他客户那里观察得到的有效经验，帮助新客户以更好的方式工作。此外，这还是一个有效的商业机会，可以将自己开发的培训材料或者其他内容授权给客户公司使用，也可以对其进行定制化以充分满足客户的需要。由此而产生的收入可能远远超出咨询服务本身。

非正式的咨询

一旦成为公认的专业权威，邮件和电话等形式的邀约可能就会纷至沓来，希望您能用专业知识来解答他们的问题。其中，很少有人会成为真正的付费客户，所以是否愿意花时间来回答他们的问题，这是您的选择。我尝试着做个好人，所以每个问题都会认真回复。但很明显，我们每个人的时间都是有限的，不可能都投入到这一类公益咨询活动中。所以，这些随之而来的问询自然也就成了一种声名之累。

不过，这种非正式的咨询活动也有好处。例如，有人曾经问我，是否有工具能够帮助他的团队评估一个需求变更请求对于项目的影响。当时，我还没有相应的工具。然而，我发现其他人可能也存在同样的问题，而且开发这样的工具对我来说也不费什么工夫。于是，我设计了几个检查清单并把它们发给了咨询我的人，他们发现这些检查清单很有效。然后，这些检查清单就成了我的过程资产，它们可以由我提供给付费的客户，也可以从我的网站下载，有些还被录入到我的书籍和文章中，未来我在做需求管理方面的演讲时，也可以把这些材料添加进去，而这一切都来自那些向我求助的陌生人。

有时，有人会通过这些非正式渠道提出我以前没有遇到过、也并没有真正想过的问题。如果这个问题看起来是我必须要知道的，我会设法给出一个经过缜密思考的、令人满意的答复。我会把这些答复保存下来，把它们添加到后续公开发表的某些出版物中。

我无法对所有的这些信息和资源都有先见之明，可以预见到它们是否有助于我未来的客户。当我花时间努力解决这些非正式"咨询活动"的问题时，我的知识和经验得到了拓展，我还知道这些知识和经验将为我的付费客户提供价值。而另外一些时候，我不过是跟某一位和我一样对某个话题感兴趣的人进行了一次有趣的谈话。这也没什么大不了的。

绊脚石

对外部专家来说，最大的阻力来源恐怕就是 NIH 和 NAH 这两种综合征。

NIH 全称为"not invented here"，意为"非我原创"。因为您所服务的人群并没有亲身参与创建解决方案的过程，所以他们并不一定信任这些方案并进而接受它。因此，外部专家提出的解决方案可能会遭到他们的拒绝。

NAH 全称为"not applicable here"，意为"此处不适用"。我经常听到这样的说法："我们这里很特殊。"如果对我的建议不感兴趣，客户就会这样说。他们认为，我的建议可能在别的地方有效，但肯定不适合他们。

在不同的组织，文化与风格的确有许多不同之处，但也有许多相似之处。例如，我认为几乎所有的软件开发组织都可以遵循基本相同的变更控制过程。以"非由我属，不为我用"（NIH 综合征）或者"我们这里很特殊"（NAH 综合征）为理由不接受咨询顾问的建议，通常意味着对变革的大规模抵制。如果觉察到客户是重度 NIH 和 NAH "患者"，那么对您而言，最大的挑战将不再是"如何提出最佳的解决方案"，而是"如何让这些解决方案传达到最恰当的并善于倾听的受众那里"。

专家顾问离开之后

身为专家顾问或者培训师，在与客户合作的时候，有件事情非常令人沮丧：不知道自己离开客户现场后发生了什么事，知之甚少。除非客户让我再做一些跟进工作，否则，如何应用我的培训内容以及如何实施我提出的建议，这些完全都由组织自行决定。当然，我希望他们能最大限度地提高在合作中的投资回报率。但如果他们还是故态复萌，那么他们的投资回报率将为零。除非客户选择与我分享这些信息，否则我还真的不知道在我离开之后发生了哪些事情。

偶尔，在我上完一节课之后，我会收到学员对培训结果的反馈。在一次研讨会上，我碰到过一位学生，他在一年前听我讲过需求课程。他告诉我，他们公司所有项目里都设置了"产品倡导者（product champion）"角色作为关键用户代表，这正是我在培训中大力提倡的做法。他说这种方法确实有效，能够帮助他们的项目更为成功。

这些案例表明，我提出的想法和做法还是切实可行的，可以帮助公司改善工作绩效。而这正是我本人的职业目标，致力于帮助组织做得更好，所以，但凡听到有人发现我的建议很有价值，我总是很高兴。

执行者模式："撸起袖子干起来"

当咨询顾问以"执行者"的方式工作时，并不是说客户公司自己做不了，而是因为他们缺乏足够的人力资源或时间，所以需要请咨询顾问来协助完成。在这种模式下，客户定义需求，设定项目的边界与目标。然后，顾问基本上靠自己单干。客户方的负责人对顾问的交付成果进行评估，以确保其符合满意度要求。

例如，某些公司与经验丰富的商业分析顾问签订合同后，后者加入组织中某个软件开发项目执行典型的商业分析，比如识别用户特征、启发需求、编写需求规格说明书以及其他。这种针对某一特定项目的、短期内为弥补人员短缺的咨询活动，就是所谓的"执行者"模式。

在长达十五六年的时间里，我为一个客户（姑且称为杰克）做了大量的工作。他领导着一家大型软件产品开发公司的卓越软件中心。我为杰克做的很多工作都涉及非现场咨询（也就是说，我在家里办公），所以我的咨询模式要么是"执行者模式"，要么是"协作者"模式。大部分"执行者"工作都涉及定义过程文档、模板以及其他辅助工具。杰克当然知道怎样完成这类工作，但他没有时间，也没有内部资源可以用来及时完成这些工作。所以，他把这些工作外包给我，由我完成。

杰克仔细审查我做的每一项可交付成果，很多工作都需要我返工很多次，直到他认可并接受我交付件的最终版本。不过，在大多数时候，杰克都是把工作安排给我。他对我的领域知识非常认可，而且我们之前就此类文档的形式和结构也有共识，所以他相信我交付的成果一定可以让他满意。

坦白说，我一直都不习惯这种"一手布置任务，一手交付成果"的流程定义类工作。我对自己的经验与能力信心十足，完全能够自己独立定义一个切实可行的流程。相反，有时我会担心客户组织中的人员是否能够心甘情愿地接受由外部第三方人员所创建的过程文档或者任何其他过程元素，还记得 NIH 综合征和 NAH 综合征吗？

几年前，我在柯达工作时看到过一个真实的案子。有些部门聘请咨询公司为他们创建模板或者其他流程文档，但是一些执行者抵制使用这些流程文档。这些工作产品是由不熟悉组织的人创建的。它们有时可能不太适合客户团队的需要，不是他们期望得到的，通常充斥着繁文缛节或者过于花里胡哨的东西。

我有些忐忑，不知道我为杰克他们公司做类似工作时是否也会这样。事实表明，这并不会构成问题，一方面是因为杰克在公司有威望和影响力，另一方面也是因为我具备足以让人信服的经验和能力。尽管如此，我相信，交付与流程相关的成果物时最好还是在经验丰富的咨询顾问与客户组织成员之间的协作模式下完成。这有助于让客户组织内人员将新发布的流程文档当作自己的工作成果。

我和客户之间的咨询协议总是包含对我将要执行的服务类型的一般性描述以及我的工作交付成果列表。这样的协议称为"工作说明"（State of Work，SOW）。在大多数情况下，这么做已经是绰绰有余的了。我们对工作任务通常都很清楚，并不需要什么计划或者范围文档。我理解杰克的要求，我可以独立完成目标，也不需要占用他太多时间。

不过，有时杰克也要我做点儿不那么确定的事情。我们都不清楚我们到底想要什么成果。在这种情况下，我会请他用下面的关键字模板写一个简短的愿景声明，这个模板也收录在《软件需求》[①]的第 5 章：

For	目标客户
Who	需要或者机会的说明
The	交付件名称
Is A	交付件类型
That	主要能力或关键收益
Unlike	现状或者当前流程
This Deliverable	相较于现状，新的交付件有哪些不同？有哪些优势？

杰克经常抱怨自己每次都得写下这个愿景声明，他认为这么做会使他没有机会对项目或成果进行深入的思考。对他来说，这太难受了！但是，在关键词模板的引导下，他总是能够提出一个清晰的、简简单单一段描述的、结构化的愿景陈述，使我们能够心无旁骛地专注于我们的共同目标。当您在咨询项目一开始的时候，如果碰到目标模糊或者不清楚现状的情况，我强烈建议您让客户用这种方法写下他对项目的愿景陈述。

合作者模式：并肩作战

第三种咨询服务是协作模式，外部顾问与客户组织的成员联合作战，携手解决问题。在执行者模式下，咨询顾问工作的独立性很强，与此相比，协作模式中，顾问与客户需要共同确定解决方案，设定优先级，制定决策，创建可交付成果。类比一下，可以把这种协作类型的咨询项目看作是两人合著一本书，而执行者模式就像是延请他人代笔完成自己的回忆录。

几年前，有家公司和我签订了一份长期的非现场协作模式咨询协议。这家金融服务公司希望将实施"同行评审"作为其架构治理过程的一部分。该公司有位经理对我的书《软件同级评审》[①]非

---

① 译注：中文版由清华大学出版社 2016 年出版。

常熟悉，因此请我帮忙。这家客户希冀借鉴我的经验为他们提供有效的建议，指导他们对一组特定的工作产品有效实施同级评审，以求达到既定的评审目标。

客户公司有位工作人员与我密切合作，共同确定他们的评审流程。然后，我们又携手开发了几个小时的电子演示文稿，培训他们采用新的评审方法。客户为这个演示文稿起草了幻灯片和关键讲述要点，然后，我为每一张幻灯片细化脚本，提供更详细的叙述。我在演讲和开发电子培训材料方面的经验都很丰富，因此可以改进他们最初草拟的幻灯片，使演讲的内容更为丰富和直观。按照我的计划，我还为脚本录制了音频文件，生成了电子课件。

以上就是一个有关协作模式的良好案例，顾问和客户单位的员工并肩携手，共同致力于产出（相比我们中任何一位参与者独立工作时所能达成的）更优秀、更高效的产品。这对双方都有好处。

我最喜欢这一类协作活动。与聪颖智慧、精力充沛且富有创造力的人一起工作，既紧张刺激又兴趣盎然。自从成为独立顾问后，我感到职业生涯中的一项缺憾就是缺乏与他人交流想法的机会，没有机会一起在白板旁畅所欲言，获取他人对我的工作成果的反馈，把大家的智慧聚集在一起创造出更好的解决方案。我感到有些孤单。这可能是我喜欢协作的原因，因为它有效地填补了我在专业交流方面的遗憾。

协作模式同时也提供了一个良好的学习机会，总能让我为下一个项目做好更充分的准备，在面对下一个棘手的挑战时，我可以依靠之前积累下来的丰富的知识和可靠的经验。

面对未来形形色色的潜在客户和咨询项目机会，我建议您能对这些纷繁不一的咨询模式了然于胸。了解自己的偏好，可以帮助我们选择最让自己开心并有成就感的工作。另外，将这些迥然不同的咨询模式与特定项目的需求匹配起来也不失为一个好主意。客户可能要求您以执行者的身份完成某些工作，但是在对项目进行评估时，可能协作模式更有效。身为咨询顾问，随需而变以帮助客户取得理想成效也是您的责任。

---

① 译注：机械工业出版社 2003 年出版。

下一步行动计划

- 对自己最近几次咨询经历分别进行归类，看看它们各自属于前面三种模式中的哪一种。
- 哪种类型您最喜欢？哪种类型又是您经历最少的？咨询模式是否影响您对咨询工作的投入程度？为什么？
- 哪种模式会给客户带来最佳的效果？不同的咨询模式是否影响他们的工作效率？为什么？您认为不同的咨询模式会影响到咨询效果吗？
- 如果认为自己喜欢一种模式胜过其他模式，请在未来适当的情况下尝试重构咨询业务以强化这种模式。

第 6 章　咨询顾问的生活方式

任何对独立咨询工作心驰神往的人都必须考虑这个问题，咨询（或者其他独立承包）并不只是在常规的雇佣关系中去掉"老板"这个角色，咨询与传统的公司职位有着本质的区别，并不普遍适合所有人。从事咨询行业，将从很多方面影响到您和您的家人。如果不慎重考虑其影响，请勿贸然入行。

为什么要选择做咨询顾问

当我自己在考虑成为独立顾问的时候，不得不面对这样的基本问题："为什么要这样做？""是什么激励一个人毅然决然放弃那份让人有安全感并且按时按数发薪水的工作？"

对此，每个人的答案各不相同。有的人是为了更为丰厚的收入，有的人是为了更强地掌控个人职业生涯；有的人则是为了逃离那个让人焦头烂额的职位，或者去追寻一个机遇与挑战并存的未知世界，纵使筋疲力尽，也要迎难而上；还有一些人是被迫的，因为公司裁员。无论如何，都要以理性客观的眼光审视自己的动机。

调研一下想要提供咨询服务的领域，问问自己，它是否能长久维持个人的财务需要。1999 年，因为"千年虫"问题，COBOL 和 RPG 程序员的需求骤然加剧，许多具备这些技能的程序员都转行成为独立承包商。但是，转眼来到 2001 年年底，对许多只有这些技能才能混口饭吃的人来说，这个领域已经是穷途末路，他们必须保证自己的技能不过时。

在进行个人审视时，一定要秉承"冷酷无情"的原则。记住，不能指望完全凭着个人的意愿随心所欲地工作，理想情况是，当您想要工作的时候，工作机会近在咫尺，现实却是当您想要工作的时候，工作机会却远在天边。如果一想到陌生拜访就令自己不寒而栗，说明也许您还没有做好准备去冒险。准备好为明天的工作大伤脑筋了吗？准备好接受每个节假日和假期都成为无薪日了吗？认真考虑一下所有这些潜在的不利因素。

如果确定要在咨询行业一试身手,请不要轻易毁坏自己之前多年的员工和雇主关系。您可能会对即将离开的公司百般鄙视,但千万不要公开表露出来,哪怕是在自己的社交媒体上。尽管您可能认为前任经理们都是些白痴或者饭桶,但如果在公开场合谈论他们,请一定只谈他们做得正确的事。您永远不可能预见到未来某一天您可能需要依赖这些人重新雇用您或者他们会成为您的背景调查人。1993 年,我被美国 NCR 公司解雇,5 个星期后,我的第一个咨询客户居然就是加拿大 NCR,我之前跟他们没有过任何接触。您永远无法预知未来。所以,请专业一些,绝对不能针对个人。

一旦转行成为咨询顾问,却觉得这一行真的不适合自己,怎么办?需要一直备着一份备份计划,还得有一笔随时可以存取的现金。正如我稍后所要讨论的那样,咨询工作会影响到家庭里的每一位成员或者一段恋爱。您可能会发现,苦苦寻找咨询业务时的沉重压力,工作不确定性高以及离家几周只能住在酒店里享用晚餐时的"对影成三人"……这些都是不小的代价。这一切还都是不得不付出的,没得选。最终,您可能得出结论,做一名独立顾问并不适合您,至少当下不行。

我这儿有一个简单易行的建议,如果想检验一下自己是否适合咨询工作,可以计划用 6 至 12 个月试着做一些咨询项目,同时保留自己的全职工作。如果发现自己失业了,而且当下就业市场情况还不错,那么也许可以全身心投入咨询领域。如此一来,即使想要抽身而退,也有很多全职工作机会。在后一种情况下,我所采用的方法是以短期合同为基础为潜在雇主提供服务,比如 3 个月,这样可以互相试探。一方面,我丰富了自己的咨询阅历;而另一方面,他们也意识到我对他们有价值,所以他们的风险也很低。

对于咨询这份工作,我最喜欢的莫过于它很灵活,而且具有创造性。只要想一想,怎样才能在自己的目标与每一个甲方之间建立起双赢的局面。如果认为独立咨询并不适合自己或者咨询业务不饱和,还可以考虑加入一家对技能有需求的小型咨询公司,或退回到全职工作岗位。

咨询工作提供的灵活性使我们可以根据个人生活目标和优先级顺序来调整工作的结构和节奏。每位顾问每年都要设定个人目标,年收入要达到多少。一旦达到这个神奇的目标,就要从咨询工作中抽身而退，投入其他更重要的活动：家庭、爱好、旅行和自我提升等。当然，如果每年都这样信心十足，认为自己可以在12月31日前找到足够的咨询工作机会来达成个人的收入目标，这个策略就是行之有效的。

我在读艾伦·韦斯的《成为百万美元咨询师》①一书时，意识到一点：咨询并不是一项工作，而是一种工作方式。从本质上讲，我们必须要有自己擅长的领域，可以从产品、供应商、某个技术领域、某种平台或者某个项目角色中任选一个。但是，除了这些选择，您还必须为自己找到关注点，它应该成为您的个人使命宣言。没有它，您永远不知道什么时候才能对工作机会说"不"。如果不懂得拒绝错误机会，就无法在合适机会出现时也能说"是"。

选择成为咨询顾问，与整个家庭有关

除非是隐士，否则不要自欺欺人：选择咨询作为职业，会影响到家庭中的每个人或者恋爱关系。不管是顾问，还是正式员工，离家出差都是切肤之痛。全球化市场不断扩张，我们这个行业的差旅比以往任何时候都多。最近，我查了一下自己在达美航空的常旅客飞行里程余额，累计超过80万公里，要知道，这还是在我兑换十几万公里家庭机票后剩下的里程，而且这只是达美航空一家，在过去三年，我只飞过三次达美的航班。我估算了一下，在以往17年咨询生涯中，我飞过的里程非常接近于160万公里。

但是，即使是单调乏味的"飞人"旅行，承受的压力也比不上一份合同结束时没有其他业务机会的百爪挠心。基本上，每一单合同的结束，都意味着进入"待就业"状态。如果对自己的能力缺乏信心，最亲近的人也不支持，那么所有这些压力，包括寻找客户、讨价还价、对合同条款争执不下以及协调日程安排和兑现承诺，都可能击垮您的防线。

所有这一切还会对您造成身体上的伤害。成年后，我一直热衷于体育运动，举重和足球是我的最爱。这些运动可以让我保持身心健康。为了自己，需要腾出时间来多做些体育运动，尽可能保持身体健康，即使没有和家人在一起，也要有足够的体力来养家糊口。工作机会至关重要，但也需要保证有充足的休息时间。

---

① 译注：清华大学出版社2013年出版。

离家远行、身处某个遥远的小镇时，千万不要让自己消失在爱人的记忆中。我出差的时候，每天晚上都会打电话回家，和妻儿们聊天，以另一种形式出席家庭活动。在孩子们还很小的时候，我会通过电话帮他们辅导家庭作业。光靠声音来做数学题可不容易。所以，多年前，我妻子会把孩子们的作业单传真或电邮给我，我会和他们一起订正作业，通常还会发回一些例子来说明如何解答问题。

如果能与他们一起围坐在餐桌旁，当然更好，但我做不到，所以我需要有这样一个富有创造性的替代性方案。虽然需要付出更多的努力，但这有助于我们保持联系。这才是重点。尽管今天的科技能够使家庭团聚变得更加轻而易举，但物理上您仍然是远离家庭的。

如果在家里办公，并且旁边还有小孩，您将面临一项特殊的挑战。我刚开始从事咨询工作时，两个孩子，一个七岁，另一个才一岁。七岁的孩子都能理解我办公室大门上的标志："爸爸的门如果关着，就表明他在工作，不能打扰，他稍后会出来陪我玩的。"但我一岁大的孩子却不知道这样的规则。当他透过门楣听到我打字或者打电话的声音时，他只知道："哇，爸爸在家耶。这就是游戏时间！"所以，我不得不轻轻把他抱出办公室，好让自己能够安心工作。这简直让我心如刀绞，他也是撕心裂肺。

几年来，我每周都有几天在当地的公共图书馆用笔记本电脑办公。就在那儿的一个小房间里，我写下了700多页的面向对象分析与设计课程。主动走出家门可以使我免受许多让人分心的干扰。

还有一件全职工作者绝对想不到的尴尬事，您的另一半可能真的不喜欢您整天宅在家里。您以为自己是在努力工作，但伴侣却认为您侵占了他/她的私人领地。"白天，家就是我的王国，您应该去别的地方办公！"这是不可轻易动摇的铁律。您的另一半可能会毫不犹豫地要求您把吸尘器上的电线修好，邀请您一起开车去五金店看看水龙头，或者其他任何貌似无害的干扰。然而，这些干扰叠加起来会严重降低您的工作效率。您可能会在晚上10点盯着屏幕时才意识到这一整天其实什么也没干，客户付钱让您完成的项目根本没动，没有拿得出手的交付物。

总之，入行独立咨询顾问之后，生活不会一帆风顺，这是意料之中的事情。您得坦然接受，您和您的家人都必须改变生活方式以适应新的环境。坦诚评估自己和家人。如果真的决定不惜冒险一试，就扛起所有的压力，让家人不要那么辛苦。

与家庭成员一起工作

有些人在自己的自雇类业务开拓之初，打算与家庭成员一起工作，或者让他们正式成为领薪水的雇员，或者只是非正式地请他们帮帮忙。在某些情况下，这样做成效显著。而在另一些情况下，这么做会严重威胁到家庭和睦。我的一位同事分享了以下故事：

> "当我开始自己的咨询业务时，我在家里为家庭办公室安装了第二条电话线。有时，在电话铃响的时候我不能及时接听，于是问妻子她是否可以代替我接听电话并记下留言。她对此居然有些怫然不悦。她做了26年的秘书，对那份工作早就忍无可忍。于是，我赶快解释说，我让她接听电话并非要她作为我的秘书，而是作为和我同住一个屋檐下的另一半。这多少让她觉得有些宽慰，但她还是有些郁闷。显然，咨询业务是我个人的事情，不能拖累他人。"

在决定把家庭成员拉进咨询业务之前，首先得充分考虑这样做是否会影响到家庭关系以及由此而来对经济的潜在影响。您可能对自己奋不顾身投入的独立咨询事业激情万丈，但您的配偶、侄子或者远房二表妹可能并不像您一样对这份事业有执念。和他们一起坐下来，开诚布公，坦诚沟通，薪金待遇和具体要求事先都要讲清楚。当您周游各地的时候，您的另一半也在忙于照看孩子、打理家务，她可能不愿意再操心您的业务。既然您从事正常全职工作时她没有义务帮您，现在为什么一定要她帮您呢？

如果某位家庭成员有经验、有时间和有意愿帮助您，那真是太好了。大家同舟共济，像对待其他业务关系一样对待这种合作关系。但是，很熟悉的人不要这样，还是和他/她在一起享受生活吧。要么计划自己亲力亲为完成所有的工作，要么在必要的时候雇个助理来帮助完成一些琐碎的任务。

第6章 咨询顾问的生活方式　　45

下一步行动计划

- 如果从当前的常规工作转去做独立咨询顾问，对您和家人的生活方式有哪些重大影响？把它们逐一列出来，区分出积极影响或者消极影响。
- 如果成为在家办公的独立顾问，会对日常生活中的每一位重要人物产生哪些积极影响和消极影响？把它们逐一列出来，重点关注可能破坏家庭关系的消极影响。能想办法减轻这些负面影响吗？
- 检查前两个表格，仔细权衡：积极因素是否大大超过消极因素，从而能够支撑您尝试开展独立咨询，而您的家人也愿意支持您尝试一下，放手一搏。

（本章作者为加里·K. 伊万斯）

第 II 部分

人在旅途，忙碌的咨询顾问生活

第 7 章：先拟清单，后敲定
第 8 章：关山阻隔，得之不易
第 9 章：刚刚好，才是真的好
第 10 章：避免合作风险
第 11 章：梦幻客户
第 12 章：伤害性大的客户
第 13 章：客户难缠？快试试这些妙招

第 7 章　先拟清单，后敲定

上世纪 90 年代初，当我刚开始在软件行业峰会上发表演讲时，大多数演讲者都是用老式胶片式投影仪投放透明胶片的方式来演示演讲内容。只有少数演讲者开始用笔记本电脑和微软的 PowerPoint 或者其他演示软件。

在早期那段日子里，有次我前往参加本地会议，我要做一整天的课程讲解。我收拾好几盒透明胶片，从我家出发，穿城来到会议地点。在演讲中途，我发觉使用胶片的速度比我讲课的速度快。突然，我意识到，我一整天教程总共是四盒胶片，而我只带了前两盒。哦，这实在是太不专业，太让我尴尬了（我竭力回避使用这样的描述）。

幸运的是，会议主持人拯救了我。我事先把自己的幻灯片电子档给他发了一份，他把这份拷贝装进了他的笔记本电脑。午饭后，我用他的笔记本电脑来代替我忘带的幻灯片，最后有惊无险地完成演讲。这是我第一次正式使用 PowerPoint 演示软件，也是我在职业生涯中最尴尬的错误之一。

当时的情形真的称得上是险象环生。不过，我马上吸取了教训。从那时起，每每准备外出演讲或者去客户现场做咨询，总会使用一份检查单来做充分准备。前面我讲述的那次惊险之旅，其实我事先已经创建了一份旅行检查单，但由于那次只是一个本地论坛活动，不涉及差旅，所以我还真的没费心思仔细考虑需要带什么。不过，从那之后，我再也没有犯过类似的错误。

差旅检查单

我制定的旅行检查单经过了多年的实践发展，我把它同时应用于商务旅行和度假旅行。检查单分成若干章节，提醒我根据所教的不同课程分别采取怎样的针对性措施。检查单还单独用一章列出开车前往某个地方（而不是坐飞机）时要带上车的物品，比如我最喜欢的枕头和我最心仪的玩具泰迪熊（呵呵，泰迪熊，我是开玩笑的，不过我真的会带枕头）。我还有一份用于国际旅行的补充检查单，提醒我要带上好护照、外币、电源插头适配器和手机的国际 SIM 卡等。

为每次旅行收拾行李时一定要用检查单，我始终秉持这一信条。检查单让我受益匪浅，能够保证我准备好衣物，数量和品种都恰到好处；检查单能够保证我带齐所有的洗漱用品和药品，一个不落；检查单能够保证我随身拿对航空公司的常旅客卡和租车卡，一个不差；哪怕降噪耳机也不会落下，这可是让长途旅行更舒适的法宝。即使是航空公司不靠谱的行李转运弄丢了我的手提箱，我也可以方便地记录下手提箱里的所有物品。多亏这些检查单，才让我在到达目的地的时候不至于落下激光笔和袜子这样琐碎的东西。

您可能觉得有些不以为然，我的这些检查单难免太小题大做了。但我要告诉您，它们相当有用。一次，当我向一位顾问同行描述自己的旅行检查单时，他笑了笑，举起自己的食指对我说："我的检查单上只需要记录一个：课程幻灯片。"但随后，他讲了自己的一次经历。他去参加一个会议，需要在会上做一个半天的讲座。等他到了之后才发现，原来会议议程里他的讲座是一整天的，他随身并没有带上足够的素材。看来，他需要改进他的检查单。

可以在 www.jrosspub.com 的 WAV 下载资源中心看到我的旅行检查单最新版。该页面还提供了咨询顾问迈克·科恩友情提供的几份检查单。第一份检查单是一份内容丰富全面的旅行包整理检查单，包含如何快速细致整理好衣物的列表，还有一份 Dopp 套装（我称之为"方便工具包"）以及需要随身携带的小工具和其他玩意儿。第二个是一份全面的注意事项表，提醒带齐课程需要的所有物品。当课程涉及各种学员互动活动时，没有人希望缺少那些必不可少的物料，比如作业本、卡片和便条等物料。我的课程比迈克的简单，所以我把所有物料检查单跟我的旅行检查单放在一起。

计划与跟踪

迈克·科恩的第三个列表是为特定的签约客户定制的计划表，与这个客户有关的所有必要信息都开列于此。这一环很容易被忽略，必须要做到防患于未然。例如，当我在前往某个外地客户现场之前，我总是要去客户的网站，把那些主要联系人的手机号码抄下来，以备随时应对旅程中可能遇到的各种麻烦。迈克的客户信息检查单有个地方专门用于记录此类信息。这些电话号码相当重要，我都用过好几次，比如，有一次，我要从一个客户那里飞往另一个国家的另一个客户那里。然而，就在起飞前几小时，这家航空公司的飞行员罢工了。对此，我实在是无能为力，无法按时到达客户现场，因而不得不重新安排计划。

迈克还分享了一些检查单，其中，有的用来提醒场地准备事项，有的用来列出地区性交流必带物品。我强烈怀疑，离开这些检查单他还能不能顺利开展各项活动。

除了这些检查单，我还开发了其他许多表格用于咨询和培训业务的方方面面。这些可不是什么花里胡哨的东西，如果觉得自己的业务需要类似的表格，欢迎您从 www.jrosspub.com 的 WAV 页面下载并根据自己的需要进行定制。我有一个表格可以跟踪记录我在自己办公室为客户所做的所有非现场咨询工作时间。这类服务我按小时计费的，因此需要跟踪每月花在该项目上的时间，以便向客户发送有精准记录的账单。

也许您觉得这样做和律师很像。然而，这其实并不是我的根本目的。我并不想从客户身上榨钱，只是我确实需要一份准确无误的记录。我得时刻为客户着想。如果我因为某个错误而不得不返工，客户当然不会因此而支付任何费用。尽管，迄今为止并没有哪个客户要求查看这些记录，但它们的确有用，可以为客户提供最新的成本数据以及未来的工作量估算数据。

我还用"事件跟踪表"来记录各项演讲和咨询活动安排。我随时需要跟踪很多信息，而在我的职业生涯中，也有很多事项被推迟，还有很多次我都被延迟付酬。我不想忽略有咨询和培训安排的任何事情。每次发出演讲活动通告，我都会在这份表格中记上一笔，演讲结束回家之前，我会请主办方签名。包括我预订的航班、酒店和租车的日期，我都记录在这张表上。甚至我发送课程讲义母版给客户用于拷贝的日期，我订购的课程用书发给客户的日期……这些都会逐一记录在表上。

我不想到达目的地后才发现忘记带演示文稿，因此，在该表单上还记录了很多检查事项：是否已将需要用到的全部文件上传到笔记本电脑中（L）？是否已将它们备份到 U 盘上（B）？最后，记录完成活动的日期、向客户提交发票的日期以及我最喜欢的（收到客户付款的日期）。我将所有这些事项开列在一个页面上，以便快速浏览每项业务当前的进展状态。

您可能认为我的检查单实在有些小题大做，浪费时间，只不过又是一项浪费在那些虚头巴脑的所谓"流程"上的开销。好吧，也许您是对的。让我们来做个实验吧。咱们两人同时开始打包行李准备旅行。我用我的旅行检查单来帮我。您平时爱怎么整理就怎么整理。让我们来看看旅程开始之后谁会丢三落四。

下一步行动计划

- 如果还没有旅行检查清单，请从 www.jrosspub.com 的 WAV 下载资源中心下载和定制最适合自己特定需求的检查清单。
- 如果已经有旅行检查单，就把它与本书 WAV 页面的内容进行对比，然后进行一些有用的调整。
- 从本书 WAV 页面下载其他表格，考虑这些表格中有哪些可以直接帮您计划和跟踪咨询活动，又有哪些表格的格式可以作为参考。可以根据个人需要进行修改。

第 8 章　关山阻隔，得之不易

我的工作内容中，很大一部分是帮助组织提高他们的软件项目需求开发与需求管理能力。大多数人意识到，需求开发与需求管理工作没有捷径，是一项充满挑战性的任务。然而，总有一些人，通过他们提问的方式向我表明，他们渴望我能为他们的难题提供一个神通广大而又简单易行的解决方案。我真心希望我可以做得到。

轻而易举的话，还轮得着您吗

以前的一个培训班上，有学员问我："如果需求文档是用日语写的，怎么办？"提问题的学员效力于美国一家软件开发组织，他们公司当时在与一家日本公司合作，所以他们拿到的原始需求文档是用日语写的。在我看来，解决这个问题只有四种可能的方法：

- 美方人员学习阅读日语文档
- 请人帮助他们把获得的日语需求文档翻译成英语
- 从一开始就说服日方人员使用英语写需求文档
- 在需求开发的阶段，延请一位能讲日语的人与日方公司紧密合作，完成文档的翻译工作

在我看来，这些解决方案都是显而易见的。但我从问话者充满渴望的表情和语气中看出，他真心希望我能给他提供一个轻松愉快的解决方案。我敢肯定，他已经意识到，所谓的"无痛解决方案"根本就是海市蜃楼。在谷歌翻译这一类服务出现之前，语言障碍已经存在很久了。然而，他依然在纠结这个问题。我希望他没有对我的回答感到大失所望。

其实，能够为此提供简单有效而又令人叹为观止的解决方案也是我的梦想。想想看，要是我能够通晓这些秘诀，那么作为咨询顾问的我得收多少钱啊！可惜，这样的秘籍实在是子虚乌有。魔杖，魔镜，神灯里的精灵，还有无所不知的通灵巫师，对不起，这些是没有的。

驱病符[1]

我们来看第二个案例。有一位 BA 曾经告诉我，和她一起工作的另一位 BA 有时会对她那一部分工作（要求这位 BA 必须加以统筹考量的需要和约束性条件）置若罔闻，我行我素地完成项目里他的那一部分工作。她向我讨主意，该如何处理这个问题。

我的建议是尝试与那位 BA 建立一种团结协作、互助互利的关系，双方对彼此之间的依赖关系慎思明辨，恰如其分地划分好各自的工作职责，以便有效推进彼此之间的合作。然而，她却不屑于与另一位 BA 坦率交流。她似乎并不认为我提出的策略对她是有效的，所以她果断拒绝了我的建议。

我很困惑，我觉得她认为我应该有一个神秘的、妙不可言的咒语，只要念一下，就可以让另一位 BA 心甘情愿与她合作融洽。也许她追求的就是这种奇技淫巧，寻个开心，就能让那位 BA 变得通情达理。也许是催眠术？然而，我所能做的最恰如其分的工作，无非就是建议她和项目组的其他成员心平气和地坐下来，彼此坦率地对同伴说："这里，我需要您的帮助才能让我们取得共同的成功。您需要我做什么呢？"所有参与项目的成员都应该加入这样的对话中。

这是一种更具有团结协作精神的做法。它不是魔法，也可能会让您感到不那么舒服；而且，一旦有人拒绝参与其中，这种做法往往还会凶多吉少，不幸的是，确实并非项目组的所有干系人都如此机智灵活，如此积极进取。我在自己所有培训课程开始的时候都要强调："如果是在跟一个不那么理智冷静的人打交道，我描述的任何实践都不可能奏效。"有时，人们并非不通情达理，他们可能只是不知情。我见过不可理喻的人，在得到他们之前原本不甚了了的信息之后，他们的态度有了显著改变。不过，如果想和某些孤傲不群的人展开真正的合作，问题就会演变成为人际关系问题，而非技术问题。

---

① 编注：一种咒文驱病符（Abracadabra），最早出现在三世纪时萨蒙尼克斯医生所著的医书里，他给患者开的处方为"将这十一个字母写成十一行，最后得到一个倒三角形，佩戴在身上驱除疾病"。师从于他的罗马皇帝盖塔和亚历山大·塞维鲁也用过这样的驱病符。当然，对于这个词，还有别的说法，读者朋友若有兴趣的话，不妨自行探索一下。

神奇的规则

对轻松愉快的解决方案的苛求，也会表现在做项目规划时。项目经理和项目成员经常被要求估算完成某项工作所需要的时间、工作量以及成本，很遗憾，就工作内容而言，往往定义不清晰，不明确。如果要求做出这样的估算，您可能会给经理或者客户反馈一个不太令人欢欣鼓舞的答案，也许，这项工作所需要的资源比现有的要多得多，又或者完成它所需要的时间比客户期望的还要漫长。那些感到失望的人，您的客户上司，会给您施加巨大的压力，敦促您改变估算结果，而且完全没有来由。仅仅降低或者减小估算结果，并不能真正缩小项目规模，也不能缩短完成工作所需的时间。它只会让每个人更无可救药地陷入白日梦的幻想世界中。它的效用大概相当于安慰剂，但毫无用处。

有一次，我和一位项目经理，姑且叫她梅兰妮（Melanie）吧，一起经历了这样的一个经典案例。一位高管在部门全员大会上向梅兰妮发问："完成某某项目需要多长时间？"梅兰妮回答说："两年。""那太长了。"高管说，"我需要您在六个月之内完成项目。"

猜猜梅兰妮是怎么回答的？她的回答平平淡淡："那好吧。"换句话说，她想要假定六个月内完成这个项目是可行的。这可不是我的风格，我不喜欢在工作上装聋作哑。

但是，在那几秒钟里到底发生了什么？没有任何变化！完成项目所需的工作量并没有缩减为原来的四分之一。梅兰妮的团队也不能在电光火石的瞬间提高工作效率。该项目也没有获得额外的人员指派加入。梅兰妮的估算方法和假设前提也没有受到任何质疑（"完成项目需要两年"）。而实际上，也许梅兰妮和问这个问题的高管两个人对这个项目的范围的看法不尽相同，可这种可能性并没有被拿出来讨论。梅兰妮的回答（"那好吧"）只是向那位高管表示自己愿意俯首听命。

不出所料，这个项目实际上花了两年多时间才完成。请记住，即使是经过深思熟虑所得到的估算结果，往往也是乐观、高估的结果，并没有考虑到风险和不可避免的范围扩张等种种意外。

幻想出一个与真实世界截然不同的世界，这对任何人都没有好处。幻想着为盘根错节的繁难问题找到一个神奇的解决方案，无异于缘木求鱼。有时，我对现实情况并不那么欣赏，但这已然是既成事实，就必须坦然面对。我的客户也如此，不管他们喜不喜欢。有时，这意味着我们遇到了技术上的障碍或者人际关系上的挑战，虽然我们希望能够如枯苗望雨一般得到快速解决，但实施起来绝不轻松。

与其为了找寻所谓"秘诀"而徒劳无功，还不如依靠经验丰富的技术人员、身经百战的项目经理以及坦荡正直的领导，让他们引领团队成员进行有效的沟通与协作。这本身就是一味有效的灵丹妙药。

下一步行动计划

- 反思一下经历过或旁观过的对话，其中某个人似乎在以不合情理的方式施加压力，另一位只能被迫应对这种压力。有没有可能找到一种更现实的办法，使双方能够化解冲突，达成彼此都能接受的共识？
- 设想这样的场景：某个客户或者某位团队成员，似乎渴望有一个玄妙的"解决方案"来解决棘手的问题，您是否遇到过？您能想出更有效的方法使他们接受更为现实、更为实用的解决方案吗？

第9章　刚刚好，才是真的好

今天，许多人都对私营企业和政府中缺少公正清明的领袖而怨声载道。所谓"公正清明的领袖"，我指的是公平行使权利而且将权力建立在领导者与追随者之间互信基础之上的领袖。追随者心甘情愿地授予领导者权力与权威，因为他们相信这个人具备出色的领导力，善于创造出双赢的结果。领袖就是一名领路人，他的思想和理念指引着团队团结奋进，以实现共同的目标与愿景。

身为咨询顾问，您可能迫切想要领悟如何在短时间内（也就是咨询合同的有效期内）成为一个专业团队的卓越领袖。因为您是团队的局外人，而完成这个项目的时间实在有限，您需要立竿见影，需要把自己尽快塑造成一位能够深得人心的精明强干的领导者。他们需要见识到您的自信和您的能力，他们需要您能够为团队指明方向，能够为团队铸就信任的基石，能够保障团队内部沟通顺畅，步调一致，团结协作。

然而，最大的问题是如何迅速获得团队的信任？您需要像好好先生那样讨好和奉承每个人吗？还是说，您需要竭力展示个人的权威，竭力维护好自己"九五之尊"的地位，让团队每个人都臣服于自己？我建议尝试一下"金发女孩原则"①：不要过于软弱，但也不要过于强势。

就像格林童话《金发女孩与三只熊》，描述的那样，建立在公信力基础上的领袖地位是通过一种公正公平的方法取得的。太过软弱或者太过强势，都无利于激发团队凝聚力，也不能有效激励团队为了共同的目标而努力奋斗，到达成功的彼岸。太过软弱和太过强势，这两种方法都是片面的，不能建立起互信的协作关系。为了建

---

① 译注：有个童话叫"Goldilocks and The Three Bears"（金发女孩与三只熊），说的是迷路的金发女孩未经允许就进入了三只熊的房子，她尝了三个碗里的粥，试了三把椅子，又在三张床上躺了躺。最后发现不烫不冷的粥最可口，不大不小的椅子坐着最舒服，不高不矮的床上躺着最合适。这个故事体现的道理很简单，刚刚好的就是最适合的（just the right amount），这样的选择原则称为 Goldilocks principle（金发女孩原则），类似于我们儒家文化里的"中庸之道"。

立起互信的工作氛围，必须躬身实践所谓 3C 原则以构建起基于公信力的领导力：自信（Confidence）、能力 (Competency) 和言行一致（Consistency of Behavior and Communication）。躬身践行 3C 原则必将有助于建立和维持相互信任的协作关系，创造出一个和谐共赢的局面。接下来推演三种常见的方法（懦弱、强势以及 3C 原则）在建立基于公信力的领导力方面的效果。

过于懦弱

您试图通过取悦于大家来取得他们的信任。您似乎毫无主见，即使是对再普通不过的事情，您也不敢清晰而又响亮地发声。您就是棵墙头草，随风倒柳，人云亦云。就算在发言的时候，说到团队的目标含糊不清，说到团队该如何实现目标时更是云山雾罩。您对团队上下每一位成员都和颜悦色，一团和气，您让他们随心所欲地支配个人时间和消耗团队的资源，即使这样做可能与项目的终极目标背道而驰。项目的干系人看不到项目有任何实质性的进展，他们的期望值无法得到满足。结果，您成功地创造出一个领导力真空。

在领导力为真空的世界里，也许有那么一个或几个团队成员顺势崛起，成为团队的隐形领导，您的领导力权威被削弱了。如果是在矩阵式组织或者新组建的团队中，当团队一起工作时，这样的结果会导致成员之间的协作效率低下，因为总有人会跳出来挑战您的权威。

在您努力取悦每个人的过程中，其实谁也不会觉得您好。您不像是一位称职的领导，无法带领团队履行全部职责。作为领导，您缺乏自信，在个人能力上差强人意，在管理上乏善可陈，对于团队，您可有可无。

过于强势

您把"领导力"理解成"独断专行"，控制着团队每一位成员以及每一位干系人。团队成员被拖入一条困难重重并且任务不断延期的不归路，项目失败指日可待。干系人与团队成员时刻受到您的威胁。他们无法对您敞开心扉和讲述真相，团队内部也无法建立起互利互信的融洽氛围。您对组织文化和层次架构不屑一顾，拒绝其他人征求意见。人们讨厌您并进而讨厌您想要达成的一切目标，人们不听您的，甚至企图全力阻挠您的各种努力。

如果您的目标是努力建立通力合作的工作氛围，那么企图通过威逼和恐吓来带领团队，最后的结局必定是竹篮打水一场空。尽管以其他干系人的眼光来看，您可能在某一领域内是一位称职的主题专家，但作为领导，却名不符实。因此，您无法得到团队和干系人的充分信任，无法成为一名允公允能的领袖。

恰到好处

您已经下了很大力气，花了很多的工夫，对团队的关键成员和其他干系人坦诚相待。不管是在人际交往上，还是专业领域内，您和他们每个人都建立起广泛的联系。您对他们的需求和期望了如指掌，您对大家将要协作完成的工作设定了恰如其分的目标。您保持开放的态度，您开诚布公，鼓励各种质疑和想法，以求解决问题和降低风险。

当团队出现问题的时候，您会想方设法公平合理地解决问题，您崇尚面对面的沟通，不愿意制造不必要的紧张情绪而让人与人之间变得壁垒森严，彼此戒备。您不仅能说会道，而且能征惯战，在必要的时候，您会毫不犹豫撸起袖子与团队成员一起做具体工作。团队具备高度的凝聚力，团队成员了解您的期望，知道如何跟您打交道。他们不怕向您寻求建议，他们会让您提前预知风险。团队士气高涨，为了团队的成功，人们心甘情愿地付出额外的努力。相关各方也非常满意，他们对团队的工作效率和工作成果赞赏有加。

自觉践行3C原则（也就是领袖的信心、专家的能力及言行一致的人格魅力），致力于打造互信的团队工作氛围，自然会成为一名允公允能的领袖。公正公平、允公允能的领导方法将使您更容易在团队和干系人面前发挥自己的领导作用，沉浸在由此而来的协力同行团队氛围中。团队及其干系人喜欢和您合作，对实现既定目标充满信心。这样一系列的双赢结果将有助于您以长期主义和专业精神来从事咨询服务，而且必将取得累累硕果。

下一步行动计划

- 仔细想想您遇到过的两三位您认为具备允公允能气质的领导。哪些行为让您对他们的领导力很有信心？
- 仔细想想您遇到过的两三位不那么称职的领导。他们为什么不是优秀的领导？他们的哪些做法让您开始质疑他们的领导力？
- 有没有碰到过让自己无法信任的主管或经理？说说看为什么无法相信他们。
- 审视一下自己的领导风格，评估一下前面提到3C原则是否有助于将自己转变为一个更高效的、称职、公正开明的领导。

关于作者

詹妮特·皮金，aBetterBA IT Solutions 公司总裁兼首席执行官，CBAP。先后工作于政府、医疗、高等教育和营销行业，是商业分析师领导力领域的专家。个人邮件地址是 abetterba@gmail.com。

第 10 章　避免合作风险

几年前，我辞去公共服务部门的项目管理工作，成了一名独立咨询顾问。我喜欢求新求变，热衷于把新颖卓越、不落俗套的想法、流程以及工具引荐给尽可能多的人群和组织。不幸的是，一路上我犯了一个错误，这个错误可能发生在各种各样的工作关系中，包括与公司的雇佣关系、项目间合作、向客户交付咨询服务以及商业伙伴关系。

故事开始于我离开公务员岗位的六个星期后，那时我已经拥有11年的商业分析与项目经理经验。当时，我与当地一家科技公司的老板接触了一下，探讨我在这两个领域为他们交付咨询服务的机会。他们没同意，他们打算给我提供一份全职雇员的工作。这也不错啊！至少我能做自己想做的事情，在帮助公司拓展机会的同时，还可以为不同的客户提供咨询服务，赚取薪水。只不过，我不能自主创业，只能通过效力于一家老牌公司来完成这些工作。

我失去了什么？最坏的情况，我得延后一年做独立咨询业务。诡异的是，这家公司在雇我之前连面试都没有安排，这在当时的我看来就是一次信任投票，我还为此而感到"哦，我还不错哦。"然而，事后看来，我在决定效力于他们时掌握的信息太少，果不其然很快我就为此付出了代价。

面试其实是件很搞笑的事情。我们中大多数人对此却都惧怕三分："他们会问我什么问题呢？""他们会不会喜欢我呢？""我这么回答问题会让他们觉得我学富五车吧？"以及"我的牙缝里有菠菜叶儿吗？"……然而，我经常建议那些正在考虑换个工作的人换个角度想问题，面试其实也是他们深刻了解未来雇主的一个机会，用来判断公司的业务发展目标与自己的个人职业发展目标与期望是否一致。

可惜，我并没有听从自己内心的劝告。我并没有借此机会探究该公司能如何对我本人的职业抱负带来助力，或者带来的就是阻力。我并没有利用面试机会来探究，该公司到底能够对我本人职业抱负的实现带来助力还是阻力。恰恰相反，我幻想出了一个世界，公司将充分利用我的专业技能来拓展公司的业务，对外让我承担起客户的项目，对内则依靠我的经验和行为习惯改善内部流程。

该公司的管理层由四位高管组成：有三个是投资人，另外一名是请来的职业经理人。有一名高管亲口承认，四个人中谁都不是决策者。恰恰相反，公司的理念是"一致同意"。这种决策机制并不顾及我想要改进公司内部流程的想法。

我觉得我的专业知识和经验似乎因此而不受重视。一开始，我归因于我是个初来乍到的新人。然而，最终，事实越来越趋于明朗，在他们现有的运作机制中添加一个全新的视角，只会使他们原本就缺乏领导力的决策过程变得更乱。

我在新的岗位上工作了将近一年，他们安排我去管理一个问题项目。在此之前，我都是在多个不同客户的现场，直接按照合同交付服务，远离公司总部，远离老板。正是因为和老板们一起管理这个来自知名客户的项目，我才意识到我和老板在商业哲学和职业道德存在着巨大的差异。下面举一些实例。

- 因为我们在管理客户和管理团队时采用的原则迥然不同，所以管理层经常质疑和批评我的行为和决定。通常，我都是直率坦荡的，我会把项目上的所有事情都拿出来跟所有人沟通。而他们则宁愿躲躲闪闪，把信息都藏在自己的贴身马甲里。很少有哪个礼拜我得不到某个老板的指示。通常，我收到指示的时机恰巧都在我与另一位老板讨论过一些策略之后。几个老板的理念不同，我经常为他们的想法缺乏连贯性而付出惨重的代价。
- 我这个人善于分析问题，崇尚流程。然而，在这家高速发展的技术型公司，我总感觉项目都处于混沌的状态。管理层认为，流程会减缓开发速度，所以也会影响公司营收。对此，我不敢苟同。
- 整个管理团队并不认同项目管理的价值。对于我在项目流程、客户拓展以及团队发展方面的建议和行动，几个老板经常置若罔闻或嗤之以鼻。至少有两次，首席技术官批评过我的项目管理风格。

这显然就是工作风格和价值观上的冲突。我现在意识到，如果可以通过面试认真了解这家公司的实际情况，如果在入职前我能更仔细评估加入这家公司之后的工作前景，可能不会加入这家让我感到非常不愉快的公司。我本可以完全回绝这一岗位或者能够提出自己的要求或条件。我没有对这个公司做"尽职调查"就冒冒失失接下这个看似诱人的岗位，因而错失如此重要的识别和管理与他人合作风险的机会。相反，我在这个职位上苦着脸工作了 14 个月。

不同的职场关系会带来不同的风险。当我现在站在独立咨询顾问的角度上考虑这一点的时候，我明白对即将到来的合作机会进行风险分析至关重要。我来给您举几个例子。

客户

有些客户会让您得不偿失，甚至损失惨重。比如，客户不按约定付款（尽管发生这种事情的概率极低），您将陷入内外交困的境地，公司面临财务危机，员工也会不断流失，如果情况继续恶化，还会对公司声誉带来不可逆转的影响。

在开始合作之前，了解一下客户，记录好所有的协议，不管是财务方面的，还是运营方面。其实可以选择拒绝某项工作。当风险很高时，尤其应该谨慎考虑这一点。

商业伙伴

不管是从经济利益，还是从法律义务的意义，您和商业伙伴之间的关系都像婚姻一样。不管是婚姻还是商业伙伴关系，不幸的结局都被称为"离婚"或"散伙"。这是一个两败俱伤的结局。您应该充分了解未来的商业合作伙伴，能够识别与他们合作时的风险和收益。针对如何建立稳固有效的合作伙伴关系，第 18 章会给出一些建议。请牢记，降低风险比应对危机容易得多，而且也不会那么痛苦。

协作者

在与协作者联手完成项目的时候，必须高度依赖于他们手上那部分工作的完成情况，并热切期盼他们对您也一样。充分了解他们。如果必要，还需要他们提供正式的或者非正式的推荐信。为避免误解，需要与协作者事先讨论并记录所有已达成的共识。最近，我开始与一位同行合作写书。这一次，我更加仔细审慎地考虑各种所有可能出现的问题。这就是所谓"风险分析"工作最核心的内容。

无论是尝试建立稳固可靠的客户-供应商关系，还是员工-雇主关系或在企业内部或者某个项目中与他人合作，都要仔细考虑以下问题并识别潜在的风险。

- 你们对公司或项目共享同一个愿景吗？
- 你们是否充分了解、接受并尊重对方的行为规范、献身精神、承诺和约束？
- 你们各自的技能是否互补？例如，您是否拥有客户缺乏的技能？或者，合作双方中某一方长于战略思维和把控全局，而另一方则专注于细节？
- 你们相互尊重对方的专业经验吗？也就是说，您能确信自己的想法会得到公平的考量吗？或者，客户或者合作伙伴是否认为自己已经对一切了如指掌？

一旦获得更多更详细的信息，就需要做更进一步的思考，本次合作可能带来哪些好处？您能预见到哪些地方可能会出差错吗？这些事情的后果会在心理上、财务上以及职业发展上对您产生怎样的影响？每一个风险演变成实际问题的可能性有多大？总体上，本次合作的收益会大于风险吗？

这些都是我在刚才讲述的例子中被我忽略的因素。我当时考虑过的最糟糕的结果无非就是推迟一年加入独立咨询师的行列。很显然，我并没有花时间充分探讨这些问题，没有充分考虑在接受那个职位之后可能导致的其他不良后果及其影响范围与发生概率。我希望您不要重蹈覆辙，能从我的经历中获得一些有价值的洞见，从我的错误中吸取教训。

下一步行动计划

- 列出您盼望能从协作者或者合作伙伴身上看到的几个品质。
- 哪些行为能使自己成为一名更卓有成效的商业伙伴或项目合作者且成为人们愿意合作的人？

关于作者

薇姬·詹姆斯，持有 PMP、CBAP、PM I-PBA 以及 CSM 等证书，为西雅图地区的几家公司做过咨询。最近，她选择全职加入 Capital One，并期待着继续大展宏图。

第 11 章　梦幻客户

无论是公司客户还是个人客户，什么样的客户才是最理想的客户呢？所谓理想客户，就是您期待他会一遍又一遍打电话给您的客户。与卓越的客户在一起工作，会让人感到欢欣鼓舞，他们懂得欣赏您带给他们的价值，他们从您的付出和贡献中获益匪浅，他们对您礼敬有加。他们不会浪费您的时间，也不会让您觉得您在浪费他们的时间。他们按时付给您报酬，从不拖欠或迟延。与他们共事时，虽然总是与各种挑战和机遇不期而遇，但您对此充满期待，兴致盎然，因为能让您有机会充分实践自己的技能和知识，从中获得成长。

如此优秀的客户真的存在吗？是的，肯定存在！

1 号梦幻客户

多年以来，我有幸遇到过几个理想的客户。我的第一个咨询客户桑迪就是其中一员，所以，可以说，在我的职业生涯早期，我是一个被幸运女神所眷顾的宠儿。桑迪是纽约州罗切斯特市一家公司的中层管理人员，领导软件过程改进工作。当时我还在柯达工作，我为当地一家专业团体做报告时遇见了她。她读了我的第一本书《创建软件工程文化》，然后，她的公司花钱请我帮助他们实施几个方面的改进工作。我在桑迪他们公司的不同办公地点和她及其他人共事了几年，主要采用的是协作咨询模式。

桑迪和我的合作很愉快，我们成了朋友。直到今天，我们依然保持着联系。我总是喜欢和我的一些客户保持朋友关系，即使我们早就没有合作了。有些顾问更倾向于和雇主保持着专业上的距离。这不是我的风格。我认为，顾问除了和客户一起工作并用自己的专业服务获得报酬之外，还可以做朋友，那种不需要把各种关系纠结在一起的纯粹的朋友。去年春天，我碰巧遇到一位前客户，当时我们俩正好都在华盛顿州的一家酒厂参观，我们虽然是长达十年的老熟人，这次相遇纯属巧合，简直是让人喜出望外。另外，那里的酒真的算得上是玉液琼浆。

桑迪还展示出她作为一流客户的另一项特质，她非常擅长辨别公司大环境中的政治因素，并且能够在不卷入"办公室政治"的前提下保障流程改进工作顺利进行。她知道如何推进拟议中的流程变革活动，使这项工作既能吸引管理者的注意，又能使员工更容易接受变革。

这种天赋使得桑迪能够卓有成效地将我们所提倡的变革融入组织中，使得变革的收益成功达到最大化。目睹她在"办公室政治氛围"中左右逢源，在各种管理雷区和阻碍面前左右腾挪，我从中收获良多。因为，如果您读不懂政治，将无法引导变革朝着对自己有利的方向发展，最终可能成为办公室政治的牺牲品。

2号梦幻客户

2号梦幻客户跟我的合作时间长达15年之久。他的名字叫比尔，他领导着一家大型公司的软件流程管理工作，该公司有数十个部门，分布在全球各地，生产复杂的软硬件产品。我为比尔的公司交付了多种类型的服务，包括授课、在他们的内部技术会议上发言、写过程文档、审查需求规范以及为各类特定项目提供咨询服务。比尔的公司聘请了好几名顾问，每位顾问负责多个领域，使其个人能力能够得到充分的发挥。只要有需要，比尔可以将咨询需求直接提交给当前能找到的最合适的顾问。

之所以说比尔是一名理想的客户，原因有很多。他提供了相当多我感兴趣的工作，尽管我多次拒绝他的需求，而他也尊重我的决定。他从来没有在合同方面给我设过任何羁绊，我的所有标准格式的演讲或咨询协议他都接受，也从来没有质疑过我的收费标准，他会帮我与他们公司的法务部门打交道。比尔还把我介绍给他们许多部门的经理，帮我寻求更多咨询和培训服务机会。我那一摞发票，他总是能按时付款。有时，他甚至把我的许多书分赠给他的同事。

比尔还慷慨地分享我们的合作成果。比如，有时他要求我开发一些工件，比如文档模板或流程描述，我打算将它们添加到自己的工作产品集合中，以便与其他客户一起使用。对此，比尔总是一直表示乐观其成。作为交换，那部分工作的咨询费我会给他打折。

最重要的是，比尔和我早已成为好友。在专业活动之外，我们交往频频，一起参观了很多酒厂，我们两家甚至还经常串门儿，尽管两地相距 4 000 多公里。

与桑迪和比尔这样的客户一起工作，真是让人身心愉悦。其实，我并没有做什么特别的事情来苦苦追寻这些可遇而不可求的客户。我们只是在某些点上产生联系后发现我们可以很好地组合在一起。也许您也像我这样幸运。可以思考并总结一下，在自己的完美客户身上希望看到哪些特质，这样就可以重点关注这些人，如果找到了他们，就跟他们建立和培养一种长期合作的关系。

我有几个客户甚至以不同的方式支付给我超越薪酬标准的费用，他们竟然给我发奖金！某次，在一家公司讲了一天课程之后，我收到的课酬比原本协议中的规定多了 500 美元。当我提起这个问题时（尽管我深谙"收人馈赠，别嫌好歹"之理），客户联系人说课程反馈非常好，这让他也倍有面子。因此，他认为我应该得到奖金。同样的事情也发生在其他一两个客户身上。得知人们喜欢自己的工作，得知人们喜欢和自己保持朋友关系，都会让人感到喜出望外。

可是，唉，并非所有客户都是理想客户。接下来两章将描述一些令人不快的客户以及出现某些问题时可以采取什么措施。

下一步行动计划

- 找出自己特别愿意为之效劳的一些客户。您觉得他们有哪些特质或行为吸引着您，让您觉得劳有所获而深感欣慰？作为顾问，您将通过哪些个人行为来促成这些因素？

第 12 章 伤害性大的客户

在担任顾问和培训讲师的这些年，我与大约 130 名客户合作过，其中既有美国公司，也有国外公司；有联邦、州和地方各级政府机构，也有个人。我已经把自己的产品卖给了全球数百个客户。几乎所有的客户都是宽厚待人、和蔼可亲的。但也有一些客户令我头疼。本章将介绍我遇到过的一些难题，好让您能够在咨询工作中避开些问题。

遭遇欺诈

我认识的顾问中，有些人被某些客户欺诈过。客户根本没有为他们提供的服务付过费。我也经历过一次（参见第 19 章），还有几次是险些着了道。我在某家软件工具供应商的安排和邀请下，在两周时间里巡游了欧洲三个国家，为大家讲了六门分别为期一天的讲座。在所有讲座结束之后，这家公司不给我付钱，根本就是想赖账。这笔钱可不是个小数目哦。

经过多次要求，我终于收到了他们寄来的支票。可是，这张支票需要该公司两名员工签字才能解款，然而，我收到的支票上一个签名都没有！我忍无可忍，直接打电话给该公司总裁，语气很不友好。马上，第二天我就收到了一张签好了字的支票，他们用的居然是"隔夜送达"的特快专递。听起来还不错，是吧？然而，我所付出的辛劳本不应当经此周折才能获得回报。

还有两个个人客户没有为他们向我订购的产品付款。我发给他们的账单和邮件都石沉大海。这两位顾客都不在美国。就因为他俩，我调整了自己的支付政策：现在，美国以外的买家只有在款项存入我的银行账户之后我才发货。您瞧，这事多么遗憾啊，极少数害群之马不负责任的行为破坏了大伙儿的事儿。

偶尔，当某个客户作为总承包商跟我自己这家小公司签订分包协议的时候，我也遭遇过延迟付款的问题。总承包商（我的客户）通常是在客户付款之后才转给我个人应得的那部分。使我的账期又多出了一个月甚至好几个月。

去年就出现了这样的情况，一个总承包商没有按时给我付款，对我的询问也置若罔闻。这一次，咨询服务的直接交付对象是一家州政府机构，他们已经按照合同向总承包商付了款，他们似乎对承包商也无可奈何。在前后几个月的时间里，我不断地旁敲侧击，威胁甚至诉诸法律途径（我咨询了一位合同律师），功夫不负有心人，我最终还是要回了这笔钱，总承包商以双周分期付款的方式付给我应收账款。这种收款的不确定性以及随之而来的各种麻烦与苦恼，是独立顾问必须适应的常态。

在上一个实例中，我怀疑总承包商现金流出了一些问题，所以才导致了延迟付款。其实，我也不是一个不通情理的人。如果他们及时坦诚相待，双方完全可以制定一个付款计划来避免后来那么多伤和气的唇枪舌剑，也没有那场让人身心疲惫的纠纷。从那以后，我再也不愿为那个客户工作了，而且再也不想做分包商了。

这件事的积极后果是，在从事咨询工作24年之后，我不得不第一次开始留意报酬能不能按时到账的问题。现在，我在每份客户协议中都包含逾期付款的相应条款。令人惊讶的是，凡是逾期付款的客户都自觉地按照协议支付了额外的款项。因此，前面那件事的最终结果还是不错的，为我解决了困扰已久的财务问题，尽管处理过程大大浪费了我的时间和精力，也让我因为好心没有得到好报而倍感沮丧，有一段时间我甚至担心自己根本要不到那笔报酬。

炒掉客户

在成为独立顾问之前，我在柯达工作。有一年，我帮助公司内部策划了一场软件工程大会。我们计划邀请在特定软件领域闻名遐迩的某个大咖担任大会的主旨演讲人。然而，大会筹备小组的一位成员说，我们属意的那位大咖与柯达有过一次不愉快的经历，他公开声称再也不愿意为柯达工作。具体细节没有人知道。

当时，我的第一反应是"他太傲慢了！"然而，当我自己也成为一名顾问之后，发现有些客户本来就应该敬而远之。由于各种原因，有少数几个客户我是肯定不会合作的，有的付款慢，有的签约或者开发票时问题太多（例如仅仅因为某个人换工作，就导致了发票不翼而飞），还有的决策过程令人难以置信地龟速或者三天两头更改决策。如果有望成单，而此时恰巧又囊中羞涩，您可能会咬紧牙关，忍辱负重跟这个难缠的客户合作。但如果工作量饱和，那么在再次接到这些客户的电话时，要简洁而又坚定地答复："承蒙惠顾，心领不送。"

我有一位顾问朋友，耗费了将近 18 个月的时间试图从一家大型技术公司那里得到自己的酬劳，然而没有成功。多次交锋之后，这家公司提出：要么在 30 天内支付给他部分款项（打折），要么支付全部余额但付款日期无法确定。忍无可忍之下，我的朋友联系了这家大公司的总裁办公室。令他宽慰的是，他马上就得到了报酬。如果公司简单直接地履行承诺支付款项，每个人不是都能省却很多麻烦吗？我的朋友拒绝和那个客户有任何进一步的合作。巧了，几年前，我自己在跟这家公司合作时也遇到了很多麻烦，所以我决定再也不和他们打交道了。作为独立顾问，就应该与这家公司保持距离。

这些问题有时会导致业务策略发生变化。在遭遇几个客户逾期付款之后，我采取了一项新的政策。对于新客户，我不再是上完课后按照课程费用、差旅住宿费用的分类分别开具发票和分别收款的策略，而是采用"一价全包"的模式，在课程开始前就寄发票，要求他们在我到达授课地点时支付课酬。

几乎所有客户都接受我的这项新政策。当然，在我与客户建立持续、稳定、有效的合作关系之后或者在其他特殊情况下（比如由于税务原因，我希望将付款推迟到下一个日历年），我可能会放宽政策。否则，确认收到支票之后，我的培训课程才开始。

有些顾问要求客户提前支付部分费用，如果客户取消活动，他们将保留这笔预付款。我从来没有这样做过，虽然我一般在培训协议中包含"如若取消费用如何计算"的条款。有关取消赔偿的更多信息，请参见第 17 章。

道德问题

一般情况下，对于每一个客户，我都习惯于用一份简单的书面咨询协议逐项详细列出我将为他们完成的工作。有一次，一位潜在客户让我在协议书中声明我将从事某项工作，因为这项工作有管理层的资金支持。但实际上，他们要求我在客户现场做其他的一些事情。

我的客户告诉我，如果协议写明我真正要做什么事，他们公司管理层肯定不会批准协议的。

我觉得这种做法很不道德。如果某位高管发现我做的事情并非最初得到首肯和资助的，会怎么想？我可能不仅得不到任何报酬，而且还会失去和该公司合作的机会，甚至可能有声名之累。更极端的，我还会因此而遭到起诉。

也许，在道德诚信问题上存在一些灰色地带。如果有人明确要求您对自己的工作撒谎，那就是一个大是大非的问题。我拒绝了对方的提议，并且再也没有和那家公司打过任何交道。

绝不将就

当然，在商业往来中恪守道德的概念不仅适用于顾问，而且同样适用于客户。在早期的软件开发生涯中，当我还在柯达工作时，我的团队需要从一个大型供应商那里引进一位数据库开发方面的顾问，以在短期内获得帮助。在我与一位候选顾问的交谈时，我问在我们公司所处的这个领域他有多少经验。

"我从来没有做过类似的工作。"他回答说，"但我可以跟您一起学。"对不起，这个答案不是我想要的，但我仍然敬他胆识过人。他的要求是我们每天付给他 1 200 美元，让他和我们一起学习，这似乎是不道德的。后来，我们找到了另一位有经验的顾问。

作为顾问，对自身能力保持客观的认知很重要，但承认自己的不足也同样重要。有一次，我收到某位客户的问询，但他这个领域，我正好也欠缺专业知识。在这种情况下，我从来不提任何建议，因为我知道有人比我更合适。如果有人比我做得好，能为客户提供更专业有效的服务，那他才是客户需要的人。我很乐意把这个潜在的客户介绍给另一位更合适的顾问。同样，当其他顾问把客户介绍给我的时候，我也是心存感激的。

我给其他顾问介绍客户时，是不会收取任何中介费用的，当然，他们给我介绍客户时，我也不必支付费用，只不过确实有些顾问会收取中介费。但我想，如果每个人都愿意帮助潜在客户找到最合适的顾问，那么每一位顾问都会得到有力的支援。结果是公平的。

走为上策

皮特是我的朋友，也是一位顾问。他说，当您感到心灰意冷的时候，就说明您该抽身而退了。如果客户以任何方式虐待您，欺负您，您也应该毫不犹豫地转身离去，及时摆脱困境。

皮特为一家公司做过咨询。据他所说，那家公司惯常实施"暴怒式管理"。因此，皮特想办法让合作者都知道了最好不要冲着他发脾气。在开始的时候，还算是相安无事，直到有位经理出现了，他认为皮特是自己的对手。有一天，那位经理在门后朝着他咆哮了20分钟，叫嚣着："您想接管我的工作！"事实上，皮特对经理的工作根本不感兴趣，那人简直就是无理取闹。但因为他在公开场合说了离谱的言论，所以皮特要求经理必须在会议上向他正式道歉。

过了一段时间，皮特对这件事仍然有些心有余悸（毕竟，这也是可以理解的），开始质疑是否还有必要继续这个咨询项目。痛定思痛，他决定退出。公司管理层选派一位理智持重的人去跟皮特沟通，试图用更高的酬劳挽留他。然而，皮特还是坚决拒绝了。

再次强调，有一些客户，根本不值得跟他们置气。认清他们的本来面目之后，必须义无反顾地赶紧撤。

骤然消失的客户

有一个客户，我跟他们合作过两次，每次我都是为他们交付一些咨询与培训服务。我觉得所有工作都非常顺利，邀请我去该公司工作的经理对结果似乎也很满意。在我第二次工作结束的时候，他还说想在不久的将来再签一期合作协议。

回到家后，我第一时间给那位经理发了一份口头协议，遵照他的要求确定下次咨询服务的日期。然而，我却没有收到任何回复。我又接连给他发了好几封邮件继续跟进，还是得不到回复。我给他打电话，留下了几个语音口信，结果依然是如同泥牛入海。

此后，这个客户再也没有联系过我。我不知道这中间出了什么问题。但不管怎么说，如果他能告诉我他们对我的咨询服务不再感兴趣，我会为此而感激不尽。因为这将为我节省大量时间，省却许多麻烦，我不必按照他的要求反复尝试联系他。这种突然就杳无音信的客户真是让人无言以对。

不过，几年之后我还真是收到了他的来信。我收到大量感染病毒的邮件，这些邮件似乎就来自他的邮箱。不知怎么的，我竟然觉得这倒像是他的作风。

下一步行动计划

- 仔细思考一下您和客户之间发生过的任何问题。做一下根因分析，了解造成问题的原因。思考一下自己如何提早发现问题和防范风险？
- 列出不想再次合作的所有客户。思考一下为什么不想与他们再度合作。有充分合理的理由拒绝他们吗？总结一下以后与其他客户合作的过程中如何觉察到可能引发这些问题的某些征兆？
- 列出任何可能促使您不愿意再次与对方合作的条件或行为。

第 13 章　客户难缠？快试试这些妙招

双手汗出如浆，胃部抽搐痉挛。又一次，您的一个客户让人生厌。也不知怎么的，您快要被他逼疯了。他跟您事事作对，您说东他偏要朝西。谈合作时融洽敦睦的气氛早已烟消云散，现在，不管自己是否愿意相信，您终于认识到这个客户真难缠。

不过，您还是有些舍不得放弃这个客户，因为是您和客户之间的关系建立在金钱之上，必须考虑如何维护好客户关系。嗯，对的，这和钱有关。不过，等等，我是不是已经说到重点了？甲方乙方，谁不是靠做生意赚钱呢？

您的知识和专业技能受到尊重了吗？还有，恕我直言，您的自尊呢？这个人，这个客户，雇您就是为了做点事情，可他为什么对您的建议转身就忘得一干二净了呢？还有更糟糕的，他征求了您的意见后，做的却是另一套，这又是为什么？我要说，您真的对此无动于衷吗？

要知道，当您声名远扬的时候，您的声誉可以吸引到潜在客户；但当您名声不好的时候，客户也会拂袖而去。还有，您与客户融洽相处的能力也是个人职业声誉的重要组成部分。所以，我觉得要解决这个困境，大部分得靠自己。作为顾问，客户选中了你的服务，就说明您在客户眼中就是精英中的精英。您需要时不时地以榜样的身份"矗立"在客户及其团队面前。他们对您本人的技能和经验充满期待，在他们眼中，您就应该有顶级专家的范儿。

虽然不太可能让那些不好相处的客户为您做出改变，但您可以改变两人之间的互动方式。可以尝试着进一步掌控全局，而后努力取得更为积极的成果。要想做到这一点，我必须要求您做到两点：一是放下对金钱的依恋；二是尽可能放下自我。

如果受制于金钱和自我意识，那这一切就相当于周瑜打黄盖。最近，我无意中听到有个顾问这样谈论他的客户。"我可没有时间解决他们的问题，我得赚钱啊。"顾问如是说。我敢打赌，他的客户一定认为他是个难缠的人。除非这个顾问真的有某些无可替代的专业知识，否则就别指望客户会与他长久合作。请记住，即使真的具备某些无可替代的专业知识，也并不意味着您就可以牛到让人难以相处。没有人愿意跟如此孤傲不群的人打交道。

如果能让自己只专注于建立卓有成效的工作关系，很快就会看到积极的成果。一旦准备好与难缠的客户进行充分的沟通，就可以考虑以下几个方法。

- 提前做好充分的准备，确定此次沟通的目的，然后始终坚守"以终为始"的信念。
- 灵活一些。不要太执着于自己的最终目标而无法在谈话中迂回前行。这条迂回路线可以帮助您更清晰地理解那个难缠客户究竟是怎么想的。
- 选择合适的时间点，让双方都愿意倾听对方并且都愿意跟对方交流自己的想法。
- 听我说，认真听我说，如果他说"我做不到"或者"那不行"，一定追问他为什么，哪怕他的问题、他的难处与您无关。试着公开真正的问题和真正的麻烦。
- 考虑让客户先发言。如果他看起来愿意在谈话中先发制人，那就请他先说。
- 保持情感上的客观。记住，不管是什么原因使他变得如此难以相处，都是他自己的事，与您无关。再次强调，您要尽可能抛开自我，停止思考自己的账户余额。
- 保持冷静。一个心烦意乱的人可能会变得固执，出口伤人。如果遇到这种情况，请深呼吸，冷静一下，不要急于反击。

如果双方的沟通变得火药味十足，也许可以考虑向客户提出建议："我们双方都花一些时间冷静一下，再挑一个双方觉得方便的时机重启谈话。"

不管遇到多大的挑战，都需要解决这个问题。和客户达成协议，在充分理解对方之前，双方各自保持原状，不要使问题进一步恶化。在您和难缠客户之间建立起一种关系，基于相互尊重的前提来建立一种合作共事关系，尊重对方，尊重专业，即使双方永远不可能成为好朋友。

下一步行动计划

- 有没有遇到过特别难缠的客户？如果有，您又是怎么对付他们的？您能把问题摆在桌面上冷静客观地面对吗？如果没有，为什么？未来如果遇到类似的情况，您将如何改变自己的做法？
- 您有没有和认为您很难相处的客户共事过？他们的观点合理吗？如果有的话，您能做出怎样的改变来使未来的客户不认为您很难相处？

关于作者

玛格丽特·梅洛尼，MBA，PMP，pmStudent.com 社区领袖，该社区致力于帮助成员成功掌握项目管理的艺术和科学。她在 IT 项目管理和 PMO 方面的领导力的背景，使她能够充分理解项目管理所面临的挑战。她曾荣膺加州大学洛杉矶分校的"杰出导师奖"，致力于引导自己的学生成功完成复杂繁难的项目，成为内心强大且倍受欢迎的项目经理。

第Ⅲ部分

躬身笃行，咨询顾问的最佳实践

第 14 章：人有所值
第 15 章：新顾问必须面对的财务事宜
第 16 章：口说无凭，须立协议
第 17 章：一切都好商量
第 18 章：一人智短，众人智长
第 19 章：都是原则性问题
第 20 章：个人保障

第 14 章 人有所值

作为自由职业者，我们面临的首要挑战是如何确定个人服务与产品的收费标准。在这方面，您找不到现成的定价指南。收费标准在很大程度上取决于市场的接受度。和大多数服务提供商一样，专业领域的经验越丰富，知名度越高，定价也就越高。我认识一些顾问，他们的收费低到不足以使其可以侥幸养家糊口。除非定一个突破市场承受极限的超高价格来观察市场反响，否则很难知道究竟如何进行合理的定价。

不管怎样，都要快乐呀

关于咨询服务的定价，我能找到的最好的建议来自温伯格那本颇有见地的书，书名为《咨询的奥秘：寻求和提出建议的智慧》①。在这本书中，温伯格阐述了一项"最小后悔"原则："一旦定好价，不管怎样，都不要后悔。"换句话说，确定好收费金额，然后无论客户对报价是同意还是反对，您都要保持良好的心态。每次为某个合约准备报价时，我都会牢记这一原则。

举个例子，有一个特殊的培训课，通常每次两天，我一共讲了187次。换句话说，我生命中多达一年半的时光都用来讲这一门课！对我来说，讲这门课已经是味同嚼蜡。如果现在有客户让我讲这门课，我通常会选择宁愿不教。因此，我可能会给这门课程标上一个更高的价格，另一门我仍然有兴趣的课标价低一些。如果客户仍然接受我的高报价，那我也会欣然前往。我会竭尽所能讲好这门课，因为这是我对学员的责任，与我内心的感受无关。我会一直笑着走向银行，去兑现客户开出的支票。

承蒙大家惠顾，这些年里我有幸得到大量客户的海量垂询，温伯格的原则可以帮助我有效调节我能兑现承诺的业务量。如果囊中羞涩，有人可能想要降低收费标准来增加自己的业务量。不过，在手头相对宽裕的时候，可以提高收费，以确保自己不会因为不想错过每一个商机而疲于奔命。这其实就是一个在个人工作时间与客户需求之间寻求平衡点的问题。

---

① 译注：中文版由人民邮电出版社2014年出版。

市场的承受力

20世纪90年代末期，刚开始做独立咨询的时候，我根据自己观察到的其他咨询师的收费标准来确定自己的。那时候，我的咨询服务报价是每天1500美元，相比一对一咨询服务，培训服务报价是每天2500美元。我认为，培训是一种要求更高的活动，一次性为25名学生提供切实可用的信息，有更大的价值。因此，我深信，我有充分的理由从培训服务中收取更高的费用。

这些年来，我的收费标准一直在涨。但我认识一些资深顾问，他们的培训服务收费标准仍然维持在每天1500美元左右。在我看来，他们给自己的定价太低。显然，如果是通过咨询公司来获单（比如为一家老牌培训公司工作）或者通过中介机构来寻找客户，收入会少一些，因为需要向他们支付佣金。

有一种理论认为，价格越高，潜在客户的价值感知也越强。因此，如果收费越高，就会得到更多的工作机会。有时，这种策略确实有效，至少在某种程度上如此。我的一些同行告诉我，提高培训收费标准之后，他们得到了更多培训机会。当然，这里有一个上限，如果超过上限，客户会转向收费较低的顾问。

或者通知现有的客户"我要涨价啦！"不过，这有些棘手。他们可能想知道涨价的理由。而您提出的所谓"理由"，他们可能相信，也可能不相信。而且，您肯定期望新老客户的收费标准能够保持一致，为此，您可能需要适当增加一些与新客户签订的新合约。

我有一位同行，是一名专注于定制软件开发项目的独立顾问，他是这样逐渐提高时薪的。他告诉潜在新客户自己目前的收费标准，然后说如果他们想要获得他的服务，就必须超过这个数。有一次，竟然有两个客户代表在同一个房间里竞拍！鲜有顾问能够幸运到通过竞拍的方式来提高自己的报价！但如果以高效率、高品质的工作成果享誉业界，那么完全可以把自己的收费标准设定在市场接受度的最高水准！这是由经济学中最基础的供求关系来决定的。

我建议根据个人可以提供的价值来收取服务费用。学员人数不限的培训，应该比限制学员人数的培训价格更高。如果我帮助某人解决了项目方面的一些问题，那么这件事的价值应该低于我为某个软件开发组织制定一个新的在全公司范围内部署的需求过程。

我在网站上做过一些定价实验，在网站上卖一些产品，比如网课教材、电子书和模板集。我想验证一下这个观点：提高价格也会提升客户对产品的价值感知，从而触发更多销售。我不断尝试各种营销手段，包括提价、降价、半价销售、打折套餐、"买一送一"和其他折扣促销活动。各种手段的效果其实大同小异，对销量不会有大的影响，除非采用"半价销售"策略。如果有人真的想要得到某件商品，只要价格不是特别离谱，他们都会下单购买。如果不是心仪的产品，不管价格如何，他们都不会购买。

一旦有更多竞争对手进入您的领域，可能会带来报价走低的压力。在软件需求培训领域，我观察到了这个现象。我很早就进入这个领域，我出版的有关软件需求的书籍很受欢迎。在这一领域，我也写过许多文章，发表过许多演讲。我的培训服务报价可以定得很高。然而，随着越来越多业内人士写了有关需求分析和商业分析的书，开发出自己的培训材料，需求方面的培训变得越来越像大路货。尽管还是有些客户真心希望我能提供面授服务（因为教科书是我写的），但我无法再维持以往的报价，因而丧失了竞争优势。所以，我只能顺势而为，调低收费标准，使其刚好维持在我勉强还有兴趣的范围内。

您好，加薯条吗

我经常向客户提供捆绑多种服务/产品的折扣套餐。例如，如果客户邀请我为一个班的学员讲课，我会建议他们后续再请我做一些咨询，以帮助他们最大化培训效果和收益。有位咨询顾问同行把这种增值服务称之为"薯条"。

再举一个例子，有个客户，我在他们公司做完了现场教学的培训课程之后，我把这门课程的在线学习版本给他们打了一个"超优惠的折扣"，让那些没有机会参加现场培训的学员可以在线上学习。我的所有在线学习课程的标准报价都提供打包折扣，通常一次性购买任意两门课程打九折，一次性购买三门或者更多课程的打八折。基本上，一旦有一个客户认识到我能为他的组织提供价值，那么我就会确保让他知道我所有的产品。也许更多的商机就潜伏在客户的预算清单里，有待我去发掘。

固定价格还是小时费率

有两种方式可用来设置收费标准：一种是事先约定好的固定价格；另一种根据时间和材料（T & M）收费，后者没有期限。T & M 合同里，客户将按照小时或者每日费率来支付您的人工成本，再加上您可能需要购买或供应的任何材料的成本（对大多数商业分析类型和项目管理类型的咨询工作来说，只是很小一笔钱）。其他额外的费用，例如差旅费用，也必须包含在协议中。

客户通常更青睐于固定价格形式的合同，因为他们需要清楚将来总共要支付多少费用，这样他们好做预算。他们可能对无期限限制的 T & M 合同感到无所适从，因为他们担心您的工作效率低下或者您交付的工作成果纷繁冗杂而导致他们还不得不为此支付不必要的费用。如果您和客户的关系很好，他们对您工作成效心服首肯，那么他们会更容易接受 T & M 形式的合同，特别是项目的规模和可交付成果无法清晰定义的时候。从顾问的角度来讲，签署固定价格的合同，其风险在于项目工作范围的不确定性会增加，所以需要就项目的范围与客户达成共识。

在估算固定价格合同报价的时候，需要估计完成项目所需要的小时数，然后再乘以期望的小时费率。通常，采用这种估算方法时，必须考虑到项目未来的不确定性。如果以前也做过类似的工作，参考上次工作的过程会有利于提升估算的准确性。需要详细记录既往类似工作的时间与工作量。如果经常实施类似的工作，就需要制定一份计划检查单，帮助自己有效记录完成某项工作所需要的所有任务，让自己不至于低估眼前的工作。

如果是与客户员工合作完成项目（而不是自己完全掌控项目），那么估算就应该包含评审客户材料所花的时间。向客户方提交工作产品之后客户方也要进行评审，因此嗣后的修改和返工时间也必须加以考虑。人们在做估算的时候，总是会忽略返工成本，但这基本上是不可避免的。如果不在客户现场工作，还要考虑与客户方员工沟通所花的时间。参与项目的人越多，人员分布的地理位置越分散，花在各种沟通活动上（包括电话和电子邮件）的时间也就越多。

项目的实际投入几乎总是高于估算数值。所以，在固定价格类型的项目中，估算必须包含大量的应急缓冲时间，这一点至关重要，这部分缓冲专门用来应付那部分所谓"水面之下看不见的冰山"工作。同时，还需要与客户达成共识：在项目进展过程中，如果项目范围有变动，应该如何处理？在这种情况下，客户可能要求您完成额外的工作。对此，您有权要求按照原始协议相关条款中规定的收费方式获得报酬（这一点必须要在合同中定义清楚，不能有半点含糊）。当项目范围超过预期时，还有可能出现更棘手的情况，客户可能认为，是您的问题导致项目范围理解偏差，所以他们并不打算支付超出最初商定部分的款项，特别是有关项目范围的条款定义得非常详细而精确的时候。在固定价格类型的项目正式开始之前，双方应该确定好有关范围变更的处理过程，以免后期合作不愉快。

我的绝大多数咨询合同都基于 T & M 方式（基本上只需要计算我的时间而不用考虑"材料"）。我在这种模式下为每个客户完成了大量的工作。客户方主要联系人对我的评价都是"工作效率高，工作品质好"。他们根本不用担心我在工作中拖拖拉拉，无所事事，浪费他们的钱。

少数咨询项目是固定价格类型的，对于这部分工作，无论多么小心谨慎地估算工作量，无论多么深思熟虑地设定应急缓冲区间，实际工作量仍然会超过计划。虽然超过的幅度并没有多大，但我仍然觉得我的小时工资缩水了，因为加班的因素。所以，如果这种事情发生在您身上，一定要抵制住不计质量、马马虎虎、草草了事的诱惑，"这样就能把小时工资费率维持到期望的水准。"您会被这种做法反噬的，因为客户会觉得您"质次价高"。正确的做法是，仔细记录估算结果和实际花费的时间，改进自己的估算方法。事实上，如果在估算时没有用到这类历史数据，那么所谓"估算"其实就是在拍脑袋，瞎猜。

在与客户进行的所有费用谈判中，牢记"双赢"是我们的目标，是我们期待的结果。大多数情况下，客户与顾问之间可以就费用问题达成共识，让双方都觉得公平、满意。如果觉得不能接受，那就礼貌地说不。

下一步行动计划

- 查看一下自己各种服务与产品的报价。试着从其他人那里了解一下类似产品和服务的费用。相较于其他人，确保您提供的产品和服务无论性质还是品质都有竞争优势。
- 尝试调高费用，看看会对销量会有什么影响。在提高收费标准之后仍然能够保持现有的业务量（甚至更多）吗？如果业务量已经饱和，就说明提高收费的尝试是非常安全的。
- 下一次需要为某个潜在客户提交报价时，分别列出固定费用的报价以及基于小时费率的T&M报价，比较两者的优缺点。尝试了解客户的习惯做法，尝试一下是否可能在不落标的前提下提出备选方案。

第 15 章　新顾问必须面对的财务事宜

可能，做顾问并非只是因为个人的业余爱好，您想以此谋生，这意味着您需要处理好有关金钱的问题。本章将介绍拓展业务时与财务相关的事宜，供自雇类型的独立顾问或者按小时计酬的自由职业者参考。

首先，请一个会计

作为专业人士，您肯定擅长自己专业领域内的工作，对此，我不持疑义。然而，除非您的专长包括会计学和税务法领域，否则还是应该请一位专业人士来帮您打理此类问题。仔细找找，一定要找一家拥有自雇型客户服务经验的财务公司。

与技术专家和其他专业人士一样，会计师的技能和专业也各不相同。我的会计按小时收费，比我做咨询服务时的费用高，但是，我觉得花在他身上的每一分钱都是值得的。每年，他都会帮我省钱，若是没有他，从我的手指缝间会溜走很大一笔钱。

有些独立顾问会购买财捷（Intuit）QuickBooks 这样的软件包来帮助打理业务收入、管理回款和开销。我自己也用 QuickBooks，卡尔（本书作者）也是。无论是否延请专业会计师帮助打理财会事宜，都必须要把自己的财务状况事无巨细地全部记录下来。QuickBooks 可以做到这一点，能帮您为客户生成发票，标示出过期的应收账款，跟踪记录差旅费用，等等。除非您敢于铤而走险，否则千万不要试图用 Excel 来做这件事。花点儿钱买一个合适的会计软件包。在报税的时候，您会发现购买软件花的那点小钱实在是太划算了，有了它，可以事半功倍。您的会计也会很开心，因为在报税的时候，必须提供一个分类总账文件来申请适用的减免和抵扣税项。

当需要缴纳联邦所得税和州所得税时，会计对您的帮助可谓是雪中送炭。企业雇员缴纳个人所得税时是直接从薪水里扣除。自雇类纳税者则截然不同，我们必须自己估算应交税款，然后自行向美国国家税务局（IRS）支付税款。更麻烦的是，缴税期限长短不一。

截止日期分别为 1 月 15 日、4 月 15 日、6 月 15 日和 9 月 15 日，如遇周末或节假日，还要顺延。可以选择电汇或者使用联邦电子纳税系统在线支付。

如果自己对填报纳税申报表已经驾轻就熟，大可自行估算这笔必须支出的款项。否则，还是请会计帮忙吧。如果漏缴数额较大或者迟缴税款，会被处以罚款的。如果全年收入不定，是很难准确估算应缴税额的，这是独立顾问必须面对的典型情况。这也是您成为独立顾问之后必须面对的另一个难题。

报价：不要低价倾销

设定收费标准，虽然不像搞科研那么复杂，但也不能轻视。论述这个主题的书籍有很多，可以从中挑选一些来仔细阅读，进一步探究这个话题。可以选择固定收费模式，也可以设定每日收费标准，或者每小时收费标准。卡尔在本书第 14 章中提出了一系列关于如何设定收费标准的建议。在这里，我只就我个人遇到过的一些问题发表评论。

您无法做到每天都有工作。正式员工每个工作日的作息都一样：早上起床，出门上班，晚上回家。而独立顾问跟合同制员工一样，每天早上起床之后发生的事情就比较随机了。即使在经济形势一片大好的情况下，也应该预计到每年有四分之一的时间还处于失业状态。您真的想过这种生活吗？

针对这种情况，可以换一种思维方式：每个月工作三周，第四周无事可做。因此，在设置收费标准的时候，应该把这四分之一的空闲时间考虑在内。在经济不景气的时候，要做好在没有工作的状况下生存六个月的准备（实际上，对于任何人来说都是个好建议，不管工作性质如何）。我最糟糕的一年，12 个月只工作了 4 个月。那段日子可真艰难，但过去养成的储蓄习惯帮我们渡过了难关。

应该和市场行情保持一致吗？举个例子，在纽约或者其他任何地方，很容易了解 C# 或者 .NET 开发人员的市场行情的。互联网是获取这种信息最简单易行的来源。猎头公司经常会公布不同技能、不同区域的薪资调查数据。刚入行的时候，对客户付给领薪制员工和合同制员工的工资分别是多少要一清二楚。对于独立顾问，由于必须要自己支付常规员工无须关注的业务费用，因此他们要求的小时工资一般要比正式雇员高出 40% 到 100%。但是，必须足够优秀才能拿到这么高的时薪。

我发现，自己能为客户贡献的价值可以作为决定个人咨询服务价格的关键考量因素。价值往往决定了价格。我注意到，当我提高咨询费之后，得到了量更大且规格更高的工作，因为人们对我的价值感知增强了。注意到这一点的顾问绝非只有我一个人。如果学识渊博且身经百战，完全可以给自己标一个更高的价格。

为了获得工作机会而不惜降低价格。这种做法并不可取，无论现在还是将来，这都是一场灾难。小公司都希望以每小时 25 到 35 美元的低价获得一流的员工。如果愿意为了工作而屈尊忍受这么低的价格，我强烈建议您还不如去薪水和福利相当的公司找一份全职工作。

自己支付差旅等其他费用。这种做法我只用过一次，也就持续了四周左右，以后再也没用过。现在，我会向客户开具服务账单并开具单独的费用发票，金额通常为事先按照商定好的最高限额。我甚至都不接受其他的做法。除非是为了某个固定费用的项目报价，否则信誉良好的公司在延请独立顾问的时候一般都期望采用咨询服务与差旅等其他费用分开的政策。

不过，这只是我个人的做法。卡尔对这一问题的处理方式与我完全不同。他对短期的现场培训活动一律采用固定报价，报价中包含用于支付差旅、酒店住宿、餐饮费用以及需要由他提供书籍教材等这一部分的费用。他的客户喜欢这种操作，因为这样可以简化发票的处理过程（因为不需要收据）。客户事先可以了解这部分费用的总额。卡尔也可以完全根据自己的喜好灵活地选择住豪华酒店还是睡帐篷。这种方法还简化了某次差旅涉及多个客户时的费用操作过程，否则必须由多个客户分担费用。

无法计费的工作时间。我花了大量时间来做与咨询服务并非直接相关的工作，比如整理发票和费用单据、电话拜访新客户、老客户电话回访、整理文件和联系人列表、学习新技术和开发新课件，仔细计算这部分工作的时间之后，我大吃一惊，这部分工作时间并不能从任何客户那里获取报酬！虽然对这部分工作量的估值不尽相同，但独立顾问或者合同制员工应该做好规划，每周有20%～30%的工作时间用来完成这些没有收入的活动。那些书、文章和会议报告可不会在您一觉醒来就已经自动准备妥当。

两三倍原则。从事独立咨询工作的人，各项支出费用高，因为您必须自己承担所有费用和福利。这意味着您必须把自己看作是雇主，并以雇主的心态来为自己定价，以确保向客户提供服务时尚可保有可观的利润。为此，我提出了两三倍原则，这是我从一位成功的顾问那里取得的"真经"。

首先，以咨询顾问的工作量为基准，敲定同等工作量下合同制员工的薪酬。把这个数额翻一番可以保障您（作为一名独立顾问）达到盈亏平衡。但如果把这个数额增加到三倍，可以保证自己的投资扩大再生产。当我首次报出两倍高的时薪要求时，数额高到连我自己都要屏住呼吸。不过，短短几年之后，我就意识到那些经验丰富的同行果然是明智的"老司机"。

每年的工作时间大约是两千个小时，所以一名税前年薪10万美元的工薪制雇员的时薪相当于每小时50美元。那么，如果一名顾问与这名年薪10万美元的雇员做的工作一样，那么他的报价应该是时薪100～150美元/小时。为什么？因为咨询顾问可能只工作几周至几个月，短期聘用的小时费率更高。独立顾问没有就业保障，必须自己支付日常开支：人寿保险，伤残保险，商业责任，医疗保险，退休基金，计算机设备的购买、维护与修理，其他办公用品以及电话费用等。这就是为什么"两倍"仅仅只能是保底的原因。

不要烧钱买办公设备

那还是在很久以前，我被一位顾问同行的做法逗乐了，他决定做独立咨询顾问时，做的第一件事情就是花5 000美元购买了一台崭新的个人电脑、一台笔记本电脑、一台传真机答录机以及带有他名字的专属彩色标识预印商业表格，还有一堆可有可无的东西。当时他还没有一个客户，甚至连一个潜在客户都没有。

我建议根据需要来添置办公设备。25年前，我刚刚投身于咨询行业时，就只买了一台电话答录机，以免漏掉客户的来电。当我的第一个客户打电话说他选中了我并且要把合同传真给我时，我才意识到我连传真机都没有。于是，我跟客户说，请他推迟到午饭后再给我发传真。然后，我赶快跑出去买了自己的第一台传真机。连接好了之后正好收到合同，我签好字再把签字页回传给客户。那台传真机我整整用了七年，真的是物尽其用。

独资经营与合伙公司

这是一个非常重要的问题。开合伙公司会增添一些法律和财务上的保障，但会增加额外的成本，比如额外的会计费用和开办公司的申请费用等。有些人会马上注册一家公司，一般都是 S 型股份有限公司，而不是像财富 500 强那样的 C 型股份有限公司[①]。

还有些人则在等到保有稳定的业务量之后才去注册公司，这样可以有效地保护个人收入。这件事情还会涉及顾问的形象问题：公司的品牌声誉与形象总是令人感觉更稳妥一些。另外，有些公司只与公司合作，不会与个人独资企业合作，除非个人独资企业愿意作为某个股份制公司（已经作为总包商）的分包商。

作为独资经营者，可以以企业的名义开设银行账户和申领信用卡。每年，使用个人的联邦与州所得税申报表附表 C 来报告自营职业业务收入与支出。除了填报 4562 表格申请扣除购买的资产设备（比如计算机设备）或者折旧，不必再提交其他任何特殊的营业税表格。也可以要求国税部门给自己的独资公司发放一个雇主识别号（Employer Identification Number，EIN）。如此，一旦有客户出于业务收入报告的目的向您索取 W-9 表格，就可以向他们提供您的 EIN 号码（而不是自己的个人社会保险号码）。这一点对于防止个人身份被盗用非常有好处。

另一个选择是成立一家有限责任公司（Limited Liability Company，LLC）。这是一种比 S 型股份有限公司更为简洁、成本

---

① 译注：C 型和 S 型是美国最主要的公司类型。最初只有 C 型股份有限公司，后来美国国税部门为鼓励小企业主而允许符合特定条件的小企业以 S 型股份有限公司形式纳税。这种形式类似于合伙，各股东按股份比例分成，将收益计入个人所得中报税。在这种形式下，公司若有损失，公司所有人可以抵偿其他税务负担；公司若有收益，所有人只在个人所得中缴一次税，不同于 C 型股份有限公司的双重缴税。

更低的业务结构，法律允许资金直接流向有限责任公司所有者（也就是您自己），并且在企业形象上比独资经营者更加专业。成立有限责任公司还可以为其所有者提供更多的法律保障、降低民事行为责任与债务责任。

在我为自己注册 S 型公司之前，我以独资经营者的身份从事了 6 年多的数据库应用（DBA）设计工作。我现在还拥有第二家公司，这是 LLC 形式，主要从事软件产品开发业务。选择哪种形式的公司结构，要从商业方面和法律方面的双重因素进行考量。要听取会计师和法律顾问的意见，了解最适合自己的结构，最有利于自己的业务增长和业务目标达成的形式，另外还要考虑个人工作的财务风险大小。

重要的是，要意识到国税部门是希望小企业能够保证持续盈利的。否则，开公司就变成了一种爱好，而不是生意。一般情况下，个人咨询业务在五年中应该至少有两年盈利才能让国税部门满意。另外，作为一家企业，个人的合法开支可以免税，包括旅行、膳食（按照一般税额计税）、办公用品、广告、书籍和商业保险，可能还包括家庭办公室等。但是，只是作为一项爱好，不能免税。

即使还没有盈利，为了评估是否在真正经营一家企业，国税部门需要确保您并不存在欺诈行为或者有意隐瞒利润。如果咨询业务举步维艰，一直都在亏损，那么请咨询会计师，确保让国税部门认为您的公司一直在从事合法的商业活动，而不会将其重新归类为"爱好"级别。

退休计划

作为一名自雇类从业人员，您还得为自己退休后的家庭经济保障提早打算。或许您已经在扑朔迷离的投资领域里游刃有余。如果没有达到这种水准，就需要找一个收费的理财顾问来帮助您建立一个适当的退休账户。

① 译注：1997 年，参议员罗斯（Roth）推动的一项法案，即 Roth IRA，存款时先交个人所得税，领取时无须再交税，投资所得也无须再缴税。每年存入上限为 6 000 美元（50 岁以下）或 7 000 美元（50 岁以上），无年龄限制，但有收入限制，2021 年个人年收入超过 14 万美元或家庭年收入超过 20.8 万美元的不可以申请。

除了传统退休金计划以及和罗斯个人退休安排（IRA）①之外，独资企业、有限责任公司和已注册的公司都可以在 SEPIRA（简化版员工养老金个人退休安排）或者其他各种养老金计划的账户中预留额外资金。如果以前作为工薪族参加了前雇主的 401（k）计划，就可以将账户内的金额转入到传统的 IRA 个人退休账户中，然后由自己管理。退休计划中有各种各样的所得税影响因素（包括税收延期）、最高供款限额和其他需要专业指导的问题。这很复杂，如果选择不当，可能会带来非常严重且深远的影响。

几年前，有位顾问听取了另一位资深同行的建议，在美国公司开始了自己的职业生涯。这位同行告诉他，他认识的那些在退休后经济上仍然很宽裕的人，都用退休计划为自己存下了可以合法存入的每一分钱。

我的同事把这个建议牢记在心。在他 44 岁离开美国公司成为独立顾问后，他和妻子也做了同样的事情。我想他的计划是卓有成效的，因为 10 年后退休时，他得到了一笔可观的收入。

不管现在年龄多大，都不要推迟给自己建立退休计划。这一点至关重要。

下一步行动计划

- 如果想要成为独立顾问并且已经有了律师和/或会计师，那就请他们为您即将成立的公司打理财务和法律事务。这些问题属于他们的专业领域吗？他们有什么建议吗？您将为自己组建何种形式的公司？为什么？
- 如果认识其他的一些独立顾问，打听一下他们的业务结构，了解一下各种结构的优缺点，请他们推荐一下合适的形式。
- 浏览一些公开的出版物或报告，了解一下您当地同行业工作人员的平均薪资水平。使用本章提供的指导原则来检验当前给自己设置的收费标准是否令人满意。
- 即使还年轻，也要考虑退休计划。现在的雇主提供的是个人退休账户保障或者 401（k）计划或者其他传统类型的养老金？配偶有个人退休账户吗？如果没有，马上建立退休账户并开始定期向账户里存钱。

- 使用在线计算器来估算一下每年应该在自己的退休账户里存多少钱。根据涉足咨询行业之后的三种可能性来确定退休时需要给自己攒下多少钱：不太成功，需要回到朝九晚五的工薪族日常；还算成功；大获成功。

关于作者

加里·K. 伊万斯，独立敏捷顾问。他有 20 年的从业经验，帮助过《财富》500 强公司整合敏捷方法和面向对象技术，他是认证 Scrum Master，也是敏捷教练和 SAFe 项目集咨询顾问。

第 16 章　口说无凭，须立协议

我得对您坦诚相告：我是一个笃信流程的人。我崇尚"好记性不如烂笔头"。细节很容易忘，所以我喜欢把重要的信息都写下来，好让参与某项活动的每一个人都知道流程，并且对计划达成共识。出于这个原因，我把与客户签订的所有重要协议的所有细节都记录下来，以免混淆，防止差错或者日后心生怨恨。在本章中，我将介绍其中一些协议。可以从我创建的 Web Added Value（WAV，www.jrosspub.com）资源中心下载多种简明扼要的协议文档模板。

培训服务时使用的简化版协议

在过去的二十年里，我向分布在世界各地的公司和政府机构提供了大量的培训课程。对于这些事，我一般采用简化版的协议来加以规范。协议中包含以下信息。

- 培训活动的详情，包括地点、最多出席人数、日期和时间以及联系人。
- 我对培训课堂的布置安排要求以及培训设施的需求，例如笔记本电脑、投影仪、白板架、记号笔以及领夹式麦克风（这对我来说至关重要）。
- 培训中用到的学生讲义与培训教材的信息。
- 财务上的细节问题，包括给我的付款保证。
- 可能导致培训中断的意外事件以及培训取消或重新安排时的费用计算问题。

这些信息都记录在一页纸上，大多数情况下都很管用。然而，有时客户那边的法务部门也希望能参与其中。他们肯定会拟制出一份繁冗复杂的正式合同，我们必须就合同文本的细节逐项谈判。比如上一次，我不得不花了整整一个月时间来处理客户正式协议文本中的各项问题，这可是一段非比寻常的经历。我更喜欢自己那个简单的模板。

近些年来，这种形式的协议很适合我，很少有培训事宜不是用这种模板来完成的。通常，在收到客户签署妥当的协议之前，我不会安排差旅或者订书。否则，我无法确定他们是否保证遵从本次培训的所有活动与日期。曾经有几位潜在客户，没有就他们要求的培训活动安排及时反馈意见。令我倍感沮丧的是，我不得不一直为他们保留既定的培训日期，时不时地还得跟他们确认一下，看看客户是否还有望继续实施。所以，亲爱的客户，如果改变了主意，请一定要及时告诉我。

我有个顾问朋友非常讨厌类似这些文书工作。如果没吃过"口说无凭"的亏，他大概永远用不上书面协议。幸运的是，到目前为止，他还没有遇到过任何问题。但我可是吃过亏的，所以，我认为书面协议一字千金，其他顾问也跟我分享过类似的痛苦经历。

有一年冬天，我去新泽西州某个比较偏远的地方给一家大公司讲一门为期三天的培训课程。到达那里后的第二天（也就是培训当天），我走进预定上课的大楼，然而，等待我的是空无一人的教室。在我终于打通联系人的电话之后，她才说培训是第二天开始，一共是三天。哎呀，这也就能合理解释为什么公司前台对我所说的培训一无所知。

我拿出事先拟定好的协议（我总是随身带着）。果不其然，我的到达日期是准确无误的。然而，由于没有仔细阅读协议，联系人通知错了。我现在只有两天时间来覆盖原本计划中三天所要覆盖的内容。如果因为个人原因迟到一天，我肯定会承担由此而引发的经济后果，更不用说给所有学员带来不便了。只不过，这一次在这种情况下，倒也不至于引起严重后果，然而，这的确是个不该发生的错误。至少，我不至于孤孤单单地在新泽西度过风雪交加的一天。这实在是太"有趣"了。

咨询服务时使用的正式协议

在交付咨询服务（而非培训）时，我使用两种不同模板的协议，一个用于在客户现场执行的咨询工作，另一个用于在家中执行的咨询工作。我将第二种咨询活动称为"非现场咨询活动"；其他顾问可能称之为"虚拟咨询"或"远程咨询"。可以在这本书的 WAV 页面上找到我用于这两种不同模式咨询活动的协议模板（网址为 www.jrosspub.com）。

我的模板集合里还有一个由其他顾问提供的现场咨询协议模板（编号#2）。这个模板比我做的更正式，法律细节也更丰富，是个不错的选择。如果决定为自己的咨询业务创建类似的模板，我建议您先研究这些模板以及可以从其他经验丰富的同行那里找到的任何其他样例，而后根据个人的具体情况从所有模板中博采众长，总结出最佳实践。

与客户建立起长期的合作关系之后，可能会跳过拟制协议的环节。有某些家公司就有这样的客户，我和他合作多年，配合默契，我从不担心他不会付我钱或者会有其他各种误会。在这种情况下，我并不需要把正式的书面协议作为交付咨询服务的必要前提。

课程课件许可协议

长期以来，在业务上，我一直有个理念：一定要有"睡后收入"（参见第21章）。为了达成这个梦想，许多年前我就开始将我的课件授权给其他公司，其中包含培训公司以及独立顾问，他们可以用我的课件给他们的客户交付培训课程，与此同时向我支付版税。还有一些公司以及政府机构，他们希望能够使用我的培训课件做内部培训（用自己的员工作为内部讲师）。

我针对这两种情况分别制定了许可协议。同样，可以在本书的WAV页访问我的许可协议模板。这些协议规定了我将提供哪些培训材料、许可费用以及付款条件；当然还包括被许可人可以以何种方式使用这些材料以及禁止以何种方式使用这些材料。

我制定的各种协议模板中的条款并非一成不变。隔三岔五总有某个潜在客户或者被许可人提出一些特别关注事项或者某种特殊情况。他们可能要求我调整某些条款。做出这种调整可能是业务成交的关键。所以，我得为这些协议保留一些灵活度。

但是，种种灵活度还是有限度的。例如，我永远不会从我的培训协议中删除掉有关培训被取消或重新安排时的赔偿条款，只不过客户以合理的方式推迟培训时，我可能会适当同意调整某些初始条款。另外，我从来不会在没有收到预付款的前提下把自己的课件授权给某个公司使用。因为那样做基本上就相当于将我的课件免费赠送，这种拱手相送的事情，我是不会做的。

免责声明

虽然我自己已经使用这些协议多年,而且也没有出现过任何问题,但它们是否真的适合您,还得看具体情况。所以,在签署任何协议之前,我建议最好让律师检查一下,确保它们涵盖所有重要事项,既能够为您提供充分的保障,同时对客户仍然是公平合理的。在大多数情况下,精心设计且简单明了的协议,足以确保与客户约定的各个事项能够使双方心知肚明,而且我认为,白纸黑字总胜于口说无凭。

下一步行动计划

- 如果手头还没有一份用于咨询以及培训的书面协议模板,请下载本章描述的协议模板,看看是否适合您。也可以根据具体需要进行调整。
- 如果已经有书面协议模板,请将它们与本章描述的模板进行对比,看看是否有任何值得效仿或者改进的地方。

第 17 章 一切都好商量

在上一章，我描述了自己用来记录每次演讲和咨询活动细节的简化版协议。通常，客户都认可这种方式，但有时客户也要求我将一些特定的条款体现在协议里。有时，客户的法务部门会拒绝我的简化版协议，给我发一份长篇累牍的文件来让我签署。

但是，我绝不会一拿到合同就签上自己的大名。合同本来就是为了保护合同拟定方的利益而拟制的，所以要格外小心那些自己无法接受的条款。我一般会仔细推敲合同内容，任何让我觉得不舒服的东西一定都要挑出来。事实证明，合同模板中的许多条款，如果觉得不满意，可以调整。本章将描述一些典型的此类案例，以及在各种情况下如何与客户协商以达成双方都能接受的协议。

其实，就在写本章的当天，我正在进行着这样的谈判。到目前为止，客户对我请求更改的各类条款都是非常灵活的。例如，在客户的标准服务合同里要求顾问进行药物测试，这在我以前的经历里只碰到过一次。对此，我解释说我不吸毒，所以我也不会去做毒品测试。于是，客户放弃了这个要求。所以,有时您其实只需要多问一句。

但是，以前，有一个客户拒绝聘请我给他们上课，因为我拒绝接受他们的药检。几年后，我发现他们另外找来的一位讲师居然是位经我授权讲授我课程的讲师。他来到我的家乡讲课，碰巧也是一位加拿大人，他告诉我，那个客户从来没有要求他去做药检！有些事根本就毫无意义。

我一直相信，理智的成年人一定能够找到一种方法达成大家都能接受的共识。然而不幸的是，事实并非如此。我有一位经验丰富的顾问朋友，她分享过一些令人不寒而栗的故事，讲她在与几家公司合作的咨询合同中针对那些令人震惊的条款展开唇枪舌剑而又徒劳无功的过程。以下是其中一例供大家参考。

原本，我应该从周一开始进入客户现场工作。然而，就在办理安全通行卡的时候，客户在我要签署的文件中又塞入了一份文件，这份文件我绝对不能签。因为一旦我签了，那么我当前在客户那里做的任何事情的所有知识产权以及（注意，这是在他们的文件中白纸黑字规定的原文）我将来要做的与此相关的任何事情的所有知识产权都要移交给他们。我当然拒绝了。我向他们解释了为什么这样的规定不合理；然而他们就是充耳不闻，拒绝修改条款。

头脑正常的顾问绝对不会签这样的合同。毫无疑问，有些顾问可能并没有充分意识到他们大笔一挥就馈赠出去价值连城的东西或者内心还在期望这一条款并不会得到有效执行。也许跟您直接打交道的客户虽然认识到这些条款不合理，不可接受，但是客户方的采购或法律人员不会就此让步半分。所以，如果业务量不够饱和，可以勉为其难在虚线上签上大名。除此之外，也可以选择转身走开。

上层路线

无论是处于探讨某个合作意向的早期阶段，还是处于确定合同细节的最终环节，最好能与客户中的关键决策者直接联系。否则，所有的结论都是试探性质的，您可能因此而把大量时间浪费在没有结果的讨论上。在我刚入行的时候，很多经验丰富的顾问也给过我同样的建议。不幸的是，我很快发现，决策者很少参与和我们咨询顾问的初次接触中。

通常，客户中第一个与我沟通的人往往是一位基层或者中层管理者，他热衷于组织中某个方面的软件过程的改进工作，想请我来帮忙。该经理必须获得更高一级的批准，否则所有的事情都是竹篮打水。整个推进过程经常也是在该阶段停滞不前。咨询顾问几乎找不到理想的决策者来加快谈判进程。

把谈判层级尽可能维持在食物链的顶端，这是有原因的。高级别管理人员有更多的筹码，可以避免一个项目在技术上取得成功而在政治上惨败。这也有助于您透彻理解管理层的关注点和目标，从而把全部精力集中在这个方向上。如果一位高层经理想请您，他很可能会搞定采购部门或法律部门的任何抵制者。

最近，有位新客户联系到我，希望我能够向整个组织提供软件同行评审方面的培训。这个培训我已经做了25年。他在之前的公司中看到了同行评审的好处，希望将其引入到新的组织中。该公司的管理层对此似乎很热衷。在随后的几个星期，我们进行了多次邮件和电话交流，我还写了一份正式的方案供他们考量。对于这个项目，我的收入应该在 6 000 ~ 50 000 美元之间，这取决于客户选择的授课方式：现场授课、在线学习或者课件授权。在最近一次联络时，我收到的消息是说，我的联系人正在等待公司首席信息官的审批。

随后的几周，我还是没有收到任何回复。于是我继续跟进，得知他们公司更换了首席信息官，于是整个事情前功尽弃。很多时候，我为潜在客户完成的工作都是因为类似这样的管理层人员更替而泡汤。如果开始的时候我能够与第一位首席信息官直接联络，我们之间或许能够迅速达成协议。这样，就算新来的首席信息官打算取消这次培训，我也有可能收到赔偿费。而现在，我的收入是零。这真的有些让人灰心丧气，对一个顾问来说，这样的事情很常见。

而就在此时此刻，我正在等待另一位潜在客户的回音，他们要跟我讨论有关需求培训的事宜。我告诉他们，我随时可以跟他们展开讨论。然而，三个月的时间已然过去了，除了两次邮件，什么也没有发生，我的手机一直还处于静悄悄的等待状态中。

费用

最显而易见的可以协商的内容就是服务费用。以我的经验，客户并不会经常挑战您的报价。我的每一项服务内容虽然都设置有标准的费率，但也有一定程度的灵活性。譬如，客户除了选择让我现场授课之外，还会购买我的一些在线学习教程，我会给他一个很大的折扣。如果客户同时需要我所提供的咨询与培训服务组合，那我也会给他们一个很好的折扣。另外，在同一次出差过程中安排多次培训，我也会降价的。

有一次，一位潜在客户要求我为一项为期两天的培训课程降价数千美元，他们给出的理由仅仅就是因为我的报价超出了他们公司的预算。她说她希望我能降价，因为我是一个好人。对不起，我并不是什么无底线的老好人。我可以降价一定的幅度，但不愿意降到她所要求的那个价格。我们之间从未达成过协议。一些谈判的结果其实就是这样的。

把一个专家级顾问请进公司可不便宜。我给一个潜在客户提供培训课程的报价可能高得把他们吓跑了。与其降价拿下业务，我还不如根据价值而不是成本来卖我的服务。

作为一名独立顾问，我所做的大部分工作都是关于软件需求和商业分析的培训。如果察觉到报价让客户犹豫不决，我会建议他们考虑一下他们组织、团队当前的运作方式付出了多大的代价。也就是说，如果我不来帮助他们的商业分析师以及其他团队成员学会以更富成效的方式工作，他们的组织会付出怎样的代价？

我鼓励我的客户主要考虑他们可能从我的服务中获得的潜在投资回报（ROI），而不要总是关注他们必须付给我多少费用。一个软件团队不必因为需求的缺陷而导致大量返工并为此而浪费大量金钱。如果我能教他们的商业分析师更好地定义需求和传达需求，他们就能迅速收回培训成本。

不幸的是，似乎并不是所有的软件组织都能考虑到他们为当前工作方式付出了多么高昂的代价。有时这部分花费被称为"质量成本"。通常，人们并不会去衡量项目成本有多少可以追溯到需求问题或者其他流程缺陷。由缺陷而导致的返工成本作为业务成本的正常组成部分，这是各类型组织都愿意接受的通用做法。虽然这部分消耗中的一小块可以这样看待，但绝大部分都可以通过改进其商业分析流程节省下来。

为了表明服务物有所值，可以考虑从以下角度来阐述理由。假设客户公司中每个 BA 的全部人工成本（包括工资、税收、福利以及其他间接费用）为 125 000 美元。如果公司有 8 名 BA，而且由您来给他们传授知识和分享经验，使他们在未来五年的工作效率提高 5%（只有区区 5% 哦），那么客户公司就可以节省大约 25 万美元的成本（通货膨胀因素未计算在内）。如果公司花 2 万美元请您提供这些服务以促使 BA 的能力得到提升，这难道不是一桩超级划算的生意？公司应该对这样的投资回报率感到兴高采烈才是。

我经常告诫我的培训客户，如果他们团队的成员在课程结束回到工作岗位之后，仍然按照原来的方式一成不变地工作，那么他们在培训上投入的时间和金钱就算是打了水漂。我可不想搞成这样。因此，我的课程十分强调实用性，强调如何在当前项目中快速应用在培训课上学到的新技术。让客户考虑培训或咨询服务的价值，而不仅仅只考虑预算，这有助于将方案转化为合同。

取消

　　我的培训协议中一直包含活动被无故取消或者重新安排时客户需要支付一定数额赔偿费用的条款。对此，有些客户是拒绝的。我之所以坚持纳入这样的条款，是因为我在签署协议之后，我会承诺为客户的培训活动留出一定的时间，包括准备课程以及差旅的时间。如果客户决定更改约定好的日期甚至完全取消培训活动，我不太可能在短时间内找到另一个客户来重新预订该时段。如果我买的机票不可退票，或者已经邮寄了一批教材给客户，那么更改日期或者取消培训不仅会给我带来极大的不便，还会给我造成经济上的损失。

　　因此，我要求客户向我做出类似的承诺：同意向我支付总价的 20% 或 25% 作为培训取消或重新安排的赔偿费用。有时，我们也会协商一下以降低这部分费用的比例。或者，我们也可以设定一些时间限制。例如，如果我有充分的时间重新安排，又或者如果他们至少提前在培训活动开始之前 X 周取消，可能就不用支付赔偿金。如果客户确实有必要重新安排，而且不会给我带来不便，也没有让我自掏腰包支付了某些费用，我通常也会免除赔偿费用。但我一直坚持在协议中加入一些关于改期和取消的赔偿条款。如果客户不接受，那我宁可拒绝达成协议。

　　有位客户曾经试图等到预定的培训活动开始之前才跟我签署协议。她想尽量减小培训取消或重新安排的可能性，以免产生费用。但是，我的政策是，在收到客户签署的正式协议之前不会向客户承诺具体日期。于是，我毫不犹豫地把这个客户原本要求的日期给了另一个愿意做出承诺的人。我不喜欢这个客户跟我玩这套把戏。所以，毫无疑问，那次的培训项目最终没有成单。

　　到目前为止，在我的顾问生涯中，我援引因为客户取消或重新安排培训而收取赔偿费用的条款才不过区区四次。令我惊讶的是，客户都迅速地支付了这笔费用，比我一般的费用都快得多。想想看这是什么原因呢。

使用权

　　我见识过一些咨询服务合同，客户声称对培训班使用的教材材料拥有广泛权利，这是不合理的。合同中可能规定：仅仅因为有人在他们的公司做过一次培训,所以客户就对课堂上使用的培训教材拥有永久的免费许可权,可以以任何他们想要的方式使用课堂材料。原则上,这项权利可以延伸到在整个公司内无限制地分发教材,在公司内外自学课程,在互联网上公开发布材料,甚至在未经版权所有者知情或许可的情况下将课件授权给其他公司。

一旦发现有哪份合同里有这么一条,我一定会立即删除它。除了在培训课堂上由我本人演示培训材料之外,我的客户无权将我的培训材料用于其他任何目的,除非我们签署了单独的许可协议。当我要求删除这一条款时,从来没有受到过任何质疑。

录像

偶尔,客户会希望录制我的培训现场并在整个公司范围内展示给其他人收看。这意味着我将失去一次赚钱的机会,因为他们可能会用视频来替代我完成另一次培训。

我并不完全反对录像。如果我的培训对公司内部所有有意参加的人是开放的,我就允许他们为不能到现场参加培训的员工或者在其他地方工作的员工录制视频。不过,在通常情况下,我的培训课程都是以一定数量的学员为上限来报价的。如果他们想在现场录像并且提供给其他人,一般我也允许,但要为此向他们收取额外的费用。

保险

由法律部门拟制的合同文本里规定了咨询顾问应承担的各类保险。如果公司有多个雇员,可能需要为他们提供工伤保险。不过,据我所知(请记住,本书并不包含任何法律意义上的建议),没有雇员的独资企业不用购买工伤保险。查看一下当地州的法律,确定下来。

我确实购买了商业责任保险,如果我用激光笔伤害了某个学生,或者用我租来的车损坏了客户的财产,此项保险会提供一些保障。如果合同中规定的保险金额高于我购买的商业责任险的保额,那我会要求降低这些保险金额,以符合我的保额。客户的法律部门总是批准这样的请求。有些客户要求在我的商业责任险保单上将自己列为指定的被保险人。这很好解决,只要给我的保险代理人拨打一通电话或者发封邮件就好。

我不购买专业责任或渎职（错误与疏忽，又名 E & O）保险，虽然有些公司要求我承担。当我指出我没有义务履行这一要求时（因为对于我完成咨询与培训业务，E & O 保险并非必要），客户总是答应取消这一要求。请参阅本书第 20 章，了解有关独立顾问保险问题的更多信息。

其他费用

不久前，在我的职业生涯中第一次有客户要求我接受犯罪背景调查。我对此没有异议（到目前为止，他们也没有发现我有哪家秘密离岸银行账户以及游艇），但他们想向我收取 49.79 美元的调查费用。我说服客户由他们来支付这笔多此一举的费用。

这就是大多数谈判的方式。我同意客户的要求，但随后我提出一项对自己有利的对等要求。我们都觉得对方是合理的，有建设性的，所以我们可以互惠互利，互相谅解。

还是这个客户，他们还要求我提供信用报告。好吧，我也可以答应，虽然这项要求非常荒诞，然而我会要求他们支付因此而产生的费用，这笔钱可不能让我自己承担。不过，为了防止身份被盗，我在三大征信机构（Experian、TransUnion 和 Equifax）[1]的信用账户上都设置了安全冻结。所以，在 2018 年底以前，如果有哪个客户需要我的信用报告，我将不得不给每个机构支付 10 美元以暂时解冻我的账户。我会要求客户来支付这笔钱，但他们竟然决定不为他们要求的信用调查支付任何款项。这个真是太奇怪了。幸运的是，现在，在整个美国，冻结和解冻信用档案都是免费的。

竞业禁止条款

我收到的几份合同中都有竞业禁止条款。客户要求我与他们在达成协议之后的几年内，都不得在同一业务领域为任何其他公司提供类似服务。

---

[1] 译注：分别为益博睿，总部位于爱尔兰，2005 年在中国开展业务；环联，成立于 1968 年，目前总部位于芝加哥；艾可飞创立于 1899 年，总部位于亚特兰大，2019 年因泄露消费者身份信息而以 7 亿美元的代价达成庭下和解。

我不会签署包含竞业禁止条款的合同。我不允许有任何客户对我未来可以为谁工作及不可以为谁工作而指手画脚。我很乐意与客户签订保密协议（NDA），以相互保护我们各自的知识产权、商业机密和产品信息等。即使不执行保密协议，我也会尊重每一位客户的隐私以及我在履行合约期间可能了解到的客户的任何秘密。

如果我在合同中看到竞业禁止条款，特别是当我只是给这个客户提供培训课程时，我会向他们解释：我不能允许任何一个客户阻止我向其他公司提供有关某个主题的类似培训课程。到目前为止，客户们一直都愿意听从我的解释，确认他们真的没有任何风险，然后删除这一条款。

努力达成双赢

参与谈判的每一方都会努力达成对自己有利的结果，但也应尊重对方的正当要求。我们彼此都是有底线的。如果与我们谈判的人坚持保留超出我们底线的条款，就无法达成双方都能接受的结果。您不会赢得每一次谈判，但也许可以做得比期望的更好。有时，我会在某个无关紧要的条款上做出让步，以此来达成对我更为有利的要求。

关于有效谈判的更多内容，我强烈建议您阅读 Roger Fisher，William Ury 和 Bruce Patton 合著的《谈判力》[①]。这是一本经典的书籍，提供了很多锦囊妙计，它向您展示了如何从了解各方利益的角度出发去赢得谈判，而不是一味地凭借一腔热血去捍卫自己的立场，毫不动摇。

另外，在我的人生感悟回忆录 *Pearls from Sand: How Small Encounters Lead to Powerful Lessons* 的第 24 章中，描述了我在日常生活中如何通过多种方式来达成更好交易的各种经历。只要稍加留心，我就可以省下很大一笔钱，可以用来买鞋子，可以给我的家添置新的跑步机，可以给我订的杂志续费，可以支付有线电视账单以及购买汽车用卫星广播、医疗服务、服装、园林绿化服务等。若不去关注，答案总是否定的，所以持续不断地推敲合同条款吧。单是这一章中的提示就足以让您赚回购买本书的本钱。

---

① 译注：中文版由中信出版社 2012 年出版。

下一步行动计划

- 如果客户想让您签署一份充斥着繁文缛节的冗长文本合同，问问他们是否可以使用自己拟制的简明扼要的协议模板。
- 下一次当客户向您提交合同文本时，请仔细阅读并推敲其中的所有条款，有没有哪一项条款让您觉得如坐针毡。在最初的合同上标记出所有有疑问的地方，列出想进一步商定的条款。如果某个问题让您有点不舒服，但还是可以忍受，那就不要把它作为一个大问题。相反，把重点放在对自己特别不利的条款上，特别是那些严重偏向客户的利益或者把风险都转移到您身上的条款。
- 如果有一份以前履行过的合同可供参考，请仔细阅读，并确定未来预期必须进行谈判的条款。可以参考本章讨论的各类内容作为输入。
- 对于预期未来可能需要谈判的每一种类条款，请关注与之相关的任何政策及其界限，例如保险范围限制。这将有助于您在未来的合同中发现问题和应对问题。

第 18 章 一人智短，众人智长

作为一名独立顾问，有一点缺憾不得不提，那就是您可能会错过一些生动有趣但又不是非常适合您的项目。有个客户可能会提供一个诱人的项目机会，而这个项目的范围超过了您的控制范围。另一个客户可能有一个项目正好与您的技能相匹配，但您知道其他顾问更擅长其中的部分工作。有的客户可能需要顾问拥有某种职业资格证书（或者执照，或者要求顾问投保了某种类别的保险），但您恰恰没有，而您认识的另外一位顾问拥有这个资格。又或者，客户给您打来电话，您对他们很有兴趣，但某些方面让您感到不那么尽如人意，比如在现场工作时要加班，比如时间投入过长，比如差旅次数超出个人预期。

为了既能为自己获得工作机会，又能满足客户的需求，面对此类机会，务实做法就是与其他顾问合作。我曾经与其他顾问合作过好几次，结果都是皆大欢喜，与单打独斗完全由自己完成所有工作相比，这种经历令人难忘。本章将详细介绍其中的两次经历，以期能够与您分享与其他顾问并肩作战的一些技巧。

整合资源

许多年前，有位名叫琳达的顾问建议她当时的客户邀请我去做一些有关软件需求的培训。琳达以前向我学过需求方面的课程，她认为这个课程对她的客户有帮助。于是，他们请我去做培训，课程效果很好。琳达也和我成为朋友并一直保持着联系。

此后几年，琳达跟我居住在同一个地区。她与当地政府机构就一个咨询项目有接触，该项目内容涉及一系列的需求流程开发工作以及配合新流程发布时的一系列定制类培训工作。琳达认为这个项目的规模相当大，我可以参与其中与她合作。她知道我在开发需求流程和培训材料方面经验丰富。这个工作看起来相当有趣，对我来说也是轻而易举，而且我和琳达相处融洽，客户离我家还相当近。何乐而不为呢？

琳达在与政府机构签约方面具有丰富的经验，因此我们之间建立了这样的合作伙伴关系：面对客户机构时，琳达是总承包商，而我的公司则是她的分包商。我们之间起草了一份正式的协议，描述了彼此的工作范围，并且说明我的公司将作为她的独立承包商；该协议还规定了赔偿金额与付款条件，定义了我们之间合作关系的期限、终止条件和信息安全保护条款。因为琳达的公司是总承包商，所以客户付钱给琳达，然后她再支付给我。

请注意，当您通过这样的分包合同与其他公司合作时，如果在单个日历年内您获得的收入超过 600 美元，则总承包商必须在次年 1 月 31 日之前向您签发一份 1099-MISC 税表。由此，主承包商在缴税的时候就可以扣除支付给分包商（也就是您）的金额作为业务费用，当然，这部分金额就是分包商的收入。有关 1099-MISC 税表的详细情况，可以咨询国税部门。这与您在跟客户公司独立签署的典型咨询服务合同时的情况相同，客户也会在次年 1 月向您发一份 1099-MISC 税表。

我与琳达珠联璧合。我们双方都为该项目倾注了心力。我们通力协作，优势互补，取得的成果大大优于我们任何一个人单枪匹马工作时的结果。在把工作产品交付给客户之前，有另一位经验丰富的合作者可以对此交付成果进行评审，这种机会可真是不可多得。因为，当我自己为客户开发量身定做的材料时，出于保密原因，我不能将它们展示给其他顾问看。这个客户也很开心，他们对我为他们开发的定制化培训课程大加赞赏（在很大程度上基于已有课件）。最让人开心的莫过于项目结束之后我和琳达仍然是好朋友。

幕后支援

在我从事独立咨询工作的早期，为一家大型联邦政府机构提供过大量培训与咨询服务。我的主要联系人是帕帝，他后来帮我联系了一个项目，该项目旨在帮助该机构商业分析人员和开发人员更好地制定和实施各种质量属性需求。这些质量属性包括软件系统的可用性、可安装性、可扩展性、安全性和可测试性等。项目交付时能否按需达成这些属性要求对在该机构内应用的软件系统至关重要，但当时他们做得并不尽如人意，坦白说，很少有组织擅长实现有关质量属性方面的需求。帕帝希望我能针对这些质量属性方面的需求制定能够提供全面指导的文档。

帕帝在解释该项目需求时，我意识到该项目需要与客户方各个利益干系人进行深度的互动，这需要我在客户那里驻场较长一段时间。而当时我无法做出这样的承诺。作为替代方案，我建议帕帝考虑邀请安德烈来跟我一起工作。安德烈是我非常了解的一名顾问，他在需求规范和软件开发方面造诣很深。在专业领域和私人交往方面，我与安德烈的关系都很好。

安德烈对我在需求领域的咨询方法非常熟悉，因此帕帝对这位新顾问建立起了足够的信任。我们三个人彼此生活在不同的州，所以我主动提出我以家庭办公的方式为安德烈提供远程支持，安德烈则主要在客户现场工作。这样，我的差旅次数降为零，而同时我又不至于因无法参与这个很有兴趣的项目而感到遗憾。我们三个人都认为，我和安德烈的共同参与对该项目提供了有力的成功保障。安德烈负责对客户方所有干系人的现场访谈，并且起草初始的指导文件，在此过程中如果有问题可以向我咨询。然后，我在仔细检查安德烈提交的工作产品之后再将其交付给帕帝。

我之前为这家联邦机构提供过咨询服务，因此他们可以简单地按照安德烈和我分别在该项目上花的时间支付报酬。因此，安德烈的公司与我的公司之间并不需要建立正式的业务联系即可推进此项合作。这一点与我在前面描述的琳达和我在项目中建立的正式分包合同的方式截然不同。只要客户认可，并且合作各方对彼此的工作范围和工作职责都了如指掌，清晰分明，那么这两种安排在效果上并无分别。

我认为，这个项目取得圆满成功，是水到渠成的事情。我们三人配合默契。然而，客户已有的软件开发管理体系以及企业文化对安德烈写的指导文件的落地实施构成了严重阻碍。作为顾问，在影响客户的组织文化和实施变革方面作用有限。组织必须接纳变革。组织的领导者必须与员工一起实践变革，为变革设定目标、提供资源和承担责任。在变更的过程中还要投入大量工作去创造高质量的产品，这只会挫伤变更实施者的积极性，只会导致变革的实施过程举步维艰。

幸运的是，一段时间过后，帕帝终于"复兴"了这个项目。我们最后听到的消息是，安德烈在他的指导文件中着力解决的几个质量属性问题在客户方得到有力的实施。帕帝很高兴，所以安德烈和我都很高兴。

促成合作

如果想参与这类合作，就需要与其他顾问同行建立广泛的联系，以便有机会合作。我在各种各样的IT会议上遇到过许多这样的同行。也可以通过他们的著作或者演讲内容了解他们的经历。和不熟悉的人合作风险很大，因此，有效的合作需要从一开始就为成功奠定基础。我建议起草一份双方都愿意签字的正式协议，哪怕是一份工作说明书，以便彼此对自己和对方要为客户承担的责任了如指掌并慨然允诺。

合作过程

首先，双方（或者不止双方）应该规划出共同工作的方式，特别是异地工作的情况。考虑一下，如果是双方同时开发的文档，该如何交换文本以及如何做好文档的版本管理？双方还应该就如何沟通问题、跟踪问题和解决问题达成一致，明确由谁负责将双方的工作成果集成在一起，形成最终的交付物后提交给客户。双方可能还要讨论，在合作过程中如果在某些问题上出现分歧时的决策机制。特别要讨论清楚：如果一方因为某种原因不得不退出合作项目，另一方能独立应对吗？还是说需要客户推迟或者取消这个项目？

其次，合作正式开始之前，花点儿时间把上述问题梳理清楚，为今后的合作奠定坚实的基础，防止后续出现矛盾，导致彼此受到伤害。还可以参考本书第35章，有个典型的合作案例阐述了如何开诚布公提前做好计划并为双方的合作打下良好的基础。我描述了我和乔伊·贝蒂如何联手合著《软件需求》（第3版），一项延续将近一年时间的长期合作，过程精彩，成效显著。

即使双方已经非常熟络，也要提防祸起萧墙，争权夺利。您是某个领域的专家，但这并不意味着您了解所有的相关知识，因此需要对合作伙伴的建议和想法坦然接受。双方必须统一立场，将所有可能导致矛盾和冲突的苗头消灭在萌芽状态，双方之间的矛盾和冲突只会导致客户感到困惑和惆怅。双方可以选择其中一位作为主要负责与客户联系的联系人。你们与所有利益相关者之间的沟通和互动都要体现出专业化素质，保持融洽的气氛，当然，你们两人之间更是如此。

知识产权

合作开始之前，另一个需要讨论清楚的问题就是双方在合作过程中开发的任何产品的知识产权（IP）。需要明确知识产权的产品包括（但不限于）文档模板、幻灯片、有关特定主题的白皮书或指导文档以及电子表格工具。

正如我在第 26 章所阐述的，客户认为，任何付钱给您的作品，他们都拥有 IP。但在合作过程中，你们中的某一位可能会希望某些材料也能够让其他客户一起使用。于是，在这种情况下，另一方或者本次合作项目的客户在使用这些材料时还要向保留权益的一方按全价支付费用，这是不公平的（如果合作双方以分包模式为客户工作）。如果提前预见到项目中可能有些成果可以从客户拥有的 IP 中剥离出来，那么您和合作伙伴应该讨论一下如何处理此类情况，谁将拥有这些成果的版权？谁来完成它们？（注意，版权可以联合持有）。提前协商好此类问题可以避免将来因为侵权投诉而对簿公堂，这可是会让人受伤的。

成功的咨询合作伙伴关系，关键在于责权利结构合理、计划周密和互谅互让，通过合作，也可以完成与以往单枪匹马工作时规模和性质完全不同的项目，由此为将来的工作积累丰富经验。您能够向合作伙伴学到很多，您将充分体验到通力合作时的那种"协同倍增效应"①。这是我作为独立顾问孤军奋战时所热切盼望的感觉。与聪明的人一起工作，总是令人精神焕发。

---

① 译注：此处原文为 synergy，指的是人或公司共同协作所产生的效果优于各自单独行动的效果，也就是 1+1 > 2。

第 18 章 一人智短，众人智长

下一步行动计划

- 回忆一下，以前的工作中有哪一项是自己不能独立完成的？或者超出个人能力范围的？此项工作的成果如何？如果当时能够找一位合作伙伴为自己分担一些工作，会不会是更好？
- 列出您认识的并且愿意与他合作完成项目的顾问名单。找出与自己技能相似的顾问以及与自己技能互补的顾问。思考一下你们的个性是否能够保证你们可以相处融洽。告诉他们，如果有机会，您会非常期待与他们合作，问问他们是否也有同感。
- 在未来，您碰到可能的合作咨询机会时，请与前面列出的潜在合作伙伴一起通力协作。仔细列出双方的合作条件，包括合同条款、与客户沟通的方式、工作职责、双方的沟通方式以及可以预见到的阻碍双方成功合作的风险。

第 19 章　都是原则性问题

每个组织都依照一套政策或规则来运营业务，可能是明文记录的文件，也可能是口口相传已经融入组织文化的传统。您也应该为自己的咨询工作制定一系列的原则。本章将介绍我在从事独立咨询工作以及运营培训公司 Process Impact 过程中所积累的种种实践原则和我从其他顾问那里了解到的他们为自己制定的原则。我建议您也为自己制定类似的原则。

商旅出行原则

成为咨询顾问和培训讲师之后，出差前往目标工作地点便成为家常便饭。今天的情况有所改观，这要归功于丰富的网络研讨工具与在线协作技术等支持远程虚拟咨询的工具（请参阅第 24 章）。尽管如此，还得做好准备，时不时地还得亲自前往客户现场。

在我的咨询职业生涯初期，对自己即将得到多少工作机会一无所知，所以我从不放过每一个机会。幸运的是，很快我就得到很多客户的认可，有了很多工作机会。于是，大量的差旅随之而来。在最忙的一年里，我飞了 137 段航班，有 131 个晚上是在酒店度过的。所以，我很快就给自己立下了一条规矩：

1 号原则：每个月的出差安排不得超过 3 个星期。

这并不意味着每个月有四分之三的时间我会消失不见，而是说每四周中有三周，每周外出出差一至数天。重要的是我要留出时间住在家里，与家人共叙天伦之乐，与朋友共建莫逆之交，我需要给自己留出时间来开发新课程、新内容，写文章、著书立说甚至放松一下，开心玩耍（至少我听说日子还可以这样安排）。

这项原则有助于我保持身体健康。我已经有两位顾问朋友得了重病，几个月都没有完全康复，他们纯粹就是被连续的差旅累得筋疲力尽才一病不起的。比频繁出差更糟糕的是在出差途中生病。所以，您在安排日程时，一定要留出休息时间，善待自己。

基于同样的原因，我认为连续讲课两天以上也会令人身心疲惫。在讲台上双脚站立，滔滔不绝地讲上一整天，您会脚趾酸痛，头昏脑胀，无法继续维持光彩照人的形象和妙语连珠的状态。因此，如果客户要求我把为期两天的培训课程讲上两次，我会"祭上"2 号原则：

2 号原则：两期两天培训课程间隙休假一天（这天通常是周三）。

这一天，我可能用来观光，去拜访住在当地的朋友或者干脆去看电影。我的声带、我的双脚以及我的心情都可以得到休息和放松。当然，这一天的休息时间我是不会向客户收取费用的。

每一位频繁出差的人都有受困机场而不得不在候机大厅或者机场宾馆过夜（甚至更长）的痛苦经历。受困的原因多种多样，恶劣的天气、机械故障、航空公司的航班接续中断，甚至是恐怖主义袭击。9·11 的时候，我被困在某个客户现场好几天，离家千里之遥。而另一个顾问朋友因为航班被取消，在一个遥远的城市里被困两三天。这个时代，空中航线繁忙拥挤，一旦航班晚点，根本没有足够的运力来安置受到影响的旅客。回家的航班如果遭遇延误，我还不太担心，但在您前往客户现场的途中遭遇延误，那可是灾难性的后果。因此，我在很久以前就给自己立下规矩：

3 号原则：坚决不搭乘当天最后一班航班赶往客户现场。

我宁愿提早几个小时到达，也不愿错过约定好的时间（因为曾经受困于 1 600 公里之外的机场酒店里）。

如果要去某个陌生的城市参加会议发表演讲，那么第一天大清早就筹划如何到达会议地点没准会让您感到手忙脚乱、焦躁不安。地面交通可能比您预期的更为拥挤混乱，甚至可能遇到道路施工而耽搁时间。会议地点可能深深隐藏于某个宽广辽阔的公司园区的某个角落，停车也有可能出现问题。上述问题可能一股脑儿地向您涌来。所以，为了避免让自己陷入焦头烂额的窘境，我喜欢奉行 4 号原则：

4 号原则：活动开始之前的头天晚上，先实地演习一次从酒店出发到活动地点的行程路线。

在我的咨询生涯中，只有一次参加活动迟到的经历。那是一个早晨，我要从纽瓦克附近的一家酒店前往泽西城。显然，每个人都知道高峰期间通过荷兰隧道前往曼哈顿的高速公路有多么拥挤，除了我以外。所以，从那之后，我再也不会在陌生的地方瞎打误撞全凭运气了，我都会事先演习一遍。

我在北美以外的其他大洲做过多次咨询工作，包括去过欧洲两次以及去过澳大利亚和新西兰多次。因此，我专门制定了以下有关跨大洲商旅时的原则：

5号原则：越洋飞行的时候，只坐公务舱及其以上等级座位。

是的，公务舱很贵，而且也不能让人更快地到达目的地，但会使旅途愉快。我在漫漫旅途中得到了更好的休息，到达目的地之后，马上就可以着手准备工作。我会将公务舱机票的费用计入我提供给海外客户的报价中。如果他们不愿意支付这笔费用，那也没问题，我会对他们的垂询表示感谢，然后婉言相拒。除非自己真的要去那里，我才会自己支付高昂的机票费用，或者使用航空公司常旅客计划积攒的飞行里程兑换升舱。

我有一位顾问朋友名叫肯，他的国际差旅非常频繁。他们夫妻俩都喜欢冒险，喜欢探索异国情调，两人的冒险精神已经深入骨髓（我也曾经尝试探险，然而碰了一鼻子灰）。我自己没有采纳这项原则，这是肯的私房原则：

6号原则：如果跨国出差，就多花一天时间游览当地风光。

如果肯前往中国或印度等这些遥远的异域国度，他会带着妻子一起去，他们会额外花上几天时间饱览当地风光，或远足，或露营。每年圣诞节，我都会收到这对夫妇寄来的电子相册，题为"这一年我们夫妻俩的足迹"。如果时间充裕且不吝成本，这不失为一种环游世界的妙计。

要知道，酒店会给住客准备好小肥皂。我不会浪费这些看似多余的东西。相反，我会这么做：

7号原则：酒店提供的肥皂和洗发水，如果未使用，就收集起来捐赠给无家可归者或收容机构。

有人认为拿走这些没有使用过的肥皂不道德。我认为，肥皂已经包含在我支付给酒店的房费中，所以把这些东西打包带走不必觉得难为情。在过去的三十年中，我已经把难以计数的肥皂和小瓶洗发水捐赠给那些比我或者酒店更需要的人群。

几年前，我想出一个绝妙的商务旅行小计谋。我学会了：

8 号原则：充分利用航空公司的常旅计划，让他们互相竞争。

在想出这个计谋时，我已经是美国联合航空第二等级的 VIP 常旅会员。我写信给美国航空公司（有时我要飞行的航线，这两家航空公司都有经营），建议他们授予我在美联航同等 VIP 客户身份。虽然美国航空并没有把我的常旅身份提升两个等级（与联合航空相同的等级），但他们却实实在在地把我的常旅身份提升了一个等级。我对自己说："哎呦，还不错嘛。"第二年，我再次尝试使用这个计谋，这一次他们又给我提升了等级。然后，我复印自己的美联航 VIP 卡和新得到的美国航空 VIP 卡，把它们邮寄给达美航空，提出相同的要求。达美完全同意了。

这个方案连续实施了好几年，将一家航空公司的高级 VIP 会员身份成功复制到其他航空公司，让我充分享受到随之而来的好处。我的代价只是花钱买了几张邮票。我也没有做什么见不得人的勾当，我只是向每家航空公司都提出了相同的业务需求。有一年，我在四家航空公司拥有 VIP 会员身份，却整整一年也没坐过他们的飞机。这个计谋现在不奏效了，目前我在任何一家航空公司都没有高级 VIP 身份，因为我再也不用飞行那么多里程了。但这个过程确实让我感到很愉快。

我学到的另一个技巧是充分利用旅馆、机票和租车价格频繁调整的现实情况。现在，每当我要出差时：

9 号原则：在出差之前，再查看一次已经预定好的酒店客房和租车的价格。

如果在网上找到更低的价格，只需要致电酒店或者租车公司，他们便会立即将我的预订更改为更低的价格。大约有一半的概率可以通过这种方式得到更好的价格。

最近，我要去度假，我订好了五家酒店，还有租车服务，我遵循此原则做了一次检查。只是在网上浏览了 15 分钟，我就从原来的三笔预订中节省下来 60 多美元。临出发前一天，我检查了一次，又省下了 30 美元。由此可见，为这个检查花上几分钟的时间还是值得的，除非客户为您支付了所有差旅和住宿费用。

我是一个笃信"没计划真可怕"的人。经历旅途中让我耿耿于怀的几次不愉快"意外惊喜"以及"躲过一劫"之后，我现在……

10 号原则：制订一系列小规模的应急计划，以利于每次都顺利出行。

例如，我喜欢在普通眼镜上加上一个夹片式太阳镜。这种镜片非常脆弱，在商店里很难找到，所以现在我随身携带两副太阳镜，万一摔坏（这种事情经常发生），还有备用的。我在托运行李中会放一份登机牌的复印件，这样一来，即使行李箱的提手折断导致托运行李牌遗失（这种麻烦事我遇到过），我也能证明这个行李箱是我的。另外，为了应对手机死机的风险，我随身也会携带一张复印的登机牌。如果要远赴海外旅行，我会把护照和其他必要的旅行证件扫描并上传到安全的云存储位置，以防万一。

我听说过很多租车时发生的"碰瓷"事情，要为车辆损伤额外付钱，而这些损伤其实在提车之前就已经有。因此，我会在提车时把车辆的边边角角逐一拍照之后，才驾车离开停车场。万幸的是，到目前为止，我还并不需要这些照片来证明我提车时汽车已经被刮伤或划伤，以防万一，照片在手让我感到很安心。我还会把一些用于导航的关键地图打印出来随身携带，以免电子导航设备突然罢工（这种麻烦我也遇到过）。

我将这些看似不起眼的预防措施视为风险管理。虽然，诸如此类的厄运很少来袭，甚至根本就不会降临在您身上，但是，有备无患总会让人感到安心。即使是最完备的风险管理和应急计划，也无法预料到像早上还在睡梦中时酒店洗手间溢出污水这样的咄咄怪事（这种厄运我也碰到过，怎么又是我？）。一旦遭遇这种倒霉事，您也只有坦然面对。

适用于财务管理的原则

在第 14 章中,我说过,我从事咨询业务这么多年,得到的最有用的提示之一是……

11 号原则:不管客户是否满意,我的报价得先让我自己满意。

我制定了一个培训收费标准,该费用根据给定情况下的众多因素进行调整。如果目的地是我想去的某个地方,或者内容听起来很有趣,我可能会降低价格。如果我当下对工作不感兴趣或者本次培训出差行程太远,我会抬高报价。在大多数情况下,高昂的价格会吓跑客户。但这一招如果还不见效,我就只好签好合同、登上飞机,最后拿着一张大额支票去提现。

我认识一位著名的顾问,有一次他受邀从美国东海岸前往亚洲做一个为期半天的演讲。他并不想花那么多时间去参加这么短的活动,他给对方开出了一个令人咋舌的价格并且要求乘坐头等舱前往。客户同意了,他也就只好动身前往。

至于我的职业生涯,我定了下面这样的原则:

12 号原则:报价必须包含我个人的所有费用。

这样,我就不必因为差旅住宿费用、打印教程和学生讲义的费用而要给客户寄回额外的收据。这项原则大大简化了我开具发票的工作。统一打包报价,可以提前预估最终收费价格,可以让我提前向客户提交发票。

13 号原则:业务活动一旦开始,就要求客户付款。

曾经有个客户跟我说,他们的会计系统中丢失了大量发票。在这件匪夷所思的事情发生之后,我采用了这个原则。立即要求回款可以减少我的烦恼,节省追索滞纳金的时间。如果客户在我完成服务之后 10 ~ 30 天内付款,我也不会给他们额外的折扣。关于付款期限,在我的标准条款里是 30 个工作日,提前付款没有折扣;如果延迟付款,每月收取总额的 1% 作为滞纳金。但如果只是稍晚几天,我也会免除滞纳金。有些客户要求 45 天的付款期。对此,我也是勉强可以接受的。但如果他们要求 60 天或更长时间的付款期,我会拒绝。记住，"一切都好商量"（参见本书第 17 章）。

我的一位咨询师同行坚持奉行以下原则：

14 号原则：美国境外的新客户，必须支付一半的费用作为预付款。

如果对付款的时间、形式、币种乃至于回款保证等这些心存疑虑，那么这项原则会是一个好主意。我有一位加拿大朋友，他在美国的一家客户公司拖延付款，结果因为汇率变动让他蒙受巨大的损失。当然，如果汇率的变化对他有利，那么情况也会恰恰相反。主要问题在于回款周期的问题。对我来说，这项规则很公平。

最近有一次惨痛经历使我开始考虑是不是需要制定一项新的原则。有家销售某软件开发工具的小公司邀请我参加网络研讨会作为他们营销推广计划的一部分。我按约定发表了演讲，也给他们寄了发票，然而，他们并没有按时付款。当我跟进这件事情时，才知道到这家公司刚刚倒闭，我永远拿不到这笔报酬了。这么说来，我是否应该制定一项新政策，要求财务状况欠佳的小公司提前付款？也许吧。

在我从事咨询工作的早期，我受邀在某专业协会当地分会举办的会议上发表演讲。联系人问我想要多少钱。由于之前我没有参加过类似的活动，所以不确定该如何回答。但经过一番深思熟虑，我得出如下结论：

15 号原则：对专业组织举办的本地研讨会免费。

要求主办方报销所有差旅费用是合理的，但我不会对演讲本身收取任何费用。在此类会议上发表演讲是我提升个人职业生涯的一种方式，同时也是自我营销和树立个人品牌的机会。通常，会议主办方向我赠送一张价值 25 美元的礼品卡作为象征性酬金，这让我觉得他们很周到。

相反，我还有以下原则：

16 号原则：对企业绝不提供免费服务。

一家大公司邀请我从俄勒冈州波特兰的家前往他们位于佐治亚州亚特兰大的工厂，给他们的商业分析师做一次 90 分钟的"午餐 + 学习"课程。尽管他们愿意为我报销机票，但他们拒绝付钱给我。

对此，我感到十分惊讶，居然有人认为一名资深顾问愿意花上两天时间穿越整个国家还分文不取。所以，我理所当然地拒绝了，但我还是感谢他们对我的工作有兴趣。

有些公司有时会邀请顾问和作者免费发表演讲，认为这是一个很好的广告机会，说不定哪天就会请您。我不那样玩。如果通过演示或其他互动方式为公司的员工提供价值，我就有权获得回报。有时，我会做简短的演讲，作为一种试镜，实际上确实导致了更实质性的参与。但是，我仍然坚持这样的简短演讲须付费。

适用于客户关系处理的原则

聘请新手顾问，其实是要承担风险的，如果顾问并不像宣称得那样知识渊博、经验丰富能让企业有很大的收益，会怎样？如果讲师把培训课程搞得一塌糊涂，学员不觉得从这门课吸取了任何有用的营养，又该怎么办？

有一次，我把一位知名的咨询顾问（同时也是位优秀的作家）引荐给柯达，让他讲一天的培训课程。他的课程，课堂气氛十分活跃，娱乐性很强，但并没有提供实质性的内容，也没有组织课堂讨论，讲课过程中也没有包含任何练习，更没有给学员提供参考资料指引让大家获得更多信息。课程评价一般，我觉得这有些愚蠢。我们后来再也没有请他回来继续讲课。

我可不想成为这样的顾问，也不想给我的客户留下类似这样的回忆。为了帮助我的客户在雇我时能够感到放心，我始终坚持以下原则：

17 号原则：提供退款保证。

我的目标是让每个客户都觉得下一次合作会很开心。幸运的是，从未有哪个客户要求退款，但如果他们不觉得我的服务与收费相称，我会自动减免费用。

我经常收到我的读者、学员发来的邮件或者打来的电话，让我对他们个人状况发表意见。对此，我感到很高兴，同时也有了下面这条原则：

18 号原则：第一个问题免费解答。

有时，回复这些问题会开启一个冗长的对话过程，但对于任何人，给这些不请自来的问题回信并且提供无限次免费咨询，都是断然不行的。因此，如果与我联系的人还有其他问题，我会向他提供一份非现场咨询协议，以便让我们之间的对话可以按照我通常的每小时咨询费率继续。这项提议通常会使我们之间的交流戛然而止。但是，有时也会演化成为有趣的短期咨询服务。

如果个人情况允许，我始终都会尽力对最初的问题做出实质性的答复，因此，坦白讲，让我倍感惊讶的是，提问者极少回复我的答复，也极少对我表达感谢。这可不太礼貌。

好了，我把自己从事个人咨询顾问和演讲培训工作 25 年来所采用的所有原则都开列于此。我建议您也仔细思考一下自己的业务原则，必要时还要写下来，根据现实和经验不断调整，然后始终如一地坚持应用，除非还有其他更有意义的事情要做。

下一步行动计划

- 写下自己要对个人咨询业务制定并采用的 5～10 条业务原则，哪怕以前您对这些原则已经了然于胸。这些原则对您的工作是否有效？您是时常违背这些原则，还是严格遵守？
- 通读本章所描述的所有原则，识别并判断其中哪些原则对自己也适用。进行适当的修改，然后将它们添加到自己的原则列表中。

第 20 章　个人保障

作为独立顾问，必须要为自己和家人购买正规的医疗健康保险、人身意外保险和丧失工作能力收入保险。工薪制的雇员不用考虑这些，雇主已经帮他们买好了。为了保障个人业务正常运营，需要购买保险。花在保险上的费用可是一大笔开销，但这是必要的付出。您要的是安安稳稳做生意，而不是跌跌撞撞玩冒险游戏。各项保险的承保范围和免责条款千差万别，因此，每个险种的政策都需要精挑细选，货比三家，仔细分析。

本章将介绍 7 种最基本的保险，如果对它们不闻不问，无异于拿个人的居所、生计与未来作为赌注，与命运博弈。请记住，本书中所有内容并不构成任何法律意义上的建议。如果想要了解自己的保险需求，请咨询律师与保险顾问。

商业责任险

如果在从事商业活动时对他人造成伤害或损失，此项保险可以为您免除部分责任。如果不投保商业责任险，甚至都不应该考虑走进客户的办公场所。比如，在停车场停放汽车时撞到了客户的员工或者绊倒电源线而导致当前楼层的工作站崩溃，这时候，商业责任险就可以为您提供财务上的保障。在这种情况下，个人购买的交通强制险或者伞覆式责任保险[①]可能无法为您提供保障。即便可以，理赔时因为种种限制性条款约定可能并不足以为您的业务形成保障。投保商业责任险的时候，可以考虑保额达到每次事故至少 100 万美元，总共 200 万美元。加倍可能更好。

商业财产险

顾名思义，这种类型的保险为您可能遭受的企业财产损失提供保障，比如电力损坏、笔记本电脑掉落或失窃等。如果以家庭办公

---

① 译注：原文为 umbrella liability coverage，承保被保险人在固定场所从事生产经营等活动时因意外事故造成他人人身伤亡或财产损失而依法应由被保险人所承担的各种损害赔偿责任。最早出现于 1947 年的美国，几乎每家保险公司都有这样的产品。

的形式运营业务，那么在咨询活动中遭受到设备或者其他材料被盗或损毁（如遭受火灾）时，这部分损失是否属于投保的"房主保险"承保范围之内还真不好说，可能属于，也可能不属于。

可以从购买交通强制险、房主保险以及其他个人保险的同一家保险公司处购买商业责任险和商业财产险。根据选择的承保范围和不计免赔额，商业责任与商业财产组合险的保费应该是每年400美元左右。

加里曾经为自己投保的商业财产险提出过索赔。有一次，他的笔记本电脑出现静电放电，导致鼠标按钮无法正常工作，并且无法修复。他的保险代理人告诉他可以买一台新的计算机，然后把账单寄给他。保险公司随后向他支付了更换笔记本电脑的费用，扣除100美元作为他的自付额。这一项索赔就抵得上缴纳多年的保费总额。

专业责任险

如果因为个人疏忽或者失误导致客户或者客户的客户遭受财务损失以及人身伤害，这种情况下就需要有"专业责任险"的加持，也称为 E & O（Errors and Omission，错误与疏忽）保险。这类失职行为属于民事责任，而非刑事责任。有些类型的咨询服务比其他类型的工作更需要有 E & O 提供保障。比如，如果业务包含有设计、开发、测试或者产品认证活动，可以考虑为自己购买 E & O 保险。详情可以咨询律师。

卡尔从未购买过 E & O 保险。因为他认为自己并不会为客户创建供客户自己使用或者出售的软件产品（包括有软件的产品）。他主要提供咨询和培训服务，同时还为有的客户创建与流程相关的文档，例如项目可交付成果的模板和流程说明书等。可以肯定的是，有关失职行为可能会扩展到提供不良建议或者未能提供适当的有效建议等行为。但是，卡尔认为此处的风险窗口较低，没有必要购买 E & O 保险。

卡尔在咨询和培训协议中还列入了有限责任条款。该条款规定：除了提供退款保证（请参阅本书第19章）之外，如果客户的利益由卡尔所提供的服务或产品造成了任何损失，卡尔概不负责。列入责任限制条款是为了避免客户抱怨某个培训课程效果不佳（原因在于客户自身，比如学生从未采纳课程中讲授的任何实践），然后向他提出诉讼。到目前为止，卡尔的客户中还没有要求退款的，当然也就没有被起诉的情况发生，说到这里，卡尔正双手合十呢。

您可能更倾向于购买专业责任险，而不是像卡尔一样祈祷每次都可以走好运。评估一下个人风险，并且在做出决定前咨询一下律师。

人寿保险

如果您是单身，请确保为自己购买了足够的人寿保险，足以为自己养老送终（或者在银行里拥有一笔大额的存款）。如果您有家庭，在有生之年就需要一直赚钱以保障足够的家庭收入。人寿保险保额如果太小，就意味着配偶必须去上班甚或是要找份兼职才能保障孩子的教育以及家庭的日常生活开销。

如果想要确定自己需要购买多大额度的人身保险，可以浏览互联网上的人寿保险计算器。对于年轻人来说，定期的人寿保险是最便宜的，但如果没有攒钱的习惯，那么终身寿险可能是一个更好的选择，因为它会随着时间的推移积累现金价值。也可以由终身寿险衍生的现金价值来申请贷款，但定期寿险就做不到这一点。找一位值得信赖的保险代理人，和他深谈，深入了解其中的奥秘，然后再做出权衡。

医疗健康保险

毫无疑问，每个人都需要医疗健康保险。而且，正是出于对医疗健康保险方面的担忧，才使得许多本打算走向独立咨询之路的人变得逡巡不前。但这并不应该成为您走向咨询顾问之路的羁绊。如果您从雇主那里自愿离职（或者被雇主炒鱿鱼），通常有权通过COBRA[1]计划继续获得待遇相同的医疗保障。这不失为一种短期解决方案，COBRA 最长只能持续 18 个月，而且费用较高，因为您需要支付原本由雇主支付的全额保费。公司的员工福利办事处应该能够为您办理 COBRA 保险。离职 18 个月之后，需要为自己寻找医疗保险。

---

[1] 译注：全称为 Consolidated Omnibus Budget Reconciliation Act，即统一综合预算协调法案，指的是美国在 1985 年通过的一项旨在保障离职或退休员工继续享受医疗权益的法案。

怎么说呢？如果已经对传统由公司提供的医疗保险待遇习以为常，那您可得做好准备，以防万一，特别是当您的年龄跟我们这两个老家伙（本书作者卡尔博士以及本章的合作者伊万斯）差不多的时候。各种医疗保险种类繁多，承保范围、自付额度、最高赔付额、对各种医疗机构的覆盖率以及保费费率……也是千差万别。如果是自雇类就业者，缴付的医疗保险费可以抵扣税款，您的会计师可以为您提供相关的建议。

在《廉价医疗法案》通过之前，如果您或您的家人有既往病史，医疗保险的保费可能非常昂贵，甚至无法获得。在写本文时，医疗保险市场正在经历重新洗牌与重组。仔细考虑一下自己的保险需求，浏览一下本地每个保险公司的相关产品，保证为家庭获得最佳保障。寻找持有 PAHM®（Professional，Academy for Healthcare Management）证书的顾问，他们都是在健康保险方面经验丰富的精英。

如果不想购买此项保险，就得自行承担后果。即使您风华正茂、身强力壮，令人讨厌的事情也会不请自来，并且，每一位咨询顾问都是差旅达人，这从客观上增加了事故发生的概率。2000 年 12 月，卡尔在德州达拉斯做一个咨询项目，在一个被冰雪覆盖的台阶上滑倒，右肩四个旋转肌腱中有两个撕裂了。卡尔的惯用手是右手，左臂主要就是为了从视觉上保持对称的装饰品，所以这个伤害实在是无妄之灾。卡尔的保险能够支付那天晚上去看急诊的费用。虽然没有做手术，但回到家之后依然需要大量的理疗。如果没有医疗保险，这次事故可真是雪上加霜啊。

如果符合高额可抵扣健康保险政策要求，可以考虑为自己开设一个健康储蓄账户（HSA）。HSA 允许您每年在一个特殊的银行账户中预留数千美元额度（免税）。可以使用此账户支付超过一定数额的医疗费用，例如医疗保险里的免赔额度、处方药甚或是超过一定数额的非处方药。并非所有的医疗保健计划都符合 HSA 的要求，有关 HSA 的规则也会定期更改，因此，在开设 HSA 账户之前一定要查清楚。

如果咨询业务涉及国际旅行，请查看一下医疗保健计划是否为您在国外的医疗项目提供保障。许多顾问年逾七旬依然奋战在一线，这时他们很可能需要参加 Medicare 保障计划[①]。除了极少数例外，Medicare 并不提供美国境外的医疗服务。补充医疗保险计划可能会

（也可能不会）提供此类保险。如果没有，而且您确有此类需求，可以通过其他渠道获得国际医疗保险，例如购买海外旅行保险。

可供挑选的医疗保健计划种类繁多，逐个浏览它们会让人近乎崩溃。逐个仔细比较每一项的优劣几乎是不可能的，因为变量太多了。独立的保险经纪人可以根据具体的家庭状况帮助您从多种可能性中挑选出最合适的计划。

丧失工作能力收入保险

众所周知，人寿保险可以在您去世之后为您的家庭提供保障，所以购买人寿保险的观念已经得到普遍接受。但是，在任何时间，因为变故而导致残疾的风险远远高于死亡。从统计数字上看，在美国，20 岁的年轻人在其职业生涯中因为残疾而导致至少有一年的时间无法工作的概率超过 25%（数据来源：www.disabilitycanhappen.org/chances_disability/disability_stats.asp）。整整一年没有收入，这可真是有些难捱呀！

顾名思义，所谓"丧失工作能力收入保险"是因为生病或伤残而导致无法工作时，提供的一些收入保障。许多保险公司已经不再提供这种类型的保险，所以一定要多比价。各个代理商和保险公司的产品多看看，多挑挑，各家保险公司的不同产品承保范围五花八门；保险年限也是多种多样，有的保短期，有的保长期；每家的产品在每月发放的补助金数额、补助金生效之前的等待（或免责）时间、补助金给付时效等方面不尽相同。参加各种社会保障组织（比如某行业雇员互助会）或者通过大学校友能够获得的丧失工作能力收入保障可能比直接向保险公司购买便宜，但二者能够提供的选择实在不多。关于这一点，总是要不断权衡和取舍。

如果没有购买丧失工作能力收入保险，在身体致残的情况下无法获得人寿保险理赔，因为您还健在，需要自行承担所有的生活照料成本，得有人护理，还要接受康复训练什么的。此项保险的保额取决于您当前的收入，因此，每年收入发生变化时，一定要检查一下自己的保额。有些保险产品规定：当投保人的年龄足够可以全额

---

① 译注：指的是美国的"联邦医疗保险"，旨在为 65 岁或以上人士、不足 65 岁但患有某种残障的人士以及患有肾衰竭的任何年龄人士提供健康保险。被保险人必须是合法进入美国并且在美国居住了五年以上的。

领取社会保障退休金的年龄时，投保的伤残保险可能会停止支付，但因伤致残的时间可能会更长。

与所有保险一样，谁都会发自内心地希望自己永远不必提出理赔，因为此事一旦发生，就意味着有飞来横祸。但您永远不知道明天和意外哪一个先来。卡尔有一位挚友诺姆（Norm），一位杰出的软件顾问。在他47岁的时候，做完咨询开车回家的途中遭遇了一场严重的车祸事故，肇事的那个白痴边开车边打手机，他让诺姆遭受了严重的脑损伤——开车时千万不要用手机通话或者发短信。

1999年那次事故之后，诺姆一直没有工作。他再也无法工作了。他说，幸亏投保了丧失工作能力收入保险，他才能够继续住在自己的家里而不至于流离失所并苟且于大桥之下了却残生。但当他65岁时，他投保的伤残保险金就停止给付了。从那之后，他所有依靠的就只剩下自己的积蓄以及微薄的社会保障退休金。

顺便说一句，如果您觉得这本书有用，请考虑通过以下网址向Norm Kerth 福利基金会捐助：www.processimpact.com/norm_kerth.html，每一美元都会帮助到他。非常感谢大家！

长期护理保险

由于伤残而暂时丧失收入来源已经够悲惨的了，但如果遭遇到的伤害或者罹患的疾病让人不得不长时间卧床不起而需要有人长期护理（可能余生都如此），该怎么办？您可能需要有位住家保姆。更有甚者，可能需要搬到辅助生活公寓、疗养院或者记忆康复中心生活[①]。

这些护理服务非常昂贵，每个月随随便便就是几千美元。您会迅速消耗掉个人的积蓄，全家人也会陷入债务泥潭中苦苦挣扎。正常的医疗保险通常不会在很长一段时间内为此类额外的日常护理费用提供任何保障。政府主导的保险计划（例如 Medicare 医疗服务或者 Medicaid 公费医疗补助）仅在非常严格的条件下提供有限的帮助。在年富力强的时候需要这种护理的可能性很小，但并不为零。

根据您对这种可能性的关注程度，可能会考虑购买长期护理保险。近年来，一些保险公司已经停售此类保险产品，但有些保险代

---

① 译注：Memory-Care Facility，为认知症长者提供医疗、护理、社工、康复和营养等全方位照护服务的场所。

理人或者独立保险经纪人应该能够找到符合您要求的保险产品。越年轻，这类保险的保费也就越少。卡尔在他 50 岁时购买了一份长期护理保险，该保险的承保范围相当不错，每年的保费大约 1 500 美元。他是这么认为的："我希望我永远不会用到它。当然，这样就意味着我浪费了一大笔保费。但是，如果不幸发生，这份保障将对维护我家的财务稳健产生重大的作用。"

有用的小贴士

客户有时会向您提供一份标准文本的合同，其中列出许多不同寻常的保险类型以及客户希望您能提供的承保范围。加里曾经碰到过几个客户要求他提供这些保险，例如：汽车责任保险（每次事故 100 万美元）；商业犯罪保险（每次事故 500 万美元）；网络安全和隐私（网络）保险（最低限额为 500 万美元）。第一次看到这一系列长长的清单时，加里大为震惊。交通意外责任的要求比其他麻烦更让人困扰，我们是顾问，又不是职业司机。

消除此项困扰的方法很简单，就是与客户的法律部门进行谈判。这些保险要求通常只是其服务合同标准模板的一部分，在我们向他们解释顾问将要完成的工作的性质之后，收到的答复通常都是"没问题。把您认为不适用的内容都删掉吧，将保留删改痕迹的合同文本发给我们即可。"问题总是能够得到圆满解决。

有位顾问曾经给出过有关保险的通用建议，非常有效，只要客户无缘无故坚持要求他购买这种不着边际的保险，他都会要求客户负责项目期间的费用，即这笔保费要计入整体成本结构之中。这个对策不妨试试。

下一步行动计划

- 浏览本章的各节内容，判断一下自己当前是否在上述 7 个类别的保险中为自己和家人准备好了充足的保障。
- 如果想成为独立咨询顾问，请列出当前雇主为自己购买的各类保险及其承保范围。请注意：成为独立咨询顾问之后，得全靠自己提供个人保障了。联系保险代理人或保险经纪人，获取保险公司的最新方案和报价。修改财务计划和成

第 20 章　个人保障　131

本计算方法，成为自雇类人士之后，必须把这部分保费支出纳入预算。

关于作者

加里·K.伊万斯，独立敏捷顾问。他有 20 年的从业经验，帮助过《财富》500 强公司整合敏捷方法和面向对象技术，他是认证 Scrum Master，也是敏捷教练和 SAFe 项目集咨询顾问。

第Ⅳ部分

策马扬鞭,拓展个人业务

第 21 章:"睡后收入"
第 22 章:秣马厉兵,随时应对不时之需
第 23 章:如何把客户转化为回头客
第 24 章:远程咨询的挑战

第 21 章　"睡后收入"

刚开始个人咨询顾问职业生涯时，我并没有明确的商业计划。我没有为自己设定任何特定的目标，更遑论为达成这些目标制定策略。我只是想看看咨询行业是怎么一回事，也想试试自己在新的职业方向上发展的前景如何。也许这种策略对我自己有效，但我并不向您推荐这种做法。

在我走上咨询之路后，才开始仔细考虑我对自己的咨询发展道路有何设想。最终，我设定了一个基本的业务目标：睡后依然可以为自己营造美好生活。尽管这并非真正的业务计划，但这个目标确实也给我自己提出了一个课题："我该如何采取行动？"

没有员工，没有下属，作为一名单打独斗的咨询顾问，我所赚的每一分钱都离不开我个人的努力。所以，为了实现我的"业务目标"，诀窍在于如何以尽可能少的工作来赚取尽可能多的收入。换句话说，我要努力寻觅被动收入的来源。经过一段时间的努力，我摸索出了几条创造持续收入的途径。

艾伦·韦斯[①]在他的经典著作《成为百万美元演讲师》[②]中，描述了关于创造被动收入的一些绝妙想法。我从来没能在一年内赚够一百万美元，但我买这本书肯定值得。韦斯还有一本著作《成为百万美元咨询师》[③]也让我受益匪浅。这两本书对拥有远大抱负的资深顾问很有帮助。

1 号 "睡后收入"：图书版税

图书版税可以提供源源不断的收入，但我也有几句逆耳忠言须直言相告。

[①] 译注：Alan Weiss，美国著名咨询师、演讲家和作者，他创办的 Summit Consulting Group 曾服务于默克制药、惠普、通用、梅赛德斯-奔驰、道富、美联储和《纽约时报》等 500 多家全球顶尖公司。韦斯博士著作颇丰，他活跃于各大媒介平台，获得过美国出版协会终身成就奖并入选专业演讲协会名人堂。《纽约时报》称其为"美国最受尊敬的独立咨询师"。
[②] 译注：原书名为 Money Talks：How to Make a Million as a Speaker，中文版《成为百万美元演讲师》由清华大学出版社出版于 2021 年。
[③] 在前面第 6 章提到过此书。

第一，先把书写出来，但这绝非易事。我将在第 32 章进一步讨论写书的艰难历程。

第二，这本书必须畅销。理想情况下，好书可以好评如潮，这本书给领域内从业者的指导能够给读者留下深刻的印象。

第三，这本书应该在领域的文献索引上占有一席之地。我写的几本书，都是在我发现软件文献中的几处空白之后有意写的，总体上这几本书都比较成功。如果您正在写的书在主题上没有很大争议或者您要分享的内容新颖而又独特，那就再好不过了。

第四，要让人们知道这本书，这通常意味着要与在业界享有盛誉的传统出版机构合作，而不是选择自助出版。这样，虽然版税收入不多，但发行量肯定非常可观。在本书第 33 章中，我会详细描述寻找出版机构并与之通力合作时的相关经验。

第五，书籍的主题必须隽永，意味深长，最好不要跟风，只知道瞄准流行而把注意力集中在一两年内注定会被淘汰的技术上显然是不行的。

大多数技术和专业书籍的发行量都很有限，因此不要指望靠着版税维持生活。我认识的人中只有少数几位每年能够从自己的软件开发类著作中获得超过 10 万美元的版税。我自己从来没有到过那样的高度。尽管如此，每年获得的版税收入还是在增长的。

一旦对一本书已经构思清楚和计划明确，就不要有须臾犹豫逡巡，赶紧写一份大纲提交给出版社，接下来的程序依次为：与出版社订立合约，写书稿，编辑审阅，作者修订，编辑审稿，校对，出版社出版发行，您只需要安心等着兑现支票（版税收入）。还有什么比这事儿更容易？

2 号"睡后"收入：培训课程授权

我的公司 Process Impact，大部分业务都涉及培训。我自己作为培训师，培训所获得的收入是线性的：如果给两个班的学员上课，赚的钱就相当于给一个班上课的两倍。如果我想要努力提升收入产出比，就必须突破这种线性关系的束缚。

一种选择是雇其他人代替自己上培训课程，然后跟他一起分成。这样，您就可以舒舒服服地宅在家里，让其他人去操心航班、酒店和租车这些琐事，去面对坏天气和难缠的学员。但是，雇其他人或者分包商的做法至少会使公司在会计和税收事务上面临更为复杂的局面，还会迫使您不得不仰人鼻息。他们的课堂效果可能不及您亲力亲为，至少开始时比不上；而您还要为培训的交付质量与客户的体验而负最终责任。当然，如果希望自己的顾问公司能够发展壮大，首先肯定得雇上一两个员工。在聘用员工之前，请仔细考虑您是否真的准备好了要为他人的生计负责，并且准备好应对薪酬谈判、提供保险和福利以及与之相关的其他一切琐事。对此，我还没有经历过，因而也没有什么经验可以分享。

我尝试的是另一种方法。多年以前，我就开始把我的课件授权给其他公司。有些人在获得我的授权之后可以在他们公司内部为员工讲课。还有人则可以向自己的客户授课或者在公开的研讨会上讲这样的版权课程。这种授权许可的方式非常适合我。

当然，首先必须有对别的人而言稀缺的课程内容。课程内容必须经过结构化打包处理，以便其他人可以轻松学习和有效展示，所以，每次即使是开发供自己使用的新课程时，我也会创建详细的讲师说明和辅助信息，以便课程材料将来可以授权给他人使用。

有些人把自己的课件授权给他人的时候，要求被授权人每次授课时都必须通知自己；非但如此，还必须由授权人本人将讲义一一发给学员。对我而言，这表明培训材料的创建者认为自己开发的课程就是关于该主题的"一门真正的课程"，并且必须始终以完全相同的方式交付给客户。

我不采取这种方法。在我订立的许可协议中，被授权人有权修改、扩展和节选我的课件，让课件以最佳状态满足每个受众的需求。如果是我自己交付课程，我也会和自己的客户一起完成定制化的工作；将心比心，所以我认为被授权人这么做也是合情合理的。我在第16章详细描述过我拟定的许可协议。

在执行许可协议的过程中，我不会干涉被授权人使用课件的方式。不仅如此，我还经常主动向潜在客户推荐两三位被授权人，以便客户可以考虑我亲自授课以外的其他选择。我并不知道他们会向客户收取多少费用，我也不在乎。每季度末（日历日），我会向每一位被授权人发送一封电子邮件，询问他们是否向其他客户交付了我授权的课程。他们会在回复中向我详细介绍培训地点、培训持续时间和学生人数等信息，然后，我向被授权人开一张发票，收取相应的许可权使用费。

如果被授权人欺骗我，比如，他们告诉我"本季度该课程只讲了 3 次"，而实际上讲了 87 次。如果出现这种情况，我该怎么办？对此，我只能睁只眼闭只眼。其实，我之所以采用这样的许可制度，其中已经渗透着一定程度的信任。从我内心来讲，我心甘情愿与他人共享课件，因为我认为这才是知识产权真正的价值。有些被授权人从未讲授过我的课程，有的人讲授了几十次。综合而论，我们双方都受益于这种安排；成千上万的学员尽管没有机会参加我的面授，但也能从中受益。

我还将我创建的其他各种材料授权给其他人，他们可以把这些材料合并到自己的产品中（比如课件和出版物）。这些材料包括白皮书、文章、项目文档模板以及我写的书籍中附带的图形或表格、用作大学教科书时随附的幻灯片等。通常，针对此类许可，我只象征性地收取一些费用。

就在本周，我向一家培训公司授权使用我的书籍中的三页内容，从中收费 100 美元。我的全部工作包括准备一份简短的电子邮件和一份固定格式的许可协议。我在写完本章内容之后还不能酣然入睡，因为我还得准备相关的邮件和协议，好在工作量并不算大。

3 号"睡后"收入：网上培训课程

9·11 事件发生之后，我觉得人们可能从此对不远千里跑出门参加培训心存忌惮。从那时起，我开始着手探索将自己的一些课件进行升级，以便以光盘或在线方式上网课，从此不再受累于舟车劳顿。在尝试了各种方法之后，我决定采用 E-Learning 方式，因为该方式与我现场授课的方式非常类似。人们对 E-Learning 课程的评价褒贬不一，但对我来说都可以接受，因为我也发现人们似乎更喜欢参加我的现场教学课程。可以在 www.processimpact.com/elearning 查看我当前所有 E-Learning 课程套件的描述，也可以预览。我还以同样的 E-Learning 方式将几门课程按需定制成为篇幅较短的网络教学版本。

多年来，我已经售出了数百门 E-Learning 课程，其中既有单用户版本的，也有为企业提供的一站式无限次许可使用版本。创建 E-Learning 课程的难度可不小。我不得不从头学起。准备课件、编写脚本、录制课程和整理音轨，将课件里的动画与音频同步……课程从制作、测试直到交付的过程可以说是费心费神，所有事情还都得亲力亲为。尤其是在测试过程中，我得一小时接一小时不断地听自己的语音，这个过程实在让人不胜其烦。不过，在经历了最初的艰难困苦之后，我对此已经逐渐轻车熟路，而且从中收益颇丰。

E-Learning 课程对那些已经获得我课程授权的人也不失为一种优秀的 TTT（Train-the-Trainer）培训工具。这些准讲师随时随地可以收看 E-Learning 课程，从中仔细揣摩和准确把控我在课程中的各项教学要点。通常，我对被授权人购买 E-Learning 课程提供 50% 的折扣。

作为尝试，我已经通过多种渠道举办了数十场针对不同主题的网络研讨会，这些渠道包括专注于商业分析或项目管理课题的网站、开发需求管理工具的公司以及一些培训公司。在这些公司中，有一家非常热衷于举办各种类型的网络研讨会，他们会录制整个研讨会过程，并且根据需要将会议视频提供给客户。由此而来的收入，该公司会与参加会议的演讲者分享。尽管这种模式并没有给我带来太多收入，但也算是集腋成裘吧。此外，这种模式还会给我提供额外的好处：网络研讨会的组织者会与演讲者共享参会者的联络信息，我可以从中获取拓展业务的线索（只要我愿意）。

4 号"睡后"收入：出版电子书

几年前，我写了几本电子书，主题涉及方方面面，篇幅都是 70 页左右。可以通过我公司的网站 www.processimpact.com 以 PDF 下载的形式付费下载；您可以购买单用户版本，也可以购买企业版（即在整个组织中分发许可证）。这些电子书价格低廉，但它们也算是另一个小额收入来源，关键是，写电子书对我来说不费吹灰之力，所以综合考虑下来，它的投入产出比还是挺不错的。

许多 Web 服务都可以帮助打理此类有偿下载服务，因此，从我的角度来看，销售的过程是完全自动化的。这些服务帮助管理购物车，帮助掌控下载过程，甚至还能设置折扣代码等。我喜欢使用 e-Junkie，用上它之后，效果立竿见影。

如今，通过 Kindle Direct Publishing、Smashwords 和 Ingram Spark 以及其他各个在线零售商出版此类电子书易如反掌。可以创建应用于多种电子书阅读器的电子书版本，包括 Kindle、iBooks、NOOK 和 Kobo。第 34 章要介绍我总结的一些自助出版经验。

5 号"睡后"收入：其他产品

多年来，我通过自己的网站开发和销售很多种其他产品。虽然没有一个能够让我一夜暴富，但创建它们并不需要花多少精力，而销售所得的现金流源源不断。这么多年下来，尽管有些产品已经悄无声息，但仍然有一些让我收获颇丰。

到目前为止，最受欢迎的是 Process Impact Goodies Collection。这是一个集成产品包，由 60 多个文档模板、电子表格工具、项目集可交付成果的样例、电子书、网络研讨会视频录像、检查单等构成，可以用于需求分析、项目管理和同行评审。客户可以花几美元购买该套装的一部分，也可以多付一些购买整个系列（压缩文件格式）。实际上，有位客户在 2006 年时建议我可以将所有这些文件打包到一起，以一个低廉的价格出售给使用者，让他们可以方便地下载所有内容。衷心感谢这位至今不知其名的神秘客户，感谢他的好主意！

最重要的是，这些下载内容带来的所有收入，我都捐赠给了一位顾问，他在 1999 年因一起车祸事故而导致脑部受伤致残。

6 号"睡后"收入：会员计划

最后一种躺着赚钱的方式是注册加入某种会员或分销商计划。比如，在网站上放置某些链接，将会链接到某个供应商站点。访问者在访问您的网站时，如果单击链接并购买产品，您将获得一定比例的佣金。我成为 Amazon Associates 计划的会员已经很多年了。如果想深入了解其中的奥妙，敬请点击此链接 Amz.to/2flYVAZ，可以在 Amazon.com 页面上购买我的探案推理小说《重建》（*Reconstruction*）。

即使不买我的书（什么？！这么好的书您居然不买……），只要单击此链接在亚马逊挑选购买自己心仪的内容，无论您花了多少钱，其中的一部分都会归我。这笔进项不会让您多花一分钱。去吧，试试吧，随心所欲地买买买吧。过段时间就来上这么一次大采购。把这个链接告诉给您的朋友。我会让您知道效果如何的。

会员计划的形式多种多样。例如，我已经邀请了几家公司转售我的 E-Learning 课程。一旦有客户在他们那里购买这些课程，我就会给这几家公司分成。他们的营销范围由此得以扩大，我也可以借助他们的力量接触到原本可能不会有交集的客户。如此多赢的局面真的让人感到兴奋。当然，虽然并非所有会员计划都会产生实际的利润，然而也不失为一种有进账的方式。

以上所有这些方式叠加在一起，算不算是一项宏伟的商业计划呢？

下一步行动计划

- 做一项调研，您以前开发的所有材料中，哪些可以作为产品通过网站大力销售？能不能找些合作伙伴或者其他渠道来帮助拓展销路？
- 考虑一下，以前开发的所有课件，哪些可以转化成为 E-Learning 课程？在这一领域里有人与您展开竞争吗？您将如何改善和提升自己课程的学习体验？您是愿意在自己的网站上销售这些课程，还是与一家成熟的培训公司合作以有效利用它们的平台？
- 在您专注的业务领域内，有很多开发工具和系统公司。尽快熟悉，查一查哪些可以结合使用。

第 22 章 秣马厉兵，随时应对不时之需

我的职业经历比较曲折，机会与挑战经常如影随形，成功与失败也经常交错。我现在任教于斯坦福大学。在此之前，我的大部分时间都在做独立顾问。老实说，这样的职业经历的确值得我骄傲。

关于咨询业务，太多作者写过太多太多文章，主题涉及如何自行处理法律事务和财务事务以及如何申报税务。处理好这些事情其实都很容易，因为这些事情都在您的掌控之中。只要采取行动，就可以得到结果。没有拿下订单，是生意人的失败；找不到工作，是求职者最大的失败。以此类推，如果接不到咨询项目，没有源源不断的咨询业务向您涌来，那您也就无法维持生计，甚至无法继续维持自己独立顾问的身份。

本章将介绍我认为咨询顾问最重要的工作职责：与客户建立并保持联系，从而确保有源源不断的业务机会。本章的许多内容同样适用于面试新的工作。

我并非技术背景出身。然而，我很庆幸自己能够紧跟经济发展大潮，总是能够把握正确时间和正确的位置，然后抓住机会让自己出现在正确的位置。1983 年，我为惠普工作，担任软件质量工程师职务。当时，我的职业发展遭遇瓶颈，除非我能够获得 MBA 学位，否则晋升无望，所以我只好选择离开，加盟了加州圣塔克拉拉的一家小型初创公司。加盟这家公司的初衷是圆梦：我一直憧憬着有朝一日可以自己创业，加盟这家公司正是为此而迈出去的第一步，我义无反顾。

这家公司主要做第三方软件测试。在这里，我从两位大师身上学到了精妙的销售技巧，这正是独立顾问必须具备的最基础的傍身之技，也是从事咨询工作所需要的关键技能。这两位良师，一位长期从事销售，另一位是刚刚从圣何塞州立大学①毕业的新人，所以自然而然地从事销售。接下来，我将向您展示这两位销售大师教给我的各种"不传之秘"。

---

① 译注：圣何塞州立大学，成立于 1857 年，是加州历史最悠久的大学之一，也是美西最顶尖的公立大学之一，2017 年被《福克斯》杂志评选为全美第 45 名的综合性大学。学校位于高科技中心硅谷，其商学院课程被 US News 评为"顶尖的商学院课程"，所以作者在此调侃说"自然从事销售工作"。

处处都有意外的商务洽谈

在我告诉您我学到的东西之前，请允许我讲一个故事。当时的我，做独立咨询已经有几年时间了。我当时正在尝试与加州圣何塞一家医疗设备公司合作，谈一些业务，并已经与该公司的决策者取得了联系。作为资格审查流程的一部分，他希望他在做决策之前，能够与其团队的几位关键成员面谈。我同意了，我们约好了日期。

那天阳光灿烂，微风和煦，碧空如洗。我驾车行驶在南湾，风和日丽，我觉得这天的兆头好极了。像往常一样，我一身笔挺的商务套装，公文包中放了公司的一些小册子和名片。我以为只是礼节性地拜访两三个人，所以坚信，只要跟这几个人随便聊聊，就可以顺利拿下单子。

然而，实际情况完全超出我的想象。当我信心满满地走进会议室时，抬眼看到二十个人正坐在一张大桌子旁等着我，这让我大吃一惊。我只好深吸一口气，一边对所有人堆起微笑，一边不断告诫自己要保持放松。

可这显然并不是那种能够轻松对付的、以寒暄客套开场的商务会面——坐在桌子周围的人挨个儿做了自我介绍后，立刻向我抛出第一个问题："跟我们谈谈您的服务内容。"如果这是工作面试场景，那么这个问题就相当于"跟我们谈谈您自己。"

还好，我之前也经历过多次类似的情景，所以不管是书面材料，还是演示文稿，我都翻来覆去演练过很多次。于是，我一定神，开始介绍服务内容。我将这些服务分别压缩为几个基本的要素，所以只用大约五分钟时间就介绍完了。我不想谈论太多关于自己的个人情况。我需要尽量深入地了解潜在客户的需求，把控他们的痛点，了解他们期望我帮他们做些什么。整个过程中，绝大多数与会者都一言不发，只有两三位与会者提出了问题。我的回答简明扼要，切中要害；我始终只回答他们提出的问题，确保不引出新的话题。我甚至还使会谈偶尔还陷入沉默之中。

在会议结束时，有人问了一个常规问题："您的报价是多少？"

我用一贯的说辞回答道："请让我先全面梳理一下您的需求，之后我将很快为您估算出一个报价。"多年来的摸爬滚打使我养成了避免随口报价的习惯。要知道，这次会面，客户方之所以组织了一个多达20位成员的面试团队，目的就是要决定我是否有资格顺利进入售前流程的下一步。随口报出一个成本估算在这种场合下极不适合，报得太高，可能会让我彻底失去这次机会；报得太低又会把自己逼到墙角，将来只能自吞苦果。您可能只是根据当前极为有限的信息提出一个大致的（甚至可能只是拍脑袋瞎猜），但对客户来说，这听起来很像是一个承诺。

会议结束的时候，我已经收集到足够多的信息来确定一个合乎情理的报价，我很有信心拿下这个单子。在会议中的大部分时间里，我都在仔细聆听客户的意见，各个问题都不急于回答。我尽量让客户多说话。而当我发言时，我的答案往往都是切中要害的。

当我起身离开时，我告诉会议室里的所有人："我对贵司很感兴趣。我衷心希望能够有机会与贵司和各位合作。"

结果不出意料，我顺利拿下了那个项目。不过，直到今天，我仍然不知道那天会议室里为什么会有那么多人，因为我只是与这20人中的一个人合作。

经验教训

那么，两位销售大师到底传授了什么锦囊妙计使我顺利拿下了这个项目呢？以下是我从这个案例中总结出来的主要经验教训。

- 倾听，倾听，专注倾听。让客户说说自己的痛点，不要想当然地认为自己对他们的问题了如指掌。当您咨询经验日渐丰富之后，往往会在客户介绍清楚他们的情况之前就已经号准脉，知道他们真正的问题，并且已经有了一个初步的解决方案，因为您在这方面已经有了丰富的经验。但还是要认真听，厘清所有的细节，精准捕捉客户与客户之间的细微差别。
- 一定要让客户多说话，让客户详细介绍他们的情况。这将有助于您对他们的业务需求形成一个系统的、闭环的反馈。
- 只回答需要自己解答的问题。对于不必要的问题，不必过分纠结，也不要试图扩展。
- 为意想之外的事情做好准备（比如客户方组织了一个规模大到超乎您想象的面试团队）。
- 一定不要不经仔细分析就随口抛出自己的服务费用报价。即使报出一个大致的成本范围，也是不可取的，除非这个成本的范围大到离谱，但这样一来，每个人都会意识到您是在拍脑袋。这将对您十分不利。
- 一定要告诉客户，自己渴望得到他们的订单。虽然这其实是对客户的一种奉承，但它能起到意想不到的作用，对您也至关重要。别忘了，您的独立顾问职业生涯必将始于成功的销售。

同样重要的是，这一次的意外还让我学会了如何在面对面的会议中保持放松。不必过分担忧，参会人中应该也有些颇为风趣的人。

下一步行动计划

- 简明扼要地总结一下自己可以交付哪些类型的服务以及它们分别可以为客户带来怎样的收益。此举将有助于您精准把控自己的业务定位，有助于潜在客户充分意识到您才是能够解决他们问题的最佳人选。
- 设想：当您与潜在客户进行商务洽谈时，为了获得他们的订单，需要向他们传达哪些关键点以及希望从他们那里获取哪些必要的信息。把这些关键点和必要信息做成一份表格随时备用。
- 做一份表格，列出所有可能参与的各种商务活动中要向潜在客户提出的基本问题。此举将有助于您有效评估自己是否适合当前这份工作，有助于您制定合理有效的咨询方案。例如，在与潜在客户讨论内训时，您需要知道对方参加培训的人数、上课地点以及他们认为比较方便的培训时段、学员的背景和必备知识、客户希望通过培训解决哪些问题以及他们认为哪些交付成果可以用来判断培训是否取得了成功。

关于作者

克劳迪亚·邓克尔，作为软件企业的高管，她在 IT 与软件服务领域拥有超过 35 年的团队管理、项目管理和企业管理经验。最近，她受聘于斯坦福大学，担任"特殊项目、商业分析与沟通"项目主管。她还是 ASQ 和 IEEE 的长期会员。

第23章　如何把客户转化为回头客

无论是独立顾问，还是以员工身份加入一家咨询公司，所有咨询师都很清楚，从老客户那里重复获得业务，跟寻找新客户一样重要。当我刚刚入行开始为分布在各行各业的客户提供咨询服务时，就充分意识到可以将客户分为两类。

- 有些组织由于某个特定原因需要我提供帮助，他们不太可能长期需要我提供服务。例如，我向某养老基金提供了如何评估和防范欺诈风险的咨询服务，他们在落实了我的建议后，就不会再需要我提供同类型的服务了。
- 能够从我提供的各种服务中屡屡受益的组织，大多数客户都属于这种类型。

当然，即使是不太可能再次需要我提供服务的客户，我也一样地尽心尽力，就像我料定需要我再次服务的公司一样。但作为一名顾问，基于这个分类，我需要采用不同的指标来监控自己的绩效。按照一般情况的估计，我完成一个复杂的软件项目需要两年时间。这也是我为某个组织提供咨询服务的典型类型。因此，我用来度量个人绩效的一项指标是，对第二种类型的组织，我在两年内为其提供重复业务的百分比。

我在2004年移居美国，从事咨询工作也有10年光景。我统计过，我提供过咨询服务的客户总共有15家，只有一个客户不是我的回头客。其实，这个"例外客户"也并非不满意我的服务，因为在我结束咨询工作之后，他们的几位高管依然与我有联系。其中一位高管在换工作之后仍然请我为他的新雇主做咨询。因此，我认为我是回答卡尔·魏格斯博士抛出的这个问题的最佳人选："多年来，您接二连三地把同一位客户发展成为回头客。请问您是怎么做到这一点的？"

以下是我总结的把客户发展为回头客的三大原因。它们来自我对自己过往十年咨询生涯的回顾与审视，同时也是向客户求证后得到的结果。我猜，这些做法对您留住客户也会有所启发。

运用系统思维技巧

系统思维[①]是一种理解现实的方式，它强调关注系统各部分之间的关系，而非各部分本身。对咨询顾问而言，这是最有价值的技能。系统思维不仅适用于信息系统建设，还适用于任何系统，比如人员和组织……组成这些系统的各个组件之间的相互联系使其能随着时间的推移产生自己特有的行为模式。

不深入广泛地讨论某个特定系统的各项特质就妄想应用系统思维来改善项目交付成果，是不切实际的。下面用一个简单的案例来说明我的观点。

我参与的某个电子商务项目收到一个变更请求，要求在用户结账时添加筛选流程，以防某些产品在法律禁止销售的地区销售。该项目的干系人已经批准了这项新增需求，团队已经做好准备，开始着手对解决方案编写代码。

但我意识到，这项看似简单的变更实际上隐藏着巨大的风险，貌似只在结账过程中增加一个步骤，实则受变更影响的业务流程涉及千头万绪，其中还包括客服部门的运营流程，需要在呼叫中心应用程序中增加一项新功能：当客服部门坐席向客户推荐产品时，自动过滤掉受限货品。如果其他业务流程不实施联动的修改，销售过程将受到很大的影响。比如客服部门坐席将浪费大量时间向每个客户解释某个产品不能付账的原因；而客户只有到付账时才得知该产品不得在本地销售，怨声载道；其结果一定是放弃率陡增，并大幅增加呼入电话的处理时间。看，这项变更就像大多数软件变更请求一样，问题的本质及其解决方案的复杂度远远超出了刚一开始的肤浅认知。

系统思考的目标是增强系统的整体性能，而非尝试优化系统的某些局部。想要系统学习系统思维，我推荐已故科学家德内拉·梅

---

① 译注：系统思维（system thinking，又译为"系统思考"），强调抓住整体，抓住要害，不失原则地采取灵活有效的方法处置事务。

多斯①（Donella H. Meadows）的《系统之美》②。在这本书中，作者详尽诠释了种种系统失衡的现象，例如，系统中的每个人都在尽职尽责地做出合理的举动，然而，这些善意的举动叠加起来却导致了灾难性的后果，为什么？系统突然在没有任何警告的情况下做出某些完全出乎意料的行为，为什么？

充分运用系统思维的技巧，咨询师能够为客户打造出更有创造性、更为完美的解决方案，能够有效确保各个分散工作的团体在处理好各自事务的同时始终牢记整体。如此一来，当组织面临新的挑战时，客户会想起当时那位带领他们了解因果关系方法的外部顾问。

诚实正直

在与客户交流的过程中，我一直保持着坦诚直率的行事风格，当我认为某个想法听起来不可行的时候，我会坦陈相告；当我发现某个解决方案并非预想中那样奏效时，我会开诚布公。团队成员对我这样的做法经常有异议。但多年来，我一直坚信，与客户推心置腹地讨论问题会加强个人的咨询效果，提高客户满意度。

以下这个案例涉及一个司空见惯的管理问题。

我的一个客户，公司IT部门多年来从没有达成过软件发布进度要求；预算也经常超支。作为我主导推行的过程改进计划的一部分，开发主管希望自己的项目团队能够不再有意暗渡陈仓，私底下偷偷摸摸地解决那些威胁到项目交付的问题，不必再挖空心思地在会议上粉饰太平。他拟定的推进方法是与下属共同面对，力求通过面对面的沟通来促成团队在行为上做出改变。

然而问题在于，装点门面和弄虚作假在该公司里已经"蔚然成风"，甚至连最高管理层也是这种做派。解决问题的唯一方法是让高管和经理坦承在其中起到的不良影响。要想对客户坦诚这一点并不容易，太敏感了。然而，组织对变革的需求如此迫切，对此，我们只能单刀直入，我们需要高管以身作则，向开发团队传递出正确的信号。

---

① 译注：德内拉·梅多斯是世界上最伟大的系统思维大师之一，师从系统动力学创始人杰伊·福瑞斯特，后者是知名的"世界模型Ⅲ"主创人员，也是"学习型组织之父"彼得·圣吉（《第五项修炼》作者）的老师。
② 译注：中文版由浙江人民出版社2012年出版。

在我们解决这个问题之前，开发团队成员总是千方百计地隐瞒他们遇到的问题，直到有人报告进度延迟。他们总是盼着能够获得额外的时间，一心只求自己不被认定为项目延误的源头。随着组织内自上向下的行为改变，团队变得更加开放，团队更愿意齐心协力尽快处理任何可能危及项目成功的问题。这种变化导致项目延期的现象大大减少，缺陷和失控成本也大大降低。

在项目回顾期间，我的客户不断称赞我能够开诚布公地提出自己的看法，及时一针见血地指出项目的问题。嗣后，这个客户也成了我的回头客。对此，我的体会是，客户将这种坦诚相告的习惯性做法视为必要的预警系统，可以及时化解或者降低项目风险。直面问题并未雨绸缪以便提早应对，总胜于文过饰非、遮遮掩掩到最后无可救药。

先客户之忧而忧，后客户之乐而乐

身为咨询师，有时我发现自己并不是完成某项咨询业务的最佳人选，或者我受邀加入的项目并不属于自己拿手的业务领域。尽管，从短期来看，接受邀约对我而言有益无害（至少从经济利益上看确实如此）；但从长远来看，我的客户一定赞赏我实话实说的态度。有好几次，在我的坚持下，客户重新考虑咨询项目的任务和目的，甚至在必要时取消项目，或者取消我的参与。在过去十年中，只要出现这种情况，客户都会成为我的回头客，在随后的某个时间点采购我的服务。

通过与客户坦诚交流，即使最终对个人的短期经济利益造成了一定的损害，您也可以帮助客户指出真正的问题根源。同时，也向客户充分展示了自己的职业操守和服务宗旨以及个人的专业素养和原则。大多数客户对此都会大加赞赏。这将成为基石，建立起牢固的合作关系。

从老客户那里获得源源不断的订单以及来自客户的口碑营销，是发展咨询业务的最佳方法。具有讽刺意味的是，正所谓"授人以鱼不如授人以渔"，真正高效率的顾问可以促使他的客户从根本上提升能力和成熟度，使客户能够自如地在未来项目中自行解决先前存在的问题，不需要来自外部顾问的额外帮助。幸运的是，一旦客户认可您给他们带来的价值，日后项目出现状况或者出现新的棘手问题时就会想起您。我的方法并非实现"把客户都转化为回头客"这一目标的唯一成功策略，但本章描述的实践确实已经帮助我与客户建立起一种历久弥新且互惠互利的关系。与生活中的所有其他一样，"一招鲜吃遍天"的解决方案并不存在。每个顾问都需要找到适合自己的策略。

下一步行动计划

- 回想一下自己有哪些回头客。知道他们为什么会再次雇您吗？您的服务在哪些特定方面引起了客户的共鸣？或者您的哪些表现令客户现场的某个人心悦诚服并从此将您牢记于心？您是否可以有意识地复制这些因素来吸引未来的客户并使其成为回头客？
- 回想一下自己希望与之建立长久业务关系却功亏一篑的客户。知道他们为什么没有再来找自己吗？是服务交付过程出了问题，还是在与某个人的互动过程出问题而被拒之门外？是否可以从中吸取某些教训以便未来能有更多机会将其他客户转为回头客？
- 如果确信以前"一次性客户"的交付过程并没有任何明显的问题，请考虑重新与他们建立联系，看一下是否可以给他们提供其他服务。
- 有哪些老客户可以把您和您的咨询服务推荐给其他潜在客户，无论是其内部的其他部门还是其他的公司？

关于作者

奥德丽娜·碧尔，个人网站 www.adrianabeal.com，在巴西出生和长大，2004 年开始在美国工作，帮助过多家《财富》100 强公司、创新公司以及初创型企业构建卓越的软件、解决正确的问题以及制定商业战略。她在巴西出版过两本有关 IT 战略的书（分别由 IEEE 以及 IGI Global 出版）。她拥有电子工程学士学位、信息系统战略管理工商管理硕士学位和大数据分析专业硕士学位。

第 24 章 远程咨询的挑战

如今，在我的咨询业务中，也开始采用按小时收费的方式来提供非现场的咨询服务，费用远低于我惯常标定的现场咨询每日收费标准。这样，我也可以为那些只需要为几个问题寻求解决方案或者为一个小项目寻求指导的客户提供服务，他们的需求通常包括评审一些文档以及在某些特定主题上寻求指导。我甚至与一些远程客户建立了长期、大规模的合作关系，这对双方都好。我不必旅行，而且只要愿意，还可以穿着睡衣工作；只要我能满足客户的进度要求，我每天可以工作很长时间，不受限制。远程咨询较低的收费标准也降低了新客户的风险。他们不需要花一整天的咨询费用来购买我的服务，他们希望自己的钱花得值。

在今天分布式但彼此紧密连接的工作环境中，这种异地（也称为"远程"或"虚拟"）咨询越来越普遍。它为商业分析、项目管理或者其他 IT 领域的咨询顾问提供了极为便利的灵活性。但这种在物理上无法真实靠近客户的工作方式也带来了全新的挑战。如果咨询业务周期比较短，互动比较少，问题暴露得还不太明显；但如果面对长期、大型且需要高度互动的远程咨询项目，必须对此保持高度关注，制订咨询计划时也需要深思熟虑。本章探讨了尝试远程咨询时必须牢记的一些关键要素。

人际关系

即使是需要现场咨询服务的项目，也要尝试在项目早期就投入大量精力来进行面对面的定期讨论。可以深入了解您的客户，达成这一点可是不简单，要认识的不仅是那些面孔，而是他们各自的个性和心态，并且能够与他们的名字匹配起来。远程/虚拟的协作关系不允许与他们随意在走廊交谈，也不能在下班后邀请他们一起喝喝咖啡来一场社交聚会（除非安排"虚拟共进咖啡时间"来谈论工作上的事情，或者家长里短的琐事，就像一位远程BA顾问所做的那样）。我的一位顾问同行这样跟我说：

> "哪怕只是从服务交付和营销这样的角度，顾问花些时间与客户建立融洽的私人关系也有超高的性价比，就像润滑剂，当我处于远程咨询工作状态时，我与客户之间的互动会变得亲密无间。和客户熟络之后，我可以在我们来往通信的文本和电子邮件中发现一些细节问题。面对面交流时，可以兼顾商务和社交：咖啡，午餐，晚餐，欢乐时光。"

彼此变得熟络的过程对客户同样重要。如果他们还不了解您，您就是局外人，您能做的只是告诉他们一些不同的工作方式，或者督促他们完成项目团队的一些 BA 或 PM 活动。也许他们对您在业内的声誉早有耳闻，但如果他们只是偶尔通过电子邮件得到您的信息、通过电话才能听到您的声音，如何信任您呢？如果因为远程工作的关系让您不能亲自向他们介绍自己，至少要与每个同事安排一次视频聊天，以便更好地了解他们。

一旦与客户熟悉之后，就要想办法维持工作之外的私人关系，比如在社交媒体上相互关注。能够在（虚拟）办公室以外的环境中与客户和合作方进行沟通，这有助于彼此之间建立牢固的人际关系。你们可以了解彼此都喜欢什么电视节目，并且重点聊一聊，就像老朋友那样。

在某些情况下，您可能会遇到无法与团队成员面对面交流的问题，可能是受制于预算，也可能是其他因素。这并不一定是无法逾越的障碍。对此，有位经验丰富的资深顾问和我们做了分享：

> "我与一个团队合作了两年，从未有机会与团队的任何开发人员进行面对面的交流，一次也没有。然而，我们依然享有'氛围最好的团队之一'这样的美誉。我们可以解决其他团队都感到束手无策的棘手问题；一直到今天我和团队中的每位成员都还是好朋友。最重要的是，我们无法面对面沟通的事实并没有妨碍团队取得成功。所谓车到山前必有路，我们借助于团队的文化有效化解了远程沟通障碍。"

说起文化，客户组织的文化与工作氛围、客户对远程工作的认同以及自如应对远程工作的能力，这些因素对远程咨询业务是否能够取得成功至关重要。如果客户本身就是一家全球化公司，员工和顾问可以随时随地熟练应用协作工具，那么与分布在多个地点的人员一起共事就会是轻松惬意的。与之截然相反，我认识的一名 BA 服务过这样一家客户，该客户长期以来只接受员工现场工作。在他们公司，远程交互的能力十分有限，只要没有亲自参加会议，就会被判定为"缺席会议"。因此，顾问必须入乡随俗，只能到现场与客户合作，远程咨询是断然不行的。越来越多的顾问和客户笃信远程咨询同样可以奏效。但是，如果客户的组织文化不允许，可能永远也无法仅凭远程咨询就建立起足够的影响力和融洽关系来推动组织变革。

作为远程工作的推动者，必须对如何推动团队文化建设进行深入思考并全力以赴，将分散在各地的人员团结起来，形成一个崇尚协作的团队。我在管理一个位于同一地点的小型软件团队时，就开始尝试给团队成员每人发一袋 M&M 巧克力豆，感谢他们的特殊表现或者祝贺他们成功达成某一里程碑。这个传统延续至今，因为每个团队的每位成员都渴望得到管理者和同事的认可。远程工作的时候，很难通过电线来传送糖果，但我们会找一些大家觉得有趣的小事情作为替代。有位 BA 在与分散在各地的虚拟团队共事的时候，只要团队中某位成员表现出色或者团队需要庆祝胜利，大家就会通过聊天系统发送纸杯蛋糕的表情符号，甚至还会相互拍一拍。像这样的小玩笑可以成为推动文化建设的强大工具。

保持接触

与软件项目的其他大多数工作类型相比，商业分析活动更加依赖于大量口头和书面的交流，所以，在构建起良好的人际关系之后，还需要找到正确的策略来保持联系，维持融洽的工作氛围。

在开展远程咨询的过程中，您对现场实时情况的了解十分有限。一定要确保自己不至于脱离团队，无论是从视觉还是从触觉上。只向团队成员提供一些信息是远远不够的，因为您无法判断他们是否阅读并且理解了这些信息。如果没有频繁沟通和及时调整，那么对项目需求的误解与忽视很容易误导人们，让他们走错方向，耽搁项目进度。

一起共事的人必须就如何共享信息要达成一致，既能做到信息畅达又不至于浪费彼此的时间与流量。主动了解合作伙伴的个人风格和沟通偏好并努力适应；仔细考虑同步沟通方式（会议、电话）与异步沟通方式（电子邮件、更新公告）的利弊，做到组合运用、优势互补；高效利用时间，争分夺秒，见缝插针。是否会有效利用合理安排电话这种沟通方式，而不是人们一有问题就抓起电话，或者一有消息分享就抓起电话？人们在一对一的通话过程中如何与项目的参与者共享重要信息？是否会用电子邮件的会话进程模式讨论问题，或者使用功能更为强大的小组沟通工具（例如 Slack）作为团队的共享工具？能否根据不同受众合理选用拉式沟通与推式沟通方法[1]，比如，在线上工作区更新公告，而不是通过电子邮件发送状态更新。

　　如果不能总是依赖于面对面的互动，那么最重要的事莫过于让人们随时了解项目和任务的进展状态，了解项目的进度以及存在的问题。有些远程顾问效仿站会这种快速沟通方式，每天只用 15 分钟时间，团队每个人都通过电话来同步更新项目的进展状态信息。可以将这种方式与每周状态报告结合起来运用，以便及时了解哪些工作已完成，哪些工作尚未完成，哪些工作下周计划完成。

　　这些站会同时也是在提醒人们关注各项任务之间的依赖关系，警惕关键任务延迟而导致窝工。快节奏的定期会议有助于提前预警需要关注哪些新的风险；每周状态报告可以总结风险管控的效果。在无法亲力亲为的情况下，上述两种方式相辅相成，可以保证您不至于由于不知情而忽视关键任务，不至于破坏任务与任务之间的依赖关系，不至于任由风险最终成为问题。

　　无法想象，如果对客户方的团队一无所知进而完全不可控，情况会怎样，团队对您的电话和电子邮件不理不睬，也不会定期更新工作状态。如果没有安排好定期沟通，您和客户方合作伙伴可能会浪费彼此的时间，陷入互相等待的"死锁"状态，双方都在默默等待对方先打电话，因为都很困惑"现在应该轮到谁来发起新一轮沟通活动"。之所以缺乏联系，通常都是因为职责不明确，而且往往还预示着有更深层次的问题。

---

[1] 译注：拉式沟通（pull communication）：接收信息的人自行判断及决定其所需获取的内容，典型的拉式沟通包括内部网站、网课、知识库等。推式沟通（push communication）：信息发送给特定需要的接收者。这种方法确保信息已被发布，但不保证信息者已收到或已明了，典型的推式沟通包括信件、备忘录、报告、电子邮件等。

在处理全球化的沟通问题时，请注意时区、文化以及技术获取路径等方面的差异。尊重每个人的日程安排是重点。全球化公司，做同一项目的人员遍布全球各地，所以在安排会议的时候，一定要注意每次会议选用一天中不同的时段，让所有相关人员都可以分担因为时差引起的不便，以免老是让一个人每次都熬夜参加会议。

理论上，电话会议轮着安排早间和晚间时间，听起来是个不错的主意。然而实情往往却是远程团队成员无法在理想的时段参加电话会议。所以，为了能够更有效地协调时差较大的团队内部的沟通与协作，可以考虑指定一名远程团队成员担任主要联络人，让他负责兼顾现场团队和远程团队的需求、安排会议。此举可以有效弥合全球化团队在时区和距离上的偏差，以免浪费时间。

不要低估时差对远程工作的挑战。分布式团队可以来个24小时的黑客马拉松，但由于 BA 的工作重点是与干系人进行各种沟通，因此，地理上的隔离带来了更高的复杂度和风险。我在软件职业生涯早期就领教过，一点点距离上的物理隔离，哪怕是在同一栋大楼，也会妨碍沟通和协作。

与其使用电子邮件来交流和解决棘手的问题，与其忍受文字上的繁文缛节与唇枪舌剑，还不如直接拿起电话，与相关人员直接沟通。电话还能够帮助您正确感知对方的语气，这在处理敏感问题和有争议的问题时尤其重要。但由于时差的关系，不能总是以打电话的方式来迅速解决问题。如果在星期五提出一个问题，那么问题的流转时间可能长达三天。

由于异步通信先天的滞后性，相比现场集中办公的团队，远程团队需要有更多时间来解决问题和更新项目状态。不能直接走到某位团队成员的办公桌旁直接讨论问题，而是需要花更多时间提早收集对方的反馈。我观察过一个跨三个时区的远程项目，项目一启动几乎就陷入了延迟的泥潭，就是因为项目计划中没有考虑到，线上沟通会导致滞后。如果一周能够见到某人几次，更容易记住欠了他某项交付成果或者一直没有提交某次评审活动的评审意见。"眼不见，心不烦"可不仅仅是句谚语，事实就是这样。

为了更好地说明如何为远程工作做好规划，请参阅第35章。我描述了乔伊·贝蒂和我如何精心策划相隔3 200多公里却能通力合作完成一个大部头。虽然协调两人工作的复杂程度肯定比不上远程主导一个大项目做商业分析，但道理是相通的：都要建立一个有效的机制来保障沟通协调、信息共享和状态监控。

协调工作

对于商业分析，人们总是有这样的需求：期望需求研讨会以及所有团队活动都可以安排在大庭广众之下，做到"广而告之"。但是，如果您是一位远程工作的首席 BA 或顾问，团队其他成员就只能在屏幕上看到您的面孔，或者通过扬声器听到您的声音。如果您不得不以虚拟的方式出现在会议室中，请考虑在那些对项目成功最重要的工作中安排丰富多彩且持续不断的团队协作活动。当团队种族有别、文化各异甚至语言不通时，这一点尤其重要。可以在会议开始之前就向所有参与者提供书面材料，方便对您的母语不够精通的成员按照自己的节奏做好会前准备，不必事到临头才去翻译会议材料。这些贴心的举动可以使合作者有安全感。

如果确实有必要选择线上会议作为协作交流活动的重心，请事先精心做好所有准备工作。在会议开始之前，确定会议议程，汇总会议的每项输入信息。时间宝贵，协调到大家都可以出席的机会更是弥足珍贵，不要把它们浪费在可以事先完成的准备工作上。大部分基础工作（例如材料准备）都可以提前完成，而线上会议本身需要聚焦于那些必须通过实时讨论才能解决的关键问题上。

维基页面、新闻讨论组、问卷调查……这些异步沟通方式可以有效地收集反馈和评论。像 Slack 这样的在线协作工具支持一对一或多人会议，也可以用于团队沟通和交流。使用 Slack，您可以呼叫另一个人并共享屏幕，可以从在线聊天迅速切换为语音对话，共享屏幕可以供多人一起修复缺陷或者评审文档。

当您与虚拟团队一起执行结构性更强的任务时，请考虑把自己的角色转换为分布式对话的主持人。对话中有两个人还是 50 个人，这都没关系。无论是面对面的沟通还是远程的沟通，善于倾听都是咨询师或顾问的重要技能。但作为虚拟团队的领导者，必须有效引导，积极倾听，及时提示、重新措辞并用开放式问题来确认对方的理解程度。

咨询师或顾问的一项重要特质是能够精确地感知客户的反应。如果既无法运用肢体语言来增强表达的张力，也无法运用眼神交流来清晰理解对方的言外之意，那么也就无法有效澄清各个合作方的态度，无法有效掌握那些隐含的内容，无法直面探讨敏感问题。在电话中看不到皱眉头和困惑的表情，竖起大拇指这样的表情符并没有多大意义。当一群人分散在多个不同的地理位置时，所有这些伴随远程协作而来的沟通障碍会激增。想象一下，光是为了确保每个人都积极参与讨论，您就得付出比平时多得多的努力。

视频会议软件能够帮助了解参会人员的微表情，是点头赞许还是微微蹙眉。在会议期间使用视频软件有助于仔细观察会议室中团队的实时动态，还能有效减少发生在电话会议期间的开小差和"摸鱼"等现象，因为所有参会者（包括您自己）都可以看清彼此。

我主持过一次远程的需求文档同行技术评审。当时，我在自家的办公室，其他五位参会者一起坐在他们公司的一个房间里。主持评审会议本身就是一项促进团队协作沟通的活动，所以我必须确保所有参与人员都要积极参与评审过程，都可以为本次评审做出建设性的贡献。主持人必须及时制止任何不适当或无效的行为，例如私下讨论和开小会。有效控制会议氛围通常需要有效领会参会者的肢体语言，例如，有人一开始说些题外话时，您能够迅速发现。

我发现，当我看不到其他参会人员时，特别是私下从未见过面的人，我会感到很焦虑，很难让这次会议富有成效地进行下去。我无法预测什么时候会有人跳出来发言或者有人在讨论中冲着我做鬼脸。幸运的是，我们克服了种种困难，取得了建设性的成果。但是，这种远程会议是完全不同的体验，与能够一起坐在桌旁且可以真切注视其他人的现场会议相比，不可同日而语。

关于电话会议，我推荐一个最佳实践：每一位参会者在表述自己的想法时，请先表明身份，然后再发表自己的见解或者提出问题。这样，其他参与者就没有靠声音来辨别发言者的负担了，这对患感冒的人特别有用。当就某个问题需要问询团队整体想法时，邀请每个人依次发表意见，这就跟绕着团队成员的办公桌走来走去一样的效果。当您专注于同某人说话时，请先说出他们的名字，以免他们听不清楚或者误以为您是在跟别人说话，比如像这样："卡尔，我有一个问题要问您……"

如今，远程协作工具层出不穷。有了基于云的工具（例如谷歌文档、谷歌表单及谷歌邮箱和 Box），团队成员可以多人共享同一份文档，分布在多个办公地点的团队可以召开头脑风暴会议。有些工具还可以简化沟通过程，有文件更新时可以及时通知团队成员，甚至有人下载文件时也会通知团队成员。有位从事远程商业分析活动的同行如此总结这些工具在促进团队互动协作方面的作用：

"在我当前的项目中，团队里的某位领域专家正在更新文档。如果看到我正在浏览文档时，他可以当即提醒我说这份文档还没有准备好，他还在斟酌。对我而言，此举有效节省了我的时间，避免了过早评审文档而导致的无用功。"

商业分析工作通常涉及为某个系统开发和管理需求，所以必须要有一款功能强大的需求管理工具来将需求存储在可共享的数据库中，支持对需求文档的实时更新，支持团队内部的协作、交流与沟通。虽然工具的价格可能有些高，但这是保障远程团队有效开展工作的刚需。如果团队采用敏捷开发模式，那么能够支持持续迭代的项目管理工具也是刚需。团队成员可以在每日站会上直接参考该工具的任务列表，以确保每个人都知道其他人当前的工作内容，确保所有团队成员都与项目承诺的目标保持一致。

解决问题

每个项目都有必须要做出决策的时刻，特别是在出现问题以及需要解决问题时，所以，任何团队，无论是地理上集中办公的团队还是分布式团队，都应该尽早确立一至多个决策规则。也就是说，干系人应该预先确定谁来做关键决策以及他们如何做出决策。

没有任何一项决策规则是放之四海而皆准的。可能采用的决策规则包括："全体成员一致"的投票原则（所有人都没有投反对票）；少数服从多数原则（如果出现平局，也许会升级到某一位决策者）；坚持团队共识；有的团队会将某些决策委派给特定的个人，但同时也许还有一个人有权一票否决，推翻团队的决策……

只要每个人都能理解、接受并且保证遵循这些规则，最终选择哪种决策规则其实并没有多大差别。以后，这一举措可以节省很多时间，以免大家把宝贵的时间浪费在不断要求重新审视以前的决策，浪费在反复商议如何解决某些问题上。需要及时将重要的决策传达给所有受到影响的人。没有人喜欢被蒙在鼓里，更不喜欢被远在几百甚至上千公里之外的队友"相忘于江湖"。

有很多商业决策支持系统可用来帮助分布式团队针对特定问题做出决策。这类工具为分组讨论提供了异步交流渠道，让参与者可以在自己方便的时候浏览讨论过程。这个功能比操作复杂的电子邮件扩展讨论简单方便多了。这些工具还可以保留单个对话的历史记录，可以记录决策的投票过程。

当然，各种问题还是会层出不穷。如果服务于远程工作团队，那么在出现问题后建议第一时间就拿起电话直接沟通。对此，我有位同事的工作方式是，远程项目团队一旦发生问题，她就先通过电子邮件了解情况，然后立即打电话给所有有关人员展开讨论。正如我的同事所说："这样做，可以让我更真切地听到他的声音，也能更直接地表达我发自内心的真诚。"使用视频聊天，可以更轻松地进行眼神交流，更准确地领会肢体语言。这有助于消除团队成员心中的芥蒂，让项目参与者知道您重视他们的顾虑，特别是大家交流的话题有些尴尬时。

善待自己

远程工作可以带来许多好处，但同时也要求顾问有意给自己增添一些限制，以确保工作与生活达到合理的平衡。必须能够建立并遵守这些准则，这对勤勉的顾问来说通常很困难。很容易一直工作到深夜，因为您的家就是您的办公室，而您的办公室就是您的家。您可能会发现自己在做晚餐时或者娱乐时间还在回复电子邮件，因为此时其他时区的伙伴正在工作。放下电话，给自己留些时间吧。

我在一个远程合作项目中与一位堪称工作狂的顾问共事。项目一开始，她就向我明确表示，周末的时间她要留给家人。不巧的是，我可没有这样的习惯，所有的日子在我眼里都一样，没有所谓工作日与周末的区别。尽管如此，我还是尊重她的选择，从来不在周末打扰她。当然，这并不意味着我不会在星期一的早上用一封接一封的邮件"轰炸"她。

综上所述，如果是某个虚拟团队的领导，必须认识到单靠朝九晚五是管不好团队的，有时需要做出一定牺牲才能保证虚拟团队取得成功。要充分认识到，个人的日程安排和作息时间都要保持很大的弹性，时刻枕戈待旦，回复电子邮件和参与电话会议。作为领导，要做决策，要帮助他人解决问题，要及时响应团队的需求，这些都是保障团队工作正常进展的先决条件。在此过程中，一定不要把自己弄得筋疲力尽。

刚开始的时候，可能很难适应远程团队的工作，时刻担心自己与客户之间滋生出不信任的情绪。您可能会因为工作过多、时间过长而感到心情烦躁，还会发现工作进展微乎其微，堪比龟速。不必灰心，当异地的同事开始欣赏您的工作态度并开始受益于您提供的工作成果时，这些烦恼都会烟消云散的。

远程虚拟团队的协作模式可以确保异地但需要共享想法、知识以及项目成果的团队取得成功。高超的沟通技巧以及卓越的领导才能，可以有效帮助分布式团队对如何响应项目进展达成一致。客户可能逐渐接受这种远程工作方式，团队所有成员即使不在同一工作地点也能有效协作。家人也乐于您可以在家里安然入睡，不必出远门做咨询。

下一步行动计划

- 如果不得不与某些客户远程合作，请考虑一下本章所给出的远程咨询小贴士中哪些对您有帮助？列出自己用过的其他策略或技巧，供将来规划类似项目时参考和借鉴。
- 如果正在计划开展远程咨询的活动（无论是由于自身的原因，还是由于客户本身就分散在多个地理位置），请花些时间与客户方的主要联系人一起规划有效弥合距离差异的最佳举措。识别并确定客户方的工作环境中有哪些工具可以用来支持未来虚拟团队工作的协作。
- 向有远程工作经验的朋友请教，请他们分享一些可以用来有效召开远程会议的工具、方法与最佳实践。

第 V 部分

声名远扬,积攒人气和提升影响力

第 25 章:以一当十
第 26 章:关于知识产权
第 27 章:17 大演讲技巧
第 28 章:我学到手的一些演讲技巧

第25章 以一当十

最初在软件大会上发言时，我还心存疑虑："是否每次演讲都需要准备一份崭新的演示文稿？"其他一些发言者告诉我，这是必要的。很快我就知道，事实并非如此。实际上，我已经在各种论坛上发表了20多次演讲，包括开发者大会、行业峰会、线上的研讨会以及针对特定客户的演讲。一言以蔽之，作为一名独立顾问，要尝试尽可能充分利用自己做的具有自主知识产权（IP）的课件/文稿。下面，将分享我经历的一个绝佳案例。

1999年，有家杂志社的编辑向我约稿，要求讲一讲"20到30个有效的项目管理技巧"，篇幅大约是1500个单词，用以填补杂志的一处空白。我花了大约90分钟写了一篇题为"项目管理成功秘诀"的文章。多年以后，这篇豆腐块小文开枝散叶，结出了累累硕果。

- 在给这篇文章添加了更多内容之后，我创建了一个可以讲一个小时的演示文稿，题为"21个项目管理成功秘诀"，迄今为止，这个讲座我已经交付了12次。文字版（其实就是最初那篇1500单词小短文的增强版本）先后多次出现在各个大会的会刊上。
- 我还应邀创建了"21个项目管理成功秘诀"在线研讨会版本。
- "21个项目管理成功秘诀"经过适当修改之后，作为论文收入IEEE计算机协会编撰的项目管理论文集。
- 给"21个项目管理成功秘诀"添加了另外12个主题，并且对每个主题都做了更为详尽的探讨，再配上相关课上演练活动，我将一小时版的讲座扩展为一整天的课程，名为"项目管理最佳实践"。这门课我已经讲了20次，客户类型涵盖公司和政府机构，还讲过公开课。
- 我创建了"项目管理最佳实践"课程的E-Learning版本，该课程通过我的网站 www.processimpact.com 和其他培训公司对外销售。

- 我从该 E-Learning 课程课件中挑选出大约 32 张幻灯片，并将它们打包为"5 分钟经理"E-Learning 系列课程，该课程专供工作生活紧张忙碌的人使用，他们无法抽出大段时间来系统学习项目管理知识，只能利用碎片时间学习，所以我创建了这个微课系列，通过自己的网站发售。
- 从这些项目管理技巧挑选出一批分别进行详细描述，这一系列文章发表在各种纸媒和在线杂志上。
- 接下来，我将其中几篇文章汇集成 Project Initiation Handbook 电子书。同样，该书也通过我的网站 processimpact.com 公开发售。
- 以 Project Initiation Handbook 为基础，与我写的其他有关项目管理的文章组合在一起，再加上一些新的观点和作品，我把它们汇集成一本新书《成功软件项目管理的奥秘》①，该书由微软出版社 2007 年出版。
- 另一方面，我把 Practical Project Initiation 一书的某些章节重构成专题文章的形式，刊发在某个专注于项目管理的网站上。

我之所以向您讲述这个故事，是想告诉您：在创建个人 IP 时，努力寻求各种机会将其演变为各种形式，既可以拓展自己的影响力和知名度，也可以增加自己的收入，争取能够"名利双收"。例如：专题文章可以演变成播客内容或视频，反之亦然。不同的人，倾向于不同的学习方式，将高质量的内容包装成各种媒体形式，然后通过各种渠道广为传播，大大提升这些内容对受众的潜在价值。当然，还有助于增加收入。

做正确的事

如果在杂志或网站上发表原创文章，请确保出版协议的条款可以保障日后可以在自己的其他著作中重复使用文章内容以及保留权利，未来可以将内容授权给其他渠道再次出版。也就是说，您希望将来在某个特定时间点还可以向其他出版机构出售作品的"第一次

---

① 译注：中文版由人民邮电出版社 2009 年出版。

连载权"（有时也称为"北美地区的第一次连载权"）①。一定要在合同中写下关键词"non-exclusive（非专有）"，这意味着您可以不受任何限制地在其他地方使用该材料。通常，当您再次出版印刷某作品时，需要通知原出版社，并表明该项作品的再版重印得到了该出版社的许可。

有些出版机构只出版发行原创作品。因此，如果将以前已经公开发表的作品提交给另外的渠道时，请一定声明"该项作品之前在某某渠道公开发表过"，让渠道自行决定是否接纳。一般情况下，把以前公开发表过的作品拿去重新刊载/发行的时候，我的报价会低于全新作品。

如果在一家传统出版机构出版著作，请确认合同条款中有如下规定：您有权将书籍中的内容改编成其他形式（如杂志文章、演示文稿和博客文章）发表。出版社通常很乐意将此项权利授予您，因为这其实也是一种宣传新著的方式。我已将许多此类衍生文章授权给多个网站，从每个网站那里多少还能获得一些收益。另一方面，如果写过一系列博客文章，则可以将它们组合为电子书或是实体书。例如，这本书就源自我在退休之前写的咨询技巧博客文章。

权属问题

在这件事情上，必须小心谨慎：应某个特定客户要求而专门开发的材料，权属归谁？通常，您并不拥有此类作品的著作权，它属于您的客户。因此，未经他们的许可，您不可以重复使用这些内容，也不能转售。

然而，在少数情况下，我会尝试与客户进行谈判，我想保留可以重用专为他们定制的内容/产品的权利。我的策略通常是将咨询费用减半，由双方共同拥有版权。如果客户不介意，通常这类谈判会非常顺利。我建议您以书面形式达成此类协议，获得客户的认可，以便未来能够保护自己的版权。要知道，最初与您达成版权协议的客户方联系人可能会在几年后离职，您当然不希望与他的继任者产生任何冲突，不想让他怀疑您侵犯了客户对这些内容的版权。

---

① 译注：First Serial Rights 或者 First North American Serial Rights，连载权是作者与出版社之间在出版合同中规定的一项权利，它允许作者或出版社在作品成书出版前或出版后，以连载形式在杂志或期刊上发表作品原稿。

如果以正式员工的身份为某家公司服务，那么任职期间创建的演示文稿或者写的文章等职务作品的著作权，也要小心处理。一定要澄清它们的版权归属问题。在成为独立咨询师之前，我就职于柯达。在此期间，我对待自己著作的版权问题就很小心。首先，我肯定只用自己的业余时间写东西，而且肯定写在自己的计算机上。其次，我为所有演讲或出版社制作的所有材料肯定都必须通过柯达公司的内部审批，在获得公司许可之后才发表，柯达所有员工的"公司审批单文件夹"，没有人比我的更厚实。最后，在我离开柯达时，我要求经理写一份文件，明确承认指定的、我在任职期间创建的材料，我本人拥有所有权，因为我希望在以后的咨询工作中继续使用。这是用以避免任何可能法律纠纷的最佳利器。

顺便说一句，以上我向您分享的这些以各种形式向各类客户提供自己作品的奇招，是我从艾伦·韦斯的两本畅销书中学来的，分别是《成为百万美元演讲师》和《成为百万美元咨询师》，这两本书可谓精彩绝伦，金玉满堂。

下一步行动计划

- 梳理一下之前发表过的所有专题文章、博客文章、白皮书以及您为所在专业领域所写的其他短文，看看是否可以结集出版或者以其他方式重用。在领英上就某篇文章所发表的见地深远的回帖，是否可能拓展为一篇文章？贴出来的某些博客文章是否可以扩充后交给某个杂志发表？是否可以基于这些文章来写一本电子书？可以将这些文章简化为简短的演示文稿吗？或者，恰恰相反，哪些演示文稿可以扩展为文章拿去发表？
- 梳理一下这些作品，看是否可以根据某个相关的技术领域或者商业领域适当修改一下？比如说，您有一篇文章是描述商业分析工作的。是否可以将它稍微修改一下分享给项目经理？如果可以的话，修改后的文章可以发表到网站上，可以分享在博客上，可以刊发在行业杂志上……凡此种种，可以使您的影响力跨入一个全新的领域。

第 26 章　关于知识产权

作为顾问、演说家和作家，您对自己创作的任何有价值的作品都拥有知识产权（IP）。必须保护好自己的 IP，这是您赖以谋生的手段。另外，也必须尊重别人的 IP。我认识的大多数人在这个问题上都深明事理、诚实公正。可悲的是，少数人并非如此。本章将讨论版权、知识产权以及授权许可方面的问题。首先，请允许我事先声明一下：本章所有内容并不构成任何法律意义上的建议。另外请注意：各个国家在知识产权方面的法律条文不尽相同，敬请自行关注。

版权声明

有时，人们不清楚什么可以申请版权，什么不能申请版权。客观事实、想法、系统、流程都不能申请版权保护。可以为一个想法的表述申请"原创作品的著作权"（援引自美国版权局官方网站 www.copyright.gov）。也不能为标题申请版权，这就是有时您会看到多本书籍或多部电影标题一样的原因。

同样，与流行的看法相反，您并不需要在美国版权局为自己创作的任何作品注册官方版权。创作行为本身就自动为创作者本人赢得了版权。但是，如果能够在作品上放上版权声明，会为您赢得某些法律利益。

援引美国版权局的说法，正确书写的版权声明包含以下三个要素。

1. 版权符号。可以使用特定符号©，也可以使用"版权（Copyright）"一词；或其缩写"Copr."，但是"（c）"不是正式的写法。

2. 作品首次出版的年份，如果作品未出版，则为创作年份。

3. 版权拥有者的姓名。

不必列出该作品受版权保护的时间年限，只需列出作品首次发布的时间或者创作的年份即可。

您可能还希望加上"保留所有权利"的声明。我的版权声明通常如下所示：

Copyright© 2019 Karl Wiegers. All rights reserved.

我还开发了许多文档模板以及其他产品，这些可以供人们用于自己项目的可交付成果。针对这些产品，我使用如下所示的版权声明：

Copyright© 2019 Karl Wiegers. Permission is granted to use and modify this document.

通过这样的版权声明，我想说明的是，人们可以使用该文档模板并且可以根据自身情况进行裁剪和修改，但模板本身的版权归属于我。使用者不能声称自己拥有模板的版权，也不能将其出售给自己的客户，更不能将其公开发布在网站上（然而，可惜的是，这种情况一直都在发生）以及其他类似行为。当然，对于项目团队根据我的模板创建的任何文档，我也无权宣称自己拥有其所有权。

我创作的大部分产品，并未在美国版权局注册版权。但是，对于我写的书，我一定会做官方注册。传统出版机构在图书发行过程中完成正式的版权注册。对于自助出版的书籍，注册版权是作者个人的责任。注册过程大致包括：填写美国版权局提供的正式表格，支付相应的费用并向他们寄两本样书。这样，等上几个月，就可以收到自己的注册证书。相关详细信息，请参见 www.copyright.gov/circs/circ01.pdf。另外，史蒂芬·费希曼的《著作权手册》提供了更为详尽的信息，堪称版权方面的权威著作。

引用第三方的作品

作为有机化学专业的研究生，我当时读过许多期刊文章，自己还写了几篇，我从中领悟到援引其他作者的资料与成果对自己写文章和书籍的重要性。在自己文章中引用他人已公开发表的出版物（一定要标明作者）可以实现两个目标。首先，表达对业内前辈及其贡献的敬仰。除了极少数特例外，我们所有人的工作都建立在前辈以往成就的基础上。如果前辈的工作成果对我有所启迪，我理当向他们的贡献致敬并表示感谢。其次，引用他人的资料，可以为感兴趣的读者指明出处，可以帮助他们获取更多信息，也可以为我的研究成果提供佐证。

我对那些没有参考文献的技术书籍或者专业出版物深感不满。要知道，很少有人能够凭一己之力开创一个全新的研究领域。在自己的著作里省略参考文献，无异于表明作者打算将书中提及的所有知识都据为己有。

如果想在自己的文章中引用某些资料，请先了解目标期刊处理引文的方式，然后按照要求提供参考文献。如果是书籍，通常在最后列出所有参考文献，一般按照引文作者的字母顺序排列，有时也会在每一章末尾处列出该章引用的资料。注意：如果要在文章中列举关于某些主题的延伸阅读内容，一定要单列于其他位置，不可以与参考文献混在一起。

仔细检查列出的参考文献，确保其完整性和正确性。我看有些人在列举引用我的一些著作时出了很多错，有的人拼错了我的名字，有的人写错了我的中间名字缩写，有人连我的姓氏都拼错，还有标题不完整、不正确，发布日期不正确，等等。一定要仔细检查，参考文献有错实在是太普遍了。

合理使用

有时，您可能希望将来自其他渠道的内容合并到自己的作品中。当然，此时必须完成的首要任务是把这段内容的出处列在参考文献中，即使这段内容是您之前写的。如果不拥有该段内容的版权，可能还需要获得版权所有者的许可。如果材料的数量和类型在合理使用范围内，则不必获得许可。美国版权局在 www.copy right.gov/fair-use/more-info.html 对合理使用做出了详细的解释。

请记住，并非一定在著作上附上版权声明才被视为拥有该著作的版权。创作的作品，无论书籍、文章和诗歌，还是戏剧和歌曲，都将自动拥有该作品的版权，除非已将它的著作权授予他人。例如，如果是工作期间受托完成的作品，则雇主被认为是该著作权的合法所有权人。您与该雇主签订的合同中应该已经明确规定根据合同创建的任何作品的所有权。如果不拥有某些 IP 的版权，请尊重所有权人的权利。

不幸的是，关于"合理使用"的定义，并不确切。据我了解，一般情况下，未经著作权人许可，您可以在自己的作品中引用或摘录其他人作品的一小段（很遗憾，"一小段"的确切含义并没有明确定义），但前提是要注明引文的原始出处。如果作品中有一大段源自其他人的作品，或者要将他人作品的一大段合并入自己的作品当中（很遗憾，"一大段"的确切含义也没有明确定义），通常需要获得著作权人的许可。如果需要从其他人的著作中引用完整的表格、图形、诗歌或其他类似内容，则必须获得著作权人的授权。

美国版权局（US Copyright Office）编号 FL102 的文件指出："合理使用和侵权之间的区别可能不那么清晰，而且很不容易界定。我们无法将未经许可以安全引用的界限限定为特定数量的字词、行数或者【音乐中的】音符数量。**对受版权保护的内容声明其来源，并不能代替获得著作权人的授权**，敬请关注。"（以上的着重符号是我自己加的）

我最近读到一篇发表在网上的文章，改编自一本即将出版的书。其核心是一张承载大量信息的表格。该表格显然改编自我有本书中的类似表格。作者的改编确实有一些价值，但他提供的内容一半以上实际上就是原文照抄我设计的表格，几乎一字不改。作者甚至都没有在文中注明引用了我的作品。我认为这已经远远超出了合理使用的范围，因为他实际上是未经许可并征得我的同意就把我的整张表格整合到了他的文章中。

我联系了作者，他回答说他计划将我的书列入书末的参考书目总表中。但这似乎还不够。我解释说，当他展示该表格时，有必要对其原始出处进行具体的说明，而且还应当事先向我发出申请并得到我的许可。作者拒绝了我的建议，转而向他的出版社核实。所幸，出版社明确选择支持我的主张。引用他人作品时，一定要注明出处，这并不会额外增加费用。请慎重，请遵守著作权相关规定。

许可费用

虽然引用其他作者的作品不会让您支付额外的费用，但如果希望重用他/她的内容，著作权人有权要求您支付一定数额的许可费。例如，我打算将呆伯特漫画[1]收录在我的一本书中，所以支付了一定数额的许可费用。把这部漫画收录在那本书里的确恰如其分，所以我花的许可费用是值得的。

我偶尔也会收到其他人的请求，想要把我的书籍、文章或网站中的内容包含在他们正在创作的作品中。有时，他们的请求符合我对"合理使用"的理解，所以我会欣然同意。如果他们希望将我的著作用于学术目的或在公司内部小范围共享，我通常都很乐意免费

---

[1] 译注：呆伯特是斯科特·亚当斯创作的系列漫画书籍中的主人公。

授权。在这一点上,我会尽力做到合理公正,我对那些不厌其烦遵守著作权法的人心存感激。

但有时,如果有人想要将我制作的图表、完整的文档模板或者我的书籍或培训课程中创作的其他内容用于商业用途,我通常要收取少量的许可费用。他们将从我创作的内容中获利,所以我要求共享利益也在情理之中。如果提出申请并觉得价格合适,我们就达成许可协议;有时他们会因此而决定不使用我的资料。两种结果对我来说都是可以接受的。

保护自己的著作权

总是有人滥用我的 IP,保护个人知识产权的经历可以说既令人沮丧又饶有趣味。下面分享一些这方面的经历,希望能够给您一些提醒,警惕自己的作品遭遇类似的问题。

注释

我曾经在一家著名的软件杂志上读过一篇讲软件质量保证技术的文章,该项技术被称为"正规检视",是一种正式的同行评审方式。作者在诚信上无懈可击,是我非常钦佩的一位软件业巨擘。有人给这篇文章写了一个大约两页篇幅的补充说明来概要介绍软件同行评审的发展概况。我在读到这些文字时,忍不住一直点头称是,对文中所说的内容无比赞同。很快,我意识到了原因:这明明就是我写的!

补充说明就是几年前我在另一本杂志上发表的一篇文章的缩编和释义。我大概是唯一注意到补充内容的读者;而且,我的确注意到补充概述的作者并没有注明她引用的是我的文章,更没有得到我以及杂志的改编权许可。

我轻松说服了该期刊的编辑,他也注意到我的文章和补充说明的相似之处。他在下一期中发表澄清和道歉文字。我也写信给补充说明的作者,然而她并未答复我。如果她提前与我联系,告诉我她要写的这份摘要会引用我的文章,并且随后在杂志上注明引文的出处,那我一定会说"很好,感谢您对我工作的认可"。然而,这些事情她都没有做,她只是复制-粘贴我的作品并稍微做了些修改,就当作是自己的作品公开发表。这可不好。

来历不明的幻灯片

有一次,我和一位朋友一起出席一个会议。会上,有位演讲者就软件需求的某些方面发表了主旨演讲。在这个领域中,我和这位朋友都做了很多工作。演讲者展示了一张幻灯片,然后说:"我不确定这是我从哪里找到的。"我的朋友对我笑了笑,小声说:"我想我知道。"

这张幻灯片来自我开发的一门培训课程的课件。自己的作品能够被别人引用,这当然令我欣慰,同时我也很好奇。我从未在演讲者所在的公司讲过该课程,所以我无法确定他是如何获得课件的。在他的演讲结束之后,我告诉他那张幻灯片源自我的课件。他为此而道歉,我告诉他,如果他注明这张幻灯片引用了我的课件,他可以继续使用它。

不请自来的新作者

我最近发现我的文章未经许可就被发布在三个互不关联的网站上。网站 A 在刊载我的文章时,并没有注明作者是谁,也就是说,此举暗示着网站的所有者就是这篇文章的作者。我打电话给网站的所有者,他同意将我的名字列为作者(他早就应该这么做)。网站 B 和网站 C,尽管他们刊载的文章几乎就是逐字逐句地引用自我的网站,然而文章作者却显示为其他人,这就相当于剽窃我的作品,此举令人不齿。文章应该是自己尽心尽力之所为。所有人都应该原创。

及时制止剽窃行为

长期以来,我开发了各种各样的模板和其他项目管理工具,读者可以从我的网站下载。有一次,我发现了有另一个网站也提供了一个基于用户用例①格式的文档模板供用户下载。他们的模板与我的网站上提供的模板一模一样,只是有人用她自己的版权声明替换了我原来的版权声明。这是不合法的。

最初指出这一点时,与我联系的那位女士声称是她首先创建这个模板的,时间还在我之前,我才是侵权的人。而后,我提请她注

---

① 译注:use case,一种用于需求分析与规格化的工具,UML 的重要贡献者伊万·雅各布森在 1986 年首先提出这个概念。

意该文件的 Microsoft Word 文档属性，那里依旧标注着文档的创建者正是我本人！这一下，她哑口无言，无奈地承认我才是版权所有人，并同意删去她的版权声明。

摘录

我之所以非常关注个人知识产权被滥用的问题，并非出于自负，也不是为了确保我总是对自己说过的或写下的任何东西享有全部著作权。相反，此举是为了捍卫我赖以谋生的财产，确保它们仍然在我的名下。

几年前，我收到了一位陌生人发来的电子邮件，她问我，我写的《软件需求》一书现在是否已经可以公开使用和不受版权保护了（当然没有）。她之所以这么问我，是因为她发现有篇文章显然抄袭了我这本书的内容，而且根本没有注明引用了该书。我立刻联系到作者，才得知这是三篇系列文章的第一篇，确实是从我的书中摘录的，既未经我许可，也没有注明出处。

文章的作者不是美国人，但居住在美国。他告诉我，像这样总结归纳并摘录另一位作者的作品，在他的祖国代表的是向作者致敬。我解释说："在美国，这被认为是剽窃。"所谓剽窃，就是宣称别人的是自己的。另外，在美国，未经授权的情况下使用受版权保护的内容，被视为侵权。显然，在这个案例中，他同时触犯了这两条。

当时，该系列文章的第二篇马上就要发表了，临时撤除为时已晚，但我要求把我的名字列为第三篇文章的合著者，同时还要在参考书目中列出我的《软件需求》。在这里，我并非尖酸刻薄，不通情理，我只是在切实捍卫自己的著作权，确保此书的著作权以及由此产生的任何收益仍然属于我。这应该是再公平不过的事情。

未经许可的转载

这是盗用 IP 的另一个有趣的示例。我发现，另一个国家有个网站转载了许多最初发布在《软件开发》杂志上的文章，其中也包含我的一些文章。这个网站的创建者既未获得杂志的转载许可，也没有征得文章原始作者的同意。更过分的是，他们把每篇文章原始作者的姓名都移到文章末尾，而将其他人的姓名放在顶部，乍一看，似乎文章作者另有其人。于是，我与杂志的发行商联手，最终制止了这个网站的不道德侵权行为。如果关注著作权，您会发现那里始终硝烟不断。

出版的风险

我姐姐也是一名IT从业人员。她在自己的公司接受过软件需求方面的培训。讲师是位年轻人，他在讲课时提到了我写的东西，并称其为"Wigers方法"。我姐姐没太听明白，于是要求讲师详细解释一下。这时，讲师回答说："抱歉，我也只知道点儿皮毛。"

"那我就去问问他本人。"我姐姐回答道，我和我姐姐的姓氏不同，所以一般人并不知道我们是一家人。

那天晚上，她给我打电话，说讲师从我的著作中引用了哪些主题。我很诧异，因为我实在想不起来他所声称的"Wigers方法"到底源自何处。我翻了两本我写的有关需求分析的书籍，一无所获。我姐姐把我的发现报告给了讲师本人，我也给他发了电子邮件跟进。我发现整件事情都很有趣。

在公共场合分享自己的想法，可能导致这样的风险：其他人可能会误解、误读或者误传您的想法。此举对您的影响有时是正面的，而有时又是负面的。负面的在于：有时人们指责我的一些所谓的"见解"。实际上，这些内容并非我的原意，只是他们过滤之后对我的真实意图的曲解和断章取义。正面的在于：我还会因为对我的著作的一些不准确的引用而获得赞誉。对此，我只能莞尔。如果打算通过写作或口语表达自己的看法，请对这种可能性泰然处之。有时候，众口交赞与臭名昭著之间，只有一步之遥。

纯粹的盗窃行为

2013年，《软件需求》（第3版）出版了。在最初的几周，我陆续发现多达数十个网站上提供本书电子档的免费下载服务。我还浏览了网站和讨论区，人们正在那里索取本书的免费拷贝。这种赤裸裸的盗版行为，原作者从中得不到任何收益。

这是不道德和非法的，是一种盗窃行为，非常猖獗且屡禁不止。通常很难联系那些网站的管理员，更无法说服他们删除盗版链接。

有些链接只是指向其他实际实施盗版行为的站点，所以它们对自己的任何不当行为并不承担任何法律责任。

从此，我再也不写任何新的技术书籍了。花几百个小时写书，最后却被不道德的人盗版，似乎太愚蠢。可以肯定的是，也会有人在下载免费书籍之后花钱购买正版，但许多行业专家都认为，盗版下载确实会影响销量。如果只担心自己的想法和自己的名字被湮没，那还不必过于担心盗版。但是，如果想通过自己呕心沥血之作来谋生，或者如果认为公平和诚实是最基本的道德准则，肯定会对盗版深恶痛绝。

如果您对一本书感兴趣，请花钱买下它。创作的过程非常艰辛，即使世界上有如此多的人都认为互联网的任何内容都应该免费，但作者也有权为自己的努力争取报酬。另外，如果使用共享软件，也请向开发人员支付几美元，这应该也是再公平不过的事情。

最有趣的案例

长期以来，我开发了各种各样的模板、检查单以及其他资源，读者可以从 Process Impact Goodies 网页（www.processimpact.com/goodies.html）下载。几年前，我偶然发现另一个顾问的网站也提供类似的下载服务。他的内容跟我的太相似了，以至于他主页上的介绍文字直接抄自我的 Goodies 页面，大约一半左右的文档也是从我那里直接拿走的（我使用了 Copyscape.com 网站，可以在此搜索从网站复制的文本）。他确实将这些文档标注为我的作品，但他事先并没有征求我的许可。

我第一次联系他问及此事时，他对我不理不睬。于是，我再次尝试。这次，他回复我了，但他拒绝应我的要求从他的网站上删除我的资料。那个家伙说："您不必为此而＜脏话＞。"哦，这可太滑稽了，我真想骂他一顿。他未经允许偷走了我的资料，还说我是个＜脏话＞。最终，他向我道歉了，并且按照我的要求删除了那些资料。

为什么说这个案例很有趣？因为这家伙的公司已经不复存在了，包括他在网站上置顶的那个"特立独行"一词，也随之烟消云散了。当年，在他网站每个页面的顶部，放的都是"特立独行"，这个词在字典上的解释是"在思想和行动上表现出极大独立性的人。"嗯哼，这倒挺适合他的。

下一步行动计划

- 请检查一下自己制作的各种材料,无论是通过网站公开发表,还是演示文稿,是否都标注有版权声明。确保自己完全遵循美国版权局的指导正确放置了版权声明。
- 全面梳理一下自己写的文章和帖子以及演示文稿和网站内容。如果用了其他人的创意、幻灯片、图形、表格、图像或其他内容,请确保在合理引用的范围之内。如果认为包含的内容可能已经超出合理使用的范围,请与著作权人联系并在取得许可之后再继续使用。

第27章　17大演讲技巧

我也不太确定到底是怎么一回事，我是在不知不觉中成为一名善于在公开场合侃侃而谈的演讲高手的。我从未在学校里选修过演讲课程，也没有参加过辩论赛。我从未参加过 Toastmasters International①或是其他任何致力于帮助人们提升在公众面前演讲能力的团体。尽管如此，在过去的28年中，我已经发表了600多场演讲，几乎每一场都很受欢迎。如今，无论是30分钟的讲话还是四天的课程，也无论面对几个人还是几千人，我都可以自信满满地发表演讲，收放自如。

大多数顾问、商业分析师或者项目经理时不时地都会被要求作演讲或授课。对许多人来说，在公开场合发表演讲让人望而生畏。这种恐惧甚至还有一个专有名称：公开演讲恐惧症。其实，这种焦虑是可以理解的。试想一下，当每个人都直勾勾地盯着您并满怀期待等着您发表真知灼见时，您一定感到孤立无助。在私下场合中偶尔说些蠢话无伤大雅；然而，面对成百上千听众时语无伦次就完全不是那么回事了。尴尬出糗都算是小事。对着大庭广众分享个人的见解，能够极大地提升个人影响力，更不用说还可以赚很多钱了。

为了让您不至于跟其他许多人一样对演讲感到恐惧紧张，本章将分享我的"私房自信演讲技巧"。牢记这些技巧将有助于您消除紧张，也许能让您在下次走向讲台时自信满满，胸有成竹。

演讲准备

在成为众人瞩目的焦点之前，应该提早做足准备，为自信演讲奠定坚实的基础。以下建议将帮助您创建优质的演示文稿，注意：优秀的演示文稿能够吸引听众的注意力，能够帮助您达成目标，甚至能够帮您保持冷静。以下演讲技巧1~5属于演讲准备时要注意的。

---

① 译注：TI/国际演讲会是一个公益性质的教育机构，致力于提高会员的演讲技巧、沟通技巧以及领导力。该组织成立于1924年，总部位于美国加州。目前，该组织的分支机构已经遍布全球范围142个国家和地区，拥有15 500余个演讲俱乐部，俱乐部会员数量超过33万余人。

演讲技巧 1：确定目标

每一次发表演讲之前，都要仔细思考：本次演讲的目标是什么。本次演讲旨在教育和启发，还是要说服并让听众接受某个观点？也许是汇报某个项目的进展状态，或者某项战略举措的执行状况，或者想通过本次演讲为某个共同的目标建立起共享的愿景。有时，您可能想故意引起争议，激发听众去积极思考，使他们能够摆脱传统思维的束缚，萌发出全新的创意。

一场富有感染力的演讲可以成为一项行动的有力号召，因此要仔细思考：希望听众在听过自己的演讲之后产生哪些不同的想法，做出哪些不同的举动。事先通盘考虑这些目标，将有助于遴选出恰当的演讲内容，确定正确的演讲方式以实现目标。如果人们听完演讲之后仍然无动于衷，也没有产生什么转变，那么这场演讲还有什么意义呢？

演讲技巧 2：了解目标听众

这一条通常被列为头号演讲技巧。只不过，我更确信，确定演讲目标才应该是第 1 号；了解听众应紧随其后。

了解目标听众，包括了解哪种交流方式最能引起他们的共鸣。他们更喜欢阅读幻灯片上的文本要点，还是喜欢表格、图表和复杂的图形？动画、卡通或者小视频对他们有吸引力还是会适得其反（削弱内容的严谨性）？是否需要借助于幻灯片或者其他视觉辅助工具？最关键的是哪些主题会引起听众的兴趣？

我参加过一系列各种科学与工程主题的讲座。有天晚上，有位工程学教授在分享牙签的历史。一听这演讲题目就让人觉得有些乏味。果然，演讲开始之后数分钟，人们就开始溜出礼堂。即使是最高明的视觉辅助手段，也不可能使枯燥乏味的主题变得生动。

此外，还要考虑听众参加讲座的动机。他们都有什么兴趣、关注点、假设以及偏见或者恐惧？这将有助于确定演讲的基调。如果是宣布公司全新的战略方向，那么人们会对由此而引发的自身工作的变动而感到惴惴不安。在演讲中是否安排了适当的内容可以对他们的担忧进行解释或安抚？还是说只要放心大胆地将新目标阐述清楚后再邀请所有人加入其中？

大约 25 年前，我在一家大型公司现场聆听一位高管向近 3 000 名员工描述公司的全新愿景。他明确表示：“如果对新的战略不满意，我们可以就此分道扬镳。”显然，他不会离开公司去其他任何地方。于是，我们从他的演讲中得到这样的信息：我们可以留在火车上，但火车会改变前进的方向；我们也可以选择在下一站下车。

演讲技巧 3：预测可能遭遇的排斥

如果是旨在教育，这个问题不用关注。但由于种种原因，某些类型的演讲可能不会顺畅地被听众所接受。如果是这样，就提前花些时间来预测一下听众可能怎样挑战自己以及自己将如何先发制人。有关政治话题的演讲可以归为此类，听众中一定有人观点不同。发布一条出人意料的新闻或者宣布一项全新的战略计划，可能会引发抵制、不满和恐慌。把前面提到的 3 个技巧结合在一起，可以确保演示顺利进行，无论传递的信息是好还是坏。

演讲技巧 4：确认演讲地点，不要跑错了地方

我曾经是旧金山湾区一系列软件开发会议的定期发言人。几年来，他们都在旧金山会议中心举行会议，很少在圣何塞或山景城举办。我认识的另一位演讲嘉宾有次以为会议地点是旧金山会议中心，但那年的会议却是在圣何塞举行的！他不得不狂奔 80 公里赶到圣何塞，差点错过了自己的演讲。这个教训说明：在安排旅行之前，一定要确认好目的地。

我也多次因为搞错地点而把自己弄得筋疲力尽。有一次，我要在同一个客户那里交付两场内训课程：两天的商业分析课程和一天的管理课程。因为事先没有得到任何说明，所以我就想当然地认为两场培训都安排在同一地点。所以，在第三天的早晨，我径直来到我前两天讲课的房间。不想里面正在举办其他活动。经过一番周折，我才知道第二场培训被安排在 400 米以外的地方，我不得不匆忙赶往那里。

在我早期从事咨询工作的时候，有次要到客户（总部位于华盛顿特区郊外）那里为他们做一次内部培训。然而，到达那里后，办公室里却空无一人。我没有联系人的电话号码，我从未犯过这样的错。（为什么我们总是犯错之后才会吸取教训？）事实上，该课程原计

划在约 12 公里外的会议中心举行。不幸的是，没有人事先通知我。我只有公司总部的地址，我跑错了地方。幸运的是，有位员工刚好去公司总部，她载着我去了培训地点。

去年也有过类似的经历。不过，我有联系人的电话号码。不巧的是，我试图在课程开始当天上午联系这三位联系人，结果没有一个人接听我的电话。有位乐于助人的接待员竭尽全力才搞清楚上课地点，然而无济于事，因为培训地点又改了，而且再一次忘了通知我。还好，有位学员经过接待区时认出我了，最终我总算是走进正确的会议室。这可真是令人沮丧。更为诡异的是，直到今天，我留下语音信息的 3 位联系人没有一个人给我回过电话。

演讲技巧 5：备份演示文稿

一般情况下，我会在自己的笔记本电脑上存放 PowerPoint 演示文稿，然后在与笔记本电脑包分开存放的 U 盘上存一个副本，还要在网站上的安全专用文件夹中再存一个副本。如果没有自己的网站，那么任何云存储（如 Dropbox 或 iCloud）都可以。

如果我的笔记本电脑死机、丢失或被盗，或者与会议室的投影仪不兼容，则需要动用 U 盘再加上其他计算机。所以，我在写演示文稿的时候只用 PowerPoint 自带的字体，因为别的计算机（随机配置）可能缺少我需要的某些字体。云备份是为了防止出现其他所有故障。此外，本来也不需要太多备份。

在演讲过程中，一般还会给听众分发一些讲义，因此，随身携带这些讲义的电子档备份也是一个好主意。我经常碰到会议主办方放错我的演讲讲义，这是工作人员的问题。我总是在截止日期之前就提交我要求复制的材料，但在我经常担任发言人的一个会议上，他们的工作人员经常找不到文件，而且总是到会议开始之前才着急忙慌地提醒我交材料，害得我也跟着他们一起忙乱。

有一年，我与会议工作人员再三确认，以确保他们收到了我发过去的文档，那次的文件很大，是我为一整天的公开课准备的。"没问题，我们已经拿到了所有材料，您放心，一切正常。"与我交谈的人这样回答。然而，就在我到达会议现场的那一刻，另一位工作人员问我："您是否带了讲义？我们从未收到过您的课程材料。"

我对此毫不意外。我解释了当时的情况，并告诉他我已确认过他们收到了我的讲义材料。工作人员在他们的网上查找，说："哦，是的，有您的文件。现在我想起来了，文件格式我们打不开。"

我回答说，几个月前就有人向我保证，她可以打开我的文档。该工作人员双击了该文件，文件能够正常打开并正确显示。

"您还希望我提供什么？"我有些怒了。这非常令人沮丧，尤其是在经历那么多教训之后我已经如此认真地做足了准备。所幸，他们能够将印好的教材送到会场，而且只晚了一个半小时。此后，我再也没有在那个会议上讲过公开课，几年来也就做过一次主旨演讲。他们太不靠谱了。

演讲过程

现在，您终于可以开始您的表演了。演讲的摘要已经定稿并分发妥当；幻灯片已经布置好了，并且调谐到最佳状态。您已经反复演练过演讲，并且对每张幻灯片要说的内容已经成竹在胸。甚至连当天打算抛出哪些段子都准备好了。

大日子到了。您清了清嗓子，信步走进会议室。那里有许多人正在等着听您的演讲。所以，在演讲开始之前以及演讲过程当中，以下 12 个技巧将帮助你自信满满地进行演讲。

演讲技巧 6：没人知道您接下来要讲些什么

如果现场讲的内容与事先准备好并且练习很多遍的内容无法完全匹配，请不要担心。尽管继续演讲。演讲与音乐名典的钢琴演奏非常不同。演奏会的听众中一定会有人注意到应该是 C 调结果您弹错成 B 调。演讲中如果忘了某一点，没关系，稍后再补回来。放心，没人会发现的。

演讲技巧 7：一切尽在掌握之中

站在讲台上，麦克风、投影仪和激光笔都任由您的调遣。您是全场的焦点，您可以随时提问，看观众是否还有任何问题。可以随时开始或终止讨论。您控制着全场的节奏。这是您的表演，所以尽情享受它吧。

演讲技巧 8：在这个房间里，只有您更了解自己在讲的话题

否则，房间里的某一位听众应该上台演讲，而您则是台下的听众。即使您不是全球范围内该主题的专家，但此时此刻在这个房间里，您就是专家。

在会议期间，在一大帮听众面前充当演讲主题的专家，大多数人并不愿意如此。相反，大多数人都将保持低调，不会提出让您感到尴尬的问题，也不会尝试接管整个演讲的过程。至少，我在聆听感兴趣的某个专业领域的演讲时，总会刻意保持低调。我不想让任何人感到不舒服。如果场合比较合适，又或者如果演讲者邀请我参与，我可能会就某个问题补充讲解一下。除此之外，我大概只会安静地坐在那里聆听和学习。

我很少见到某位大咖或者名人会在别人的演讲中不适当地扮演搅局者的角色。我觉得这肯定会招人厌，演讲者的感受想必也是如此。因此，如果在别人的演讲过程中，如果您就是那位名人，请记住这是台上演讲者的表演，而不是您的。

演讲技巧 9：很少会遇到有敌意的听众

来到会场的人希望听听您的高见。如果要论述的内容本身就有争议，或者是以某种形式发表政治议题的讲话，或者在政府会议上讲话，这一点倒也不尽然（请参阅演讲技巧 3）。但是，如果是主动前来参会的听众，他们通常会以开放和包容的态度来对待您。在这个大前提之下，他们关心的是演讲内容是否能够让他们感到有趣以及是否能够让他们收获满满。

不过，大型会议的主旨演讲可能是一个例外，这个技巧可能不起作用。主旨演讲有时故意带有挑战性，以激发听众的思考和博取他们的注意力。在这种情况下，要期待听众比往常有更为积极的反应。

1999 年，我在一个有 1 800 人参会的软件过程改进会议上第一次发表主旨演讲。那时，我就选择了这种方法。事实上，邀请我发表主旨演讲的同行鼓励我抛出自己认为最刺激、最具挑战性的话题，于是我想出了一个肯定会挑起争议的话题："看着我的嘴，跟我一起大声念：没有新模型！"

我的本意是说，软件行业已经出现了大量的模型和方法，足以用来提高我们的质量和生产力。我们所缺乏的是有效且一致地应用

这些实证有效的技术。所以，我鼓励人们不要再开发新的模型，应该转而扎扎实实地把那些已知的模型付诸实践。

这不啻为一个石破天惊的观点，因为这次大会的发起人恰恰是一个开发出许多模型的组织，所以当我走上讲台大声疾呼"够了，别再开发新模型了"时，我隐约看到那位引导整个过程改进运动的领袖恰恰就坐在会场的最前排。我从未见过他，但我对他的工作十分了解。在我整个演讲过程中，他都一言不发（参见演讲技巧8），但他的肢体语言确实并不那么让人愉快。

几年后，我邂逅了一位在那次主旨演讲上与那位大人物坐在一起的听众。他告诉我，当时那位大咖对我的评价是："卡尔是对的。"对此，我感到十分欣慰。虽然，我不确定听众中的每个人是否都同意我的观点，但我的主旨演讲确实激发了热烈的讨论，而这正是我的目的。

演讲技巧 10：避免说"下一张幻灯片……"

这是从我的博士生导师那里学到的窍门，因为下一张幻灯片上的内容已经有了眉目；或者有了改动。

如果说了"下一张幻灯片如何如何"，然后弹出的内容却不一样，还得稍微回放一下以前的内容，这当然会让人觉得尴尬。除此之外，只需按顺序播放下一张幻灯片，讲述其中的内容即可。换句话说，尽可能少出丑，即使与准备好的顺序不符，也将错就错。

演讲技巧 11：不要确切讲出"关于这件事，我要讲 X 点"

在我的一些演讲中，如果要揭示某个特定的要点，一般都会说："关于这件事情，我想说三点。"这可能会导致一些风险，特别是对我们这些上了点年纪、头脑反应已经不那么灵敏的人。有些情况下，我会把前两点讲得非常透彻，然而，在第三点上突然卡了，此时，要么胡诌一个新的"第三点"，期望大脑能在翻到下一张幻灯片之前回想起第三点，要么希望没人记得我先前提到过"我要讲三点"。比较安全的说法是："关于这个问题，我有几点看法。"这样就不必焦虑凑不齐"点数"了，也不必担心有人追问我"第三点到底是啥"。

演讲技巧 12：不要把幻灯片念给听众听

他们都有良好的阅读能力（我们假设您使用了适当的大号字体——请在写幻灯片时充分考虑会议室大小）。所以，不要在幻灯片中塞满大量文本。只需简明扼要地展示项目符号（就是 Word 文档里的"项目符号"，常用的有"-"" ."或者">"等）和图像，这样将有助于听众记住演讲的内容，将来在翻看演示文稿时也能清楚地回想起来。在展示幻灯片里的元素（例如项目符号或图形）时，一次只展示一个，而不是一股脑全部展示在一张幻灯片里，让听众摸不着头脑。

若要给自己多些提示（特别是在演示新的文稿时），可以在 PowerPoint 中使用备注栏写下各张幻灯片的讲话摘要。如果在演讲过程中需要提醒，可以把一叠打印好的笔记放在桌上或讲台上，以便在演讲过程中翻动查看。如果需要更多空间来放文本，可以在前一页的背面放备注，给自己提供更多视觉提示。

我参加过许多次网上的研讨会，可以在我家舒适的环境中对着麦克风讲话，通过互联网向世界各地的参会者展示幻灯片。因为这些演讲中没有人能看到我，所以我可以很放松。根据我在过去现场演讲时最适合自己的方式，我以对话的方式为每张幻灯片写了丰富的笔记。这样，我就可以一边读笔记，一边以恰当的语音语调向听众讲述内容。此时，PowerPoint 备注就是我的脚本，而我用自然语音的方式来高质量交付演讲的内容。

演讲技巧 13：回答问题时，可以说"我不知道"

如果不确定如何做出最恰当的回应，不如直言相告"我不知道"，而不是傻傻地站在那里苦苦思索。坦白说"我不知道"也胜于现场编一个答案，因为现编的答案很有可能是错的。与其简单答复"我不知道"，更好的回答莫过于"我不知道，但我稍后会找出答案"或者"我现在无法给您一个确切的答案，我仔细思考一下，再回复您。"接下来，请确保自己会一直跟进。

因为演讲的节奏由您控制（请参阅演讲技巧 7），所以也可以选择将问题放到最后再回答。可以建议"这个问题太复杂了，演讲结束后我们私下再讨论"；或者"您的问题不具备普遍意义，演讲结束后我们私下再讨论。"或者甚至借口赶时间而拒绝回答该问题。但是，即使不能在演讲过程中当场为所有提问者提供完美的答案，也要对这些严谨的提问者表现出足够的尊重。

演讲技巧 14：控制时间

如果演讲者超出规定的时间，听众不会对演讲有好的反馈。如果演讲被安排在茶歇之前或午餐之前，或者被安排为一天中最后一项议程，后果更严重。所以，请尽量把演讲结束时间控制在预定结束时间一分钟之内。

如果发现剩余时间已经不足以讲完所有准备好的内容，也是您的问题，不是听众的问题。此时，跳过一些内容胜于强迫听众留堂听你讲，因为他们还另有安排，所以会变得很烦躁。通过不断地强化练习，您一定会控制好演讲节奏，一旦预见到可能超时，不妨选择性压缩一部分准备好的材料，然后结束演讲。没有人愿意看到演讲者在最后五分钟将 20 张 PPT 一带而过。

同样，在培训课上，也要保证准时，并且合理安排休息时间。我总是准确告诉学员休息时间有多长，然后在规定的时间内开始。如果有人迟到，这是他们的问题。我有个诨号"时间纳粹"，我认为这是对我的一种赞美。我们要学习的内容很多，我不希望被最后一个回到教室的人打乱整个节奏。一旦学员意识到您严肃认真地对待时间和计划，他们就会按时回来。

一般情况下，我的节奏是平均三分钟讲完一页 PPT。我认识一位发言人，他说他的课程内容非常密集，所以平均一分钟就要讲完一页 PPT。如果他的演讲内容那么多，那么他的语速必然会快到飞起，我实在无法跟上他的节奏。演讲语速一定要保持轻快舒缓，因为只有在合理的传播速率下人们才能充分吸收信息。飞速过一下幻灯片毫无意义，因为观众什么也没听明白。

演讲技巧 15：演讲摘要须准确，演讲内容忌跑题

我笃信"凡事都要广而告之"的真理，因此会为自己的演讲内容写摘要，既要保证描述准确还要能够吸引眼球。听众对演讲的内容保有知情权，演讲者则有义务提供摘要。这似乎是个显而易见的

道理，但我不止一次地观察到有些人的演讲内容文不对题，与预告的摘要内容相差很大。

假设某一个演讲的标题为"斯瓦希里语中动词的词形变化"，然而演讲的内容离题万里。那么，在演讲行将结束时的提问环节，听众肯定会问："关于斯瓦希里语中动词的词形变化，您到底要说些什么呀？"演讲者肯定也会不知所措。他认为自己刚才花了一个小时讨论这个问题，但实际上讲的东西却不着边际。对任何演讲者来说，这都是让人无比尴尬的。幸运的是，我从来没有犯过此类错误，但经常看到别人这样。

演讲技巧 16：即使有很多人参加网络研讨会，也不要紧张

我的网上研讨会通常可以吸引 800 至 1 200 人注册参加，其中大约只有 40% 的人真正到场。即便如此，听众人数已经不少了。但从演讲者的角度来看，无论参会的人是两个还是两百万，在网络研讨会发表演讲的体验都是相同的。我就像跟电话那头的人通话一样。唯一的不同是我收到的问题可能多一些。但是，由于给提问环节安排的时间是一定的，所以，无论有多少人提问了多少个问题，我都只能从中挑几个问题来解答。

当然，演讲是面向大量听众的，哪怕只是想一想这规模都让人心生畏惧，但在网上讲的时候，实际上感觉不到有多少听众。因此，不要总想着自己站在台上面对着台下黑压压的人群，也没有必要被那些看不到的人吓得望而却步。

演讲技巧 17：请记住，您开着麦呢

我有呼吸道过敏症，所以无法大声说话超过一小时。因此，当我讲一整天或者数天的课程时，或者在一个大房间里做演讲时，我总是要求客户提供一个无线领夹式麦克风。麦克风使用的发射器夹在我的皮带上。当我不希望有人听到我在说的或正在做的事情时，总会记着在休息时间或其他时间关掉麦克风。

有一次，我结束课间休息回到教室后，注意到有些学生看着我窃笑。我马上意识到原因了，刚才休息时，我打算走到大厅的下面给我的水壶里加水，然后再去洗手间。当我从洗手间外面的饮水机给水壶接水的时候，注意到自己的麦克风仍处于打开状态，于是赶

紧把它关掉。尽管我离教室很远，但麦克风的声音效果很不错。学生听到水流进入水壶的声音，并且误会了声音的来源（这也符合一般逻辑），窃笑声就是这么来的。我不知道他们是否相信我的解释。但从那以后，在我离开教室之前或是在课堂练习期间，都会小心检查麦克风发射器的开关。

在打开麦克风的发射器时，还应该仔细查看自己所处的位置。有一次课程刚刚开始的时候，我打开了话筒，此时我恰好站在扩音系统的高音喇叭前，电感啸叫声令我大吃一惊。在天花板上装有扬声器的房间里，有时我得走上一圈才能找到可以避免啸叫的位置。哎，成为公共演讲者之后，要学习的东西可真不少啊，这就是所谓的"学无止境"吧。

我发现，上述17个技巧可以帮助我在公开场合演讲时始终从容自信，让我能够应对自如。我敢打赌，它们对您也有帮助。

下一步行动计划

- 在公开演讲中，哪些因素让您感觉最不舒服？把它们逐一罗列出来，考虑一下本章中讲到的哪些技巧有助于您在演讲中增强信心。
- 查看一下以往写的各种演示文稿幻灯片，看是否因为包含过多文本内容而降低了可读性？可以压缩其中的文本内容或者将其替换为图形以及其他视觉元素吗？一定要确保幻灯片上使用的字体足够大，即使站在远处也能看到。
- 公开演讲的（不管是作为演讲者还是听众）哪些方面最有趣？尝试思考在演示文稿中组织或构建出相应的内容和活动，提升演讲的趣味性。

第 28 章 我学到手的一些演讲技巧

从 1991 年开始,我发表过很多次专业领域演讲。现在,我总结出许多行之有效的演讲技巧。这些技巧可能也可以帮您完成高品质的演讲,有些来自我的亲身实践,有些来自我对其他演讲者的观察与聆听。这里我要向大家和盘托出。

引人入胜的开场白

聚光灯一旦亮起,您面临的第一个挑战就是如何迅速引起听众的注意,让他们与您保持同频,可以顺畅地从您那里接收信息。试着为演讲准备一个引人注目的开场白,能够让听众一听就会心一笑。如果能达成这个目的,在余下的时间里,他们就会一直跟随您的节奏走。

通常,我的演讲都从一个简短的现场听众调查开始。我会列出本次演讲所关注领域内(软件需求、过程改进或者其他方面)常见十大典型问题。我请听众举手示意,我列举的问题他们在项目中是否遭遇过;有谁从来没有遇到过这些问题。依此类推,每个问题都要问两次。

列举出来的问题都是普遍存在的,所以我知道它们能够引起大多数观众的普遍共鸣。也就是说,从演讲开始的那一瞬间,他们就对我的内容感同身受。共同的经历为我们建立起紧密、融洽的关系。他们以更开放的态度听取我的建议,以便将来有效应对他们在项目中屡见不鲜的挑战,这也是我要在演讲中阐述的主题。

彩色活动挂图

在有些演讲中,我会在活动挂图[①]上写写画画,例如在小组讨论中,学员提出的一些想法和评论。在一次行业大会上,我见过有位演讲者使用两个记号笔,在将内容写到活动挂图上时,交替使用两种颜色。这可以使活动挂图上的内容更为醒目,更有层次感,更

[①] 译注:活动挂图(flip chart),用于作为演示的辅助工具。最常见的活动挂图就是白板纸。

易于阅读。我觉得这个技巧非常实用。直到现在，我都一直在用这个简单易行但又有效的技巧。

幽默风趣，提高亲和力

好吧，我承认，在我的课程和讲座中，有很多材料都是比较枯燥乏味的。项目管理、过程改进和商业分析，要想把这些主题的内容讲得妙趣横生，还是挺困难的。因此，我会尽量在课程材料中融合一些趣味性强、幽默风趣甚至愚蠢呆萌的内容，尽量使课堂变得生动活泼一些。

多年来，我积累了一些可以信手拈来的段子。在某个时候我不经意抛出段子的时候，会引起听众的哄堂大笑，我一直都在留意和收集这些段子。例如，课程一开始做自我介绍时，我常常会这样说："我生下来就是一名化学研究员。当然，我生下来时只是一个小孩子，但后来我迅速成了一名化学家。"我很清楚，这些段子并不能让我登上"喜剧中心频道"①的舞台，但能使观众觉得我的培训课很有趣，可以拉近我们彼此之间的距离，让我们产生共鸣。如果能让人们持续保持微笑，就能使他们更容易接受您所说的话。

尽管每个人都喜欢卡通人物，但在演讲中要避免过度使用卡通形象，特别是那些陈旧古老的、人们已经不胜其扰的卡通形象，或者令人反感的卡通形象。另外，如果不是您亲手绘制的，其他人可能拥有卡通人物的版权。所以，在将任何形式受版权保护的内容纳入自己的演示文稿时，都要务必小心，一定要注明这些是引用的材料，一定要注明其原始的来源；必要时，为了获得使用许可，可能要支付相关许可费用。尊重他人的著作权，就像您希望他们尊重您的著作权一样。

如果提问者的声音太小……

在大型会议室里，坐在前排的听众向讲师提了一个问题。如果提问者讲话的声音太小，坐在后排的听众通常是听不清楚的。我注意到，此时演讲者在倾听提问时，会有意慢慢移到距离提问者越来越远的地方。

---

① 译注：Comedy Central，主要播放各种幽默喜剧节目，包括脱口秀、幽默动画片和喜剧短片等。

演讲者的肢体语言表明他确实是在用心听。然而，在不知不觉中，随着演讲者距离提问者越来越远，提问者开始大声说话。这样，其他听众更容易听清楚问题。我不确定演讲者是否故意如此，但我觉得这似乎是个好主意。现在，每当我碰到类似情况，也会有意识走远。此时，大多数人的确开始大声讲话。此举非常微妙，但很见效。

如果不确信会议室里的每个人都能听清楚提问者的问题，就需要重复解释，对此，听众将不胜感激。通常，复述问题的过程，还可以多出几秒钟时间来思考，或者重新组织问题的结构。政治家通常都是此中高手。我还从未听说过有人用"是"或者"否"来简洁明了地回答那些本可以用"是"或"否"来回答的简单问题。

互动活动穿插其中

听演讲是一种被动的活动。听众很容易注意力分散或者昏昏欲睡，甚至干脆陷入白日梦中（抱歉，关于这一点请参见前述"幽默风趣，提高亲和力"一节）。

作为演讲者，有效对抗这种综合征的方法就是鼓励听众与您（或者听众之间）经常性地互动。我会时不时地要求听众花些时间来讨论某个特定主题，然后与其他听众分享每个小组的想法。

我也会定期进行快速的用户调研。比如，假设我在一堂课中要讲某个特定的技术，我会问听众："你们中有人用过这项技术吗？"然后，我还会跟一个问题："您是如何使用它的？"这项调查至少会使一部分听众活动活动身体（举手示意），也许还可以为讨论做出一定的贡献。

其实，我做这项调查也是醉翁之意。这种非正式的并且完全不符合科学道理的调查有助于调整我对听众过去经验和知识的预期。比如，我讲了某个非主流的技术，如果一位对此抱有怀疑态度的听众看到她周围的其他人都尝试用过这项技术，也许就会觉得我的建议并不那么奇怪。当然，这不只是我的一点小心思。这位听众也许会在课下休息时间询问那些举手的同学，从他们那里吸取经验。

午餐后，听众一般很难保持高度参与。虽然，在一整天的培训中，我计划每90分钟安排一次休息时间，但在下午的第一节课中，我会经常邀请听众每隔半个小时短暂休息一分钟。他们可以站起来，放松一下，打起精神听下一堂课，直到正式的休息时间。

保持眼神接触

我在大学里修过一门课，在整个学期，那门课的教授都一直盯着一位学生讲课。很庆幸，我不是那位同学。我怀疑教授在公众面前讲课时放不开，而且他读到过一条建议，要将演讲重点放在一个人身上，此时感觉更像是一对一的谈话。演讲者本人，会觉得从容一些，但这会使其他听众觉得被排斥在外了。

在我的演讲中，我的目光会依次轮流扫视所有听众，每次我都会跟听众进行几秒钟的目光交流。我想让我的每位听众都觉得我好像在直接与他/她交谈。如果演示涉及某种推销活动（"请雇我！请雇我！"），我不会只是对着有决策权的人讲话。会议室中其他人可能参与了决策，或者只想知道接下来还有哪些安排，我希望他们也能接收到我的信息。

这种眼神交流还会给我提供一些反馈，我可以从人们的点头或者微笑中读出人们对我的评价。如果有人对演讲的内容不感兴趣，甚至是疾首蹙额，那么他们就会回避我的眼光。这可能是由于我的节奏太快，让听众无法保持足够的参与度；或者听众对演讲的期望远远高于他们从我那里听到的信息。这种无声的反馈可能会促使我与听众进行互动，让我及时察觉到缺失的内容，及时纠正我的错误。

人们喜欢听故事

人类是擅长讲故事的。远古时代，篝火旁代代相关的故事和传说，是历史和传统的传承，融入我们的文化当中。一连串的客观事实和原则，一堆一堆的工具和图表，很快就会使听众应接不暇；但真实经历的故事却永远栩栩如生。您之所以成为顾问，是因为您拥有丰富的经验。所以，您大可以将自己的故事以及您从其他人那里听到的故事融入自己的演讲文稿中，既可以阐明要点，又可以生动描述如何将技术应用于现实世界。这将使您的演讲内容从理论走向实践，从抽象变为实用。

真实的故事还可以增强听众对您的认同感，如果确实已经将您演讲中的内容付诸实践，那么听众会更加心悦诚服地接受您在演讲中描述的内容。坦率地说，我本人更喜欢从身经百战经验丰富的老师那里取得真经，我不喜欢听那些将培训材料背得滚瓜烂熟但个人经验乏善可陈的年轻人讲课。

在演讲中，也可以邀请听众分享故事。最近，我向30位商业分析人员做了一次主题为用户用例的分享。一开始，我就询问听众："有谁以前有过用户用例方面的实践经验。"大多数人都举手。然后，我邀请他们随意分享一下自己的故事：用例怎样对他们大有裨益，或者在应用用例的时候他们遇到了怎样的问题，或者用例这种方法在哪些方面令他们的团队感到困惑。现场确有几位学员向大家分享了自己的故事。这给了我一个机会，可以把他们实际经历与我计划讲解的内容紧密联系起来。有时，现场听众的故事还会促使我提及我原本不打算讲的内容，从而大大丰富了演讲内容（您看，我刚刚又给您讲了一个故事）。

精挑细选的特殊奖品

当我在大会或行业协会举办的会议上演讲时，有时会现场赠送奖品。奖品可能是我写的书，可能是我开发的一门E-Learning课程的备份光盘，也可能是我自己开发的产品。赠送此类奖品其实是在宣传我的产品和服务（包括我写的非技术类图书）。

为此，我还特意想出一个小技巧。如果幸运的获奖者坐在观众中的后面几排，我会把奖品交给前排的某人，然后请他传递过去。这样，又会有好几位听众接触到该奖品，这可能激发他们对该产品的购买欲望。

线上研讨会也是宣传和销售各种产品的优良渠道。我可能会向参会者提供我开发的产品（Process Impact Goodies Collection）特殊折扣代码。因为，线上研讨会相比现场演讲，可能会吸引更多的人来参与，所以这个场合是一个高效率的营销场所。我曾经在一场覆盖全球约8 000名听众的线上研讨会上向大家提供此类折扣代码。这一次的推广活动获得了空前的成功，因为后来我的网站被蜂拥而来的电子邮件搞得应接不暇。我的托管服务器几乎都要瘫痪了。很明显，还有很多求购者的订单湮没其中。这完全出乎我的预料。我从未想过有这么多人同时订购我的产品。

来自其他专家的真知灼见

多年来，我从许多经验丰富的演讲者那里学到了不少发表演讲和讲授培训课程的妙招。下面，我将这些专家的奇思妙想逐一开列。以下内容的排列顺序不分先后，一律来自专家的原话，其中包括理查德·本德尔、弗兰克·加里、卡珀斯·琼斯、霍华德·帕德斯瓦和埃德·韦勒。

- 显示实际数据。我看到过的演讲中，如果演讲者演示了经过充分论证以及详细解释的数据，我就会对演讲给予高度评价。
- 我使用的语言和度量数据能够引起观众的关注。如果演讲只能通过音频传播，这一点就尤为重要。例如，最近我们的公司首席财务官通过电话会议向公司全员解释了基于Dodd-Frank 方案①的财务变革。为了有效传达该项方案的影响范围和深度，他围绕着法案条文的页码数量（2 300 页＋）创建了一些视觉图像，将该数值与过去法案的页码数量加以比较，以突出该项法案的里程碑意义。
- 从本质上说，我的课十分枯燥，所以我会经常引用历史典故使它们变得生动形象。例如，在讨论质量保证策略时，我会提到罗马帝国的 QA 策略，还会提到 17 世纪丹麦海军的质量保证工程。然后，我将它们与当今人们的所作所为（包括成功的做法与无效的做法）有机地联系在一起。这些故事和图像有助于学员理解并记住我所提出的要点。
- 每次培训课开班的时候，我会询问学员对课程有哪些期望，或者他们在项目中遇到了哪些与本次课程主题相关

---

① 译注：《多德-弗兰克华尔街改革和消费者保护法》（Dodd-Frank Wall Street Reform and Consumer Protection Act），2010 年 7 月 21 日由时任美国总统的奥巴马签署生效。它是自 20 世纪 30 年代以来美国一项最全面的金融监管改革法案，旨在限制系统性风险，为大型金融机构可能遭遇的极端风险提供安全解决方案，将存在风险的非银行机构置于更加严格的审查监管范围下，同时针对衍生产品交易进行改革。

的问题。我以开放式的方式征求意见，以免对他们的想法有偏见。我将这些期望和问题记录在活动挂图页面上，并在整个培训期间一直把此列表挂在醒目的位置上，定期进行回顾，查看我们的培训效果。这些期望和问题清单能够有效地把课程内容与学生最关心的问题联系起来。
- 课堂演练可以增强所有学员的学习体验。在课程中，我的所有演示案例和分组练习均取材于真实项目，经过脱敏处理来保护相关隐私。现实世界中的例子当然不如虚构出来的例子那么完美。然而，虚构出来的例子会使学员回到自己的项目后感到束手无策。圆满完成这些以实际案例为基础的课堂演练需要个人的努力和团队的协作。
- 用图像和视频剪辑来说明概念，不能只依靠文字说明。寻找与问题的情感联系，找到图像来有效传达。此举还可以帮助听众牢固记忆概念。
- 最近，我一直在尝试一些革命性的事情：干掉 PowerPoint。令人惊讶的是，干掉幻灯片之后，我立即被教室里的气氛感染了，我和学员之间的互动更为有效，我可以根据学生的能力和需求更加自如地调整授课的节奏。这就好比一个人在扔掉拐杖之后变得健步如飞。

下次参加自己心仪的演讲时，请重点思考演讲者的演讲风格和方法中哪些因素对自己有吸引力。然后，将这些特征整合到个人演讲中，您将立即成为一名妙语连珠、语惊四座的演讲达人。

下一步行动计划

- 列出可以用于下次演讲的四五种演讲技巧，以提升观众的参与感。
- 在做下一次演讲之前，请列出一些亲身经历过的真实故事，配上插图作为强调。甚至，只要故事引人入胜，可以不必非得是自己经历的故事。但是请记住，如果演讲时间已定，那么为了能够按时完成演讲，花时间讲故事就意味着必须压缩或省略其他内容。

- 回想一下，哪位培训讲师（或者会议发言人、在线研讨会上的演讲者）您觉得最难忘或者认为最具影响力？为什么对他的演讲记忆犹新，而其他人的演讲内容却忘得一干二净？他们使用了哪些技巧来让你保持专注，又是如何让您觉得意犹未尽而想进一步了解主题的，或者激发您在回到工作岗位后一定要尝试一下他们介绍的新技术？根据这些分析，尝试调整自己的演讲风格，使其更加引人入胜。

第 VI 部分

笔耕不辍，记录个人的辉煌足迹

第 29 章：文如其人
第 30 章：兢兢业业，一丝不苟
第 31 章：为杂志、网站和博客撰稿
第 32 章：听说您要写书
第 33 章：新书付梓
第 34 章：自助出版
第 35 章：合作写书

第 29 章　文如其人

1984 年，我在计算机杂志上发表了处女作，当时所谓的"微型计算机"刚刚进入大众的视野。当时，我们这些早期的使用者都想了解这种机器是如何工作的，尝试着让它们做一些令人着迷、小有用途甚或是妙趣横生的事情。我还尝试着用我的新电脑去完成一个相对复杂的功能。我突然想到别人也许会对我的新发现感兴趣，所以就写了一篇文章投稿到一家杂志，后来刊载出来了。从那时起，我就开始写了许许多多涵盖各个主题、有关计算机的文章，直到今天，我依然笔耕不辍。

对于咨询顾问、商业分析师和项目经理来说，有效的写作沟通是一项必不可少的技能。我所完成的许多咨询工作都是为客户开发流程相关的文档和材料。我创建过许多规程、文档模板、检查表和指导用书等。还有些工作包括针对某个过程或文件提供评审意见，即提交一份书面报告来说明我的意见与建议。

一旦在某个领域积累一些经验并形成了自己的见解，您就会有下笔成章的冲动，把它们记录下来变成博客随笔、变成提交给行业大会的论文或者投稿给杂志的文章，甚至是著书立说，向更多人分享自己的所学所长。迄今为止，在软件工程、质量管理、项目管理等领域，我已经写了 180 余篇文章。另外，在化学和军事历史学领域，我还写过 20 多篇文章。大多数文章都发表在传统的杂志上。近年来，越来越多的文章通过网站等新媒体公开发表。不同之处在于杂志通常会为文章支付稿酬，而网站则不会。

然而，实际情况也不尽然。我们在第 17 章中探讨过这个问题。如果讲述的故事足够精彩，而您在业界的名声又足够响亮，完全可以同任何想要刊发自己个人作品的人商谈稿酬。一篇文章可以收取 100 至 1 000 美金的报酬，这是业界公认的标准。本书第 31 章提供了许多为杂志、网站和博客写专栏文章的建议。

水到渠成的时候，您可能还会决定写书。写书和写一系列杂志文章或博客文章可是两码事。就一个话题展开描述，写一篇几千字的文章并不难。而一本书的篇幅，一般至少有 6 万到 10 万字，这需要您做好细致的计划，投入大量的时间和精力。经过校对后，当前这本书的正文部分大约在 9 万字左右，还不包括文前（如目录）和文后（如索引）。

接下来就是出版书，包括商讨出版合同、书籍发行宣传以及其他一切相关事宜。这些事情可不敢等闲视之。本书第 32 章和第 33 章正是一些关于如何写作和出版书籍的建议。如果决定自助出版，可能会发现第 34 章有关自助出版的内容对您很有帮助。

许多非小说类书籍都是由两个或两个以上的作者共同完成的。我试过几次。第一次尝试完全一败涂地，邀请我作为合著人？其实对方是希望由我来完成所有写作工作，而他本人只负责提供一些作为参考的素材，另外由他来评审我写的东西。不幸的是，他审阅书稿并不及时，严重削弱了我参与合著的动力。这一次合著在完成两章草稿之后就草草终止，我选择了退出。之后很久，我才开启了第二次的合著经历。这一次截然不同，我们大获成功。我把这段经历记录在在本书第 35 章中。这一章的内容其实适合所有需要多人协作的项目，而不只限于写书。

奉为楷模

我有一个锦囊妙计，那就是想想看谁的作品最引人入胜，然后再效仿他。您应该有自己最心仪的作家，发现他们的书对您大有裨益，他们的书生动有趣，令人爱不释手。现在，花些时间研究一下他们的作品为什么会打动您。然后，着手尝试把这些要素"搬"到自己的写作中。

很多年以前，在我的心目中，史蒂夫·麦康奈尔[①]是软件领域内我最喜欢的作家之一，他现在也是我的好朋友。他写过许多畅销书，在业界备受推崇。通过深入研究，我发现他在大部分著作中使用的都是非常短小精悍的句子，直观易懂正是他的写作风格，他还擅长运用会话的方式。

[①] 译注：先后效力于微软公司、波音公司和西雅图地区的公司。他的著作影响了几代软件工程师，包括《快速开发》、《软件项目的艺术》、《软件开发的艺术》、《代码大全》。他的著作两度获得《软件开发》杂志当年的优秀图书震撼大奖。作为 1998 年《软件开发》读者推选的软件行业最有影响力的三大人物之一。

我也对这种不拘一格的写作风格心存向往，不过我不得不承认自己的文章有时太拖沓冗长，语句啰嗦。而且，我还有过度使用副词的倾向，"倾向于"正是我行文时的口头禅。我们的文章都有缺点。但史蒂夫的写作风格确实能够引起我的共鸣，他也是我长久以来的榜样。

简洁洗练，清晰明了

一旦意识到自己最喜欢史蒂夫的著作，我就努力以他为榜样优化自己的行文风格。我用 Microsoft Words Grammarchecker 工具（拼写检查功能的一部分）提供的统计数据作为指导。顺便说一句，虽然我觉得 Word 中的语法检查功能基本上百无一用，有时甚至颠倒黑白①，但我确实喜欢它的语法统计功能。

语法统计功能会统计一篇文章中每个段落里平均有几个句子以及每个句子的平均单词数和每个单词的字符数。在用英语写作时，每个单词的平均字母数应在 5 个左右。我的目标是保证每个句子的平均单词数量不超过 20 个，越少越好。简单的单词、短句子和短段落都能提升可读性。

统计报告包括以下可读性指标。

- FRE（Flesch 易读性指数）：这项指标越高，说明文档可读性越高，越流畅。我给自己设置的目标值是最低 40。
- Flesch-Kincaid 难度：这项指标越低，说明文档越容易阅读。在写作技术性文章时，我可以保持在 12 级水平。在写作非技术性文章的时候，我的目标值是 8 到 9 级。

此外，我还倾向于尽量少用被动句。用主动语态写的句子比被动句更直接，更易于理解。

如果统计数据达不到我的期望，我会做一些修改，以简化内容，提高可读性。举例来说，以下是本章文字的统计数据：

- 总字数：1823 字
- 每段平均 4.3 句（不错）
- 每句平均 15.6 个单词（不错）

---

① 译注：此处原文为 Opposite Day，2009 年上映的一部喜剧，导演是 R. 迈克尔·吉尔斯，大致剧情是在完全颠倒的一天，小孩变成大人，大人变成了小孩。

- 每个单词平均有 4.8 个字母（典型）
- 百分之二的被动句（还可以）
- Flesch 易读性指数 57.0（很棒）
- Flesch- Kincaid 难度等级 9.0 级（完美）

如果这些统计数据所言不虚，您会发现这一章很容易阅读。这也正是我所希望的。

旁征博引

在我们的职业生涯中，我们每个人都在不同的领域内积累了一定的知识与经验。我们需要有效应用某种技能将所积累的知识整合起来，尤其是来自不同领域的知识，然后以一种引人入胜、易于理解的方式传递给读者。技术性文章的写作很容易写成刷锅水那样枯燥乏味。所以，我们有必要通过一些精挑细选的幽默故事和个人经历来点缀它，使它得到升华。

和我的演讲一样，我写的技术性文章也包含有许多真实的人生故事。这些奇闻轶事使得文章内容更加具体，给读者身临其境的感觉。一旦读者将书中的内容与其个人真实经历联系起来，无论是那些令人心花怒放的，还是那些令人黯然神伤的，您在书中所表述的观点都会让他们觉得更真实，更加意味深长。本书中所有的故事都是真实的，无论是我的个人经历还是同事的经历。我从我的客户那里收集到无数的故事，他们和我分享了他们所遭遇过的挑战、所遭受过的挫折、还有那些所经历过的辉煌。有位客户向我讲述了一段悲伤的往事，然后他说：“哎呀，我可不希望这个故事出现在您的下一本书里。”

"不，它当然会出现的，"我回答道。"您觉得我在书里面讲的故事都是从哪里来的？我从不编故事，我只是在采撷佳言。"

当然，在所有的故事里，我都会为保护隐私而做脱敏处理。经验与教训从何而来，这并不重要，有些教训来自我们做过的傻事，有些错误源于我们忘记去做重要的事，有些经验则来自脑海里灵感迸发的瞬间，我们需要关注的是如何有效吸收和运用，并且跟伙伴们分享这些洞见。

自成一体

　　写作的重点莫过于与读者交流。好的作品，读者的反应恰恰在于他们不需要费尽心思就能了解作品的内涵。读者喜欢简单明了的教程，他们从中可以学到立刻可以付诸实践的技术。读者欣赏解析得清楚的概念、例子和观点。

　　有些作者使用佶屈聱牙的文字、繁冗复杂的长段落和拐弯抹角的措辞，似乎不如此就不足以让读者领略到他们的高明。实际上，没有人在乎您有多聪明，他们只关心您是否对他们有帮助，因此，我只青睐简单直接、对话式的写作风格。

　　很久以前，我为某计算机杂志写了一系列以汇编语言为主题的编程教程，这个题目可不简单。我遇到一个粉丝，他告诉我说："在我读您的文章时，觉得您就在我面前向我娓娓道来。"这正是我一心想要达成的阅读效果。哪怕只听到一位读者喜欢我这种写作风格，我也会感到高兴。

　　当您在形成自己的写作风格时，需要静下心来仔细想一想，您想从仰慕自己的读者粉丝那里得到怎样的评价？可以此为目标倾力锻造自己的写作风格。就在本周，一位读者在我的一篇博客文章后面评论道："我一直喜欢您的文章，因为您的文章总是以简单有趣的方式来承载深刻的见解和海量信息。我发现您的书既容易读又实用。"言简意赅，饶有趣味，方便读者，实用性强，如果读者用这些词语来评价我的作品，在我听来就像是萦绕在耳边的仙乐。用奇思妙想去打动人是一回事，但我最感兴趣的是给读者提供简单实用的技巧以及将其付诸实践的动力。

　　我接受的科研教育旨在培养科学家。我的第一篇论文是物理有机化学领域的博士论文，题目是"氢化锂铝还原酮的动力学和机理"（还有什么比这更吸引人的呢？事实上，这个课题还相当酷呢）。科学家说话不像正常人，所以，当我开始尝试写化学学科以外的文章时，很是花了一些时间才忘记科学家的写作风格，我费了很大力气改进自己的写作风格，力求更方便读者理解。

　　关于我的作品，我认为我能得到的最高赞誉之一是："从您的写作风格来看，还真看不出您是有博士学位。"对此，我感到非常开心。

下一步行动计划

- 您所在的领域内,最喜欢和最欣赏哪位作家?写下他/她的名字。想一想自己为什么喜欢他们的文章?能识别出他们的写作风格吗?
- 找出您认为自己在写作方面的最大弱点。创建一份检查表来提醒自己在写文章时需要着力避免和改善哪些问题。
- 您最期待读者有怎样的赞誉?把它们写下来。您能想出哪些办法来改善自己的写作风格并让自己获得这些好评?

第 30 章　兢兢业业，一丝不苟

　　同行评审是一个强大的工具，可以用来辅助您成为伟大的作家。我可以毫不夸张地说，找到一位伙伴，让他一丝不苟地审阅您的书稿，然后直言不讳地提出意见，这样的人实在是可遇不可求。回首学习写作的过程，必须说我的大学老师令我受益匪浅，他们兢兢业业，劳心劳力地审阅我的论文，给予我细致的指导和率直的批评。正是当时他们对我的点拨，才使我真正懂得了如何写出优秀的论文。

　　在作品发表之前，至少需要完成四个步骤的准备工作。

　　1. 自行检查、审阅和编辑。
　　2. 延请同行评审。
　　3. 外部编辑的审阅。
　　4. 校对。

　　此外，在某些情况下，可能还需要进行一些技术性的开发和编辑工作。无论自认多么才高八斗，也需要一位优秀的编辑为您的作品增光添彩。每一次，无论我写出来的东西看起来是多么整洁清爽，审阅者和编辑的火眼金睛，总会发现一些细小且难以察觉的错误，总能找到一些不尽人意的地方。本章中，我将向您诠释不同类型的审阅和编辑活动如何实施及其重要性。

自行检查

　　保障作品品质的第一道关口是自己仔细审阅文章。每当我完成一篇新作之后（可能是一篇专栏文章，也可以是书籍里的一个章节，或者一篇博客文章），都会将其搁置一整天，然后再进行评审，搁置的时间越长越好。如果在写完一段之后立刻回头重新阅读，肯定不是在做认真细致的评审，只不过是在脑海里又把它复述了一遍。我情愿让自己的记忆片段消退一段时间，然后才以崭新的、公正的眼光重新审视它。这时，我才看得出一些奇奇怪怪的句子，才会质疑自己："我在写下这些句子时，到底在想些什么呢？"

当我审阅自己的作品时，偶尔会听到一丝丝喋喋不休的唠叨声（很幸运，只有一个人的声音）："这部分毫无意义。应该改一改或者干脆删掉。"

过去，当耳畔响起这些唠叨时，我经常对自己说："还是看看审阅者对此有何看法。"然而，事实是，这些瑕疵总是难逃审阅者的法眼，他们也会毫不留情地指出来。于是，后来我学会了信任那些抱怨，立即修复自己觉得尴尬的地方。倾听自己内心的呼唤，它不会欺骗自己。

不可否认，我是个天生的话痨，所以总是用一些技巧来促使自己的文章更加紧凑。每次，我对篇幅达到数千单词的文章或章节进行评审和编辑工作时，我都会尝试删掉 100 个单词。虽然，这个目标并非每次都能如愿以偿。但是，持续关注文章的紧凑性可以帮助我写出干货，提升每句话的价值。您可能会感到惊讶，即使删掉很大篇幅的文字，仍然能保障文章的完整性和连贯性。

可以使用文字处理器的工具来发现错误。运行拼写检查，一定要做两次。把句号之后、冒号之后以及单词与单词之间双空格替换为单个空格。全局替换所有的单引号和双引号，以确保它们都被设置为弯引号（类似这样"smart"）。确保所有的标题、正文和引文的样式一致。运行语法检查，查看报告以确认是否需要纠正文章中任何潜在错误。每次修改之后，都要再次运行拼写检查，因为我们在更改内容的时候，很容易引入新的拼写错误。

第三方审阅

一旦对自己的作品感到满意，就要把它呈送给同行进行审阅。审稿人有时也被称为 Beta 版读者。审阅的过程因作品类型而异。哪怕作品不会正式发表，我也建议至少请一个人仔细检查。有值得信赖的同行指出文章中的错字、乱码或事实错误，还可以接受，我不愿意让网站访问者或潜在客户发现错误。如果被人发现我的作品里有错，难免有些尴尬；但能让审阅者尽早发现错误，我认为这是一种幸运。

一丝不苟的审阅者对您的帮助是巨大的。阅读文章初稿非常乏味，然而，他们仍旧不辞辛苦，兢兢业业帮着改善文章品质。对此，我一直心怀感激。每本技术类书籍出版之前，我都会延请几位审稿人（一般不会超过 3 人）不吝斧正。值得欣慰的是，他们从来没有让我失望过。

一旦知道某位审阅者自己也在著书立说，对他们的反馈我总是很踌躇。我知道，我的想法有些愚蠢，虽然我必须要花大量时间来处理审阅者的评审意见，重新整理文稿；但我知道他们的指责可以使我的作品更加出色。有些审阅者只会对您发给他们的初稿大加溢美之词，指出寥寥几个拼写错误，甚至根本不回应。这类反馈实际上并无多大用处（然而，我依然对所有 Beta 版读者心存感激，感谢他们的所有付出和反馈意见）。

审阅结束时，对我帮助最大的 Beta 版读者，会收到我送出一些小礼物，例如在线零售商的礼品卡。他们付出了巨大的心血，相比之下，这些小礼品虽然微不足道，但总是很讨喜。当然，所有审阅者的姓名都会出现在"致谢"里。这是我对他们最起码的感激和尊重。

根据我的经验，非小说类著作的审阅往往会导致篇幅加长（恰恰相反，下一步编辑的工作会缩短篇幅）。审阅者经常建议我增添更多内容、讲述更多故事或者展示更多插图以增强论点的说服力。每次，在处理完所有审阅者的意见后，我都发现文章的篇幅可能比之前的版本多出 10%～20%。因此，我还要援引前一节讲过的"删除 100 个单词"原则，重新再来一次裁剪，特别是文章有长度限制时。这一次的整理编辑工作还可以有效解决文中啰嗦、冗长和重复的问题。

延请同行审阅的过程其实很痛苦。想一想，自己殚精竭虑写出来的自认为精彩的文章，感到无比骄傲，渴望与他人分享。然而，其他人的反应并不如您希望的那样热情盛赞，反而提出大刀阔斧甚至伤筋动骨的修改建议，这着实让人心痛。您必须学会以开放包容的态度坦然接受这些诤友的善意批评。

自然，作者将自尊心附在个人的作品上。然而，身为作者，需要暂时放下自我，才能充分接受审阅者的批评。当然，审阅者也不能以居高临下的态度对待作者。优秀的审稿人尊重作者的工作，所以会给出周到细致、富有建设性的反馈。有时候，一句差评即使言之有理，也不一定能够让作者心平气和地接受。我一直对同行审阅充满热情，甚至专门写了一本同书名的书。[①]

---

① 译注：中文版由机械工业出版社 2003 年出版。

最近，一位认识了十多年的同仁，问我是否愿意审阅她写的一本篇幅不大的电子书。我欣然同意，尽管没有为她的书籍贡献什么内容，但对书的内容和结构，我都给予详尽而又坦率的反馈，因为我一直希望自己的审阅者能够给予我这样的反馈。况且，这是她的第一本书，而我已经写了 11 本书，所以我认为我有一些写作经验值得分享给她。

然而不幸的是，我最担心的事情还是发生了。我的直率得罪了她。她用"严苛"来形容我的反馈意见。显然，我并不打算冒犯她，也不觉得我的审阅意见苛刻。我只不过是太直接而已，而且，我认为对我非常了解的人，这样做是妥当的。我不知道我的审阅意见她能够接受多少，但坦率地说，我自认为我的反馈意见还算中肯。我喜欢直言不讳，我绝不愿意出口伤人（至少我自己是这么认为的）。真的很遗憾，她居然以这种方式来评价我的审阅意见，但我从未想到过冒犯她。下一次，我一定更加小心谨慎，慎重接受别人的委托，慎重表达自己的审阅意见。

我们都想听到别人夸自己的作品精彩绝伦。可悲的是，事实往往并非如此。不同的审阅者会以不同的视角和不同的欣赏方式来审阅您的作品。作为作者，我们往往会对那些直率坦言的"诤友"一般的审稿人心存芥蒂，对他们的审阅意见往往视而不见。下一次，当您打算对他们的审阅意见置之不理的时候，我建议您三思而行。

多年以前，另外一位同仁邀请我审阅他的几部书稿。这些书籍所涉及的技术领域都是我的专长，他也是一位在专业领域内颇有建树的好人，所以我欣然同意。他的前两本书，我都给予详尽而又细致的反馈。但后来我发现，针对我提出的那些建议，他几乎没有做任何修改。我把这归因于他并不认可我的观点。后来，他再来邀请我审阅他的其他著作时，我婉言相拒了，因为我觉得这样的审阅纯粹是耽误我自己的工夫。

延请同行给自己当 Beta 版读者，有时还会带来一些麻烦。如果您邀请某人审阅您的作品，随之而来的可能是将来某个时间里他会请您审阅他的著作。如果遇到这样的情况，请不要感到惊讶。互相帮助本来就很平常。尽管可能与您的观点相左，但我始终很看重同行评审，无论我们是著书立说，还是开发软件。因为一旦我们全身心参与同行评审，我们的工作都会从优秀走向卓越。

策划编辑

出版社可能会指定一位策划编辑与作者合作，尤其是新手作者。与文稿编辑相比，策划编辑会对书稿提出更多根本性的修改意见。比如书稿里需要着重强调的部分，作者的文字结构或者内容组织不够恰当；书稿内有一些硬伤，必须在付印之前修正。策划编辑对您的工作帮助很大。

Dorset House 出版社的编辑为我的第一本书《创建软件工程文化》增色不少。按照该出版社的流程，他们的编辑工作分两阶段执行。首先，策划编辑帮助我将结构欠佳、内容松散的初稿转变成更有效的叙事体结构。

其次，文稿编辑大刀阔斧删掉很多内容，让全书的行文更为紧凑。我们总共删减了大约 2 万字，这可是我就算用上洪荒之力也得花好几个小时才写出来的文字。然而，不得不说，相对于原书稿，"手术"后的成文简直是焕然一新。这次经历使我对"剪辑"①一词有了刻骨铭心的记忆。

近年来，传统出版业发生了翻天覆地的变化。今天的出版机构不大可能继续实施两阶段的编辑工作。他们都倾向于接受接近于成品的书稿，这样，在书籍出版印刷之前他们无须做更多的审校工作。如果书稿已经接近于成书状态，则更有可能获得出版社的青睐。因此，如果作者的经验不是特别丰富，请考虑自己请一位专业编辑来帮助完善书稿，然后再提交给出版社。书稿提交之后，到底是会收到一纸退稿信，还是看到自己的名字印在一本崭新的书籍上，可能就取决于这项投资。

专业技术编辑

从逻辑上讲，技术类书籍有时还需要有一个专业技术编辑过程，经验不足的作者以及面向特别复杂的领域写的书籍最常见。专业技术编辑确认技术的准确性，根据标准约定正确使用术语以及保证任何数据的真实性及其分析的正确性。他还可以帮助作者尽可能清楚地展示复杂的内容。传统出版社的图书责任编辑有时会召集一

---

① 译注：此处原文为 cutting-room floor，直译为"留在剪辑室的地板上"。

批经验丰富的同行，依托他们深厚的技术领域知识来完成这种类型的编辑工作，提供颇有见地的审阅意见。

我针对软件领域出版的书籍中，只有《软件同级评审》做过专业技术编辑。当时，责任编辑聘请一位就同一主题写过另一本专著的业内人士来做专业技术编辑。他是该领域真正的世界一流专家。同他相比，我不过是个略窥门径的爱好者。遗憾的是，这位专业技术编辑在审阅这本篇幅并不大的书稿过程中，中途停工了。至于原因，我无从知晓。我对他如此敬仰，结果却令我大失所望。

如前所述，在提交稿件之前，我所有的书稿都经过了专业人士的广泛审阅，因此其他出版社都认为没有必要对我的书稿做正式的专业技术编辑。如果编辑建议做，您也不必太过抵触，它的确对您很有帮助。

文稿编辑

如果作品要出版印刷或者发表在网络杂志上，那么您将会与一至多位拥有"编辑"头衔的人打交道。文稿编辑就是其中之一，其工作职责是纠正文章中的拼写、语法和标点符号错误，确保作品表述一致、内容清晰。文稿编辑一般不会像策划编辑那样对稿件内容进行实质性的调整，也不会建议您做出结构性的修改。文稿编辑的职责，在于确保作品符合出版要求和标准，符合其他惯例。例如这句话："We vacationed in Germany, Belgium, France, and Luxembourg."在单行列举中的各个连接处前面需要放一个逗号。France之后的那个逗号一般称为"牛津逗号"[①]或者"连续逗号"。有些杂志要求一定要使用牛津逗号；而有些杂志则禁止使用牛津逗号。我比较喜欢添加一个牛津逗号，因为这样可以提高辨识率。

《芝加哥手册》（CMS）[②]是被许多文稿编辑奉为圭臬的权威参考。我手边随时放着CMS，当我不确定该如何正确表述时，都会求教于它。比如："20"应该写成阿拉伯数字，还是写成Twenty？在表述时间时，

---

① 译注：牛津逗号（Oxford comma），又名序列逗号（serial comma），指的是在英语中列举多个对象时，在最后的并列词，比如"and, or, nor"等前也加上一个逗号，以减少可能的歧义。

② 译注：全称为 The Chicago Manual of Style，是芝加哥大学开创英文写作经典标准和格式要求。第1版CMS由芝加哥大学出版社的资深编辑于1906年编撰完成，很快就风靡世界，成为最常用的格式标准。

"上午"到底是写成 AM，A.M.，am 还是 a.m.？字母 a 的前面还需要放一个空格吗？这些疑惑统统可以在 CMS 里找到解答。

  传统出版社在出版印刷一本书之前，通常会指派一人担当文稿编辑或者聘请一名独立编辑（本质上是一名自由职业者）。通常还可能需要与一名插画师通力合作，一起重绘书中的人物，重新排版页面，制作索引）。一定要与编辑建立顺畅的合作关系。一定要学会尊重编辑的工作。另一方面，编辑也需要了解您的偏好，尊重您的风格，小心谨慎地与作者讨论敏感话题。优秀的编辑可以保留您的"声音"，尽管他会对书籍的内容进行反复推敲。

  虽然没有义务接受编辑建议的所有修改意见，但应该仔细考虑每一处修改意见。大多数修改意见并不需要您费脑子斟酌，全盘接受即可。与您相比，编辑人员在这方面会做得更好。归根结底，最终印制在封面上的是作者的姓名，而不是编辑的，您要对出版物负全责（格式问题除外）。

  优秀编辑审阅过的出版物，即使是最挑剔的读者也挑不出任何毛病。出于某种原因，我非常擅长发现印刷错误和单词使用错误（这并不是说我自己的作品是完美无缺的，不过错误确实很少）。我认为，在已出版的书中出现这些错误会让人觉得简直如鲠在喉。几年前，当我写第一本书的时候，我对选择哪家出版社非常谨慎。我想起自己读过的由同一家出版社出版的几本软件方面的书籍，里面好多错误。对我来说，那家出版社的编辑确实太敷衍了事了。所以，尽管那家出版社给我提供了新书的出版合同，但出于这个原因，我断然拒绝了。幸运的是，我最终选择的出版社，他们的编辑工作极为出色，使我的书做到了零差错。

  最近，我发现书籍中最常见的错误之一是同音字的拼写错误。同音字听起来相似，但拼写不同，比如这几个词：write（书写）、right（正确）、rite（仪式）和 wright（怀特）。读者才不在乎这些错误到底是作者造成的，还是编辑失察。一本书中如果尽是些这样的错误，说明编校质量堪忧，然而，印在书籍封面上的只有作者的名字。

仔细检查

  不管是文稿和书稿，请务必再查一遍编辑后的版本。检查要非常仔细，以确保编辑的修改不会引入意外的错误。这事儿时常发生。很久以前，我发表的一篇文章中出现了一处文字错误，我感到很意外。我提交的文稿里没有这个错。原来，我原稿里用的是Flake，但在杂志上却印成了"Flack"（这正是令人讨厌的同音异义词又一个显著的例子）。这些单词的含义截然不同。我的原稿是正确的。

那一次经历给我一个启迪：有些文字错误的始作俑者并非作者本人，而是编辑。编辑在修改原稿的时候，很容易引入新的错误。因此，我本人总是会对最终版本进行快速校对，确定无误后才交付印刷。

我经历过的最惨痛的编辑失误发生在我给某个杂志写的一篇文章中。这篇文章大约4 000个单词。负责文稿的是一位独立编辑。他说，他对我的原稿只做了微小的改动。然而，我检查之后发现，竟然有多达26处他直接篡改了我的原意！例如，在原文中我举了一个案例，原本写的是"我们首先完成A步骤，然后再去执行B步骤"。编辑直接改为"我们首先完成B步骤，然后再去执行A步骤"，他给出的理由是这样读起来更通顺一些！但这是一个确凿的案例，执行步骤岂能随意篡改呢？而且，如果这类编辑错误不经作者本人的仔细研读，一定会流传出去误导读者。编辑不是领域专家，作者才是。编辑不知不觉中做出的一处微小改动可能会歪曲作者的原意。

虽然很少出现作者与文稿编辑之间工作不合拍的情形，但对此也不能掉以轻心。我有本书的编辑出版就遇到过此类问题。那位文稿编辑引入了太多异常错误，而且对我的原文做了大幅度的修改（大多数修改其实都是徒劳无益的）。我跟他沟通了很多次都不见效。忍无可忍之下，我只好向责任编辑大倒苦水。随后，责任编辑亲自接管文稿编辑工作，结果非常出色。这是绝无仅有的一个特例，与我共事的绝大多数编辑都非常出色，他们对我的文稿所提供的数不胜数的修改意见往往能切中要害，让我感激不尽。从编辑的真知灼见之中吸取营养，可以使我们下一次做得更好。

有位经验丰富的编辑朋友贡献了如下锦囊妙计：

"对于初尝写作的新手而言，与任何一位编辑进行合作都是一场考验。如果他们不喜欢编辑，甚至可以提出来撤换编辑，但与编辑的主管进行沟通时，一定要保持理智。另外奉送一个小贴士，一定要跟出版团队里的每一位成员友好相处。即使是最最不起眼的文稿编辑，有朝一日也可能成长为责任编辑，或是转投更大牌的出版社或网站。与编辑建立良好的私人关系可以让您受益匪浅。"

这真的是金玉良言。我初次结识这位女士的时候，她还只是某专业软件开发杂志的文稿编辑。几年之内，她就已经晋升为刊物的最高领导，也就是"总编辑"。我们一直合作得很好，相处也很愉快，真是让人欣慰。

专业书刊文稿编辑通常会创建一张样式表随时参考。样式表上罗列出诸如出现在作品中的名称、专有名词、专业术语以及其他可能出现的特定方式的标点符号或拼写。我在自己的一本书讨论了一种称为"对话图"的工具。其中，"对话"一词的拼写可以是 dialog，也可以是 dialogue。文稿编辑必须知晓并牢记作者习惯于使用哪种拼写方式，或许作者在文章的某些地方使用 login 来表示"登录"一词，而在另一些地方则使用 log in，logon 或者 sign in。样式表可以帮助文稿编辑确保全文前后一致。

校对

无论是刊发文章还是出版书籍，编辑都不是最后一道工序。排版后，仍然需要完成最终的清样校对。这项活动与编辑工作完全不同。您不需要对原文做进一步的改进，而是要确保原文的最终形式没有错误，已经可以展示给读者看。

理想情况下，校对和编辑将由不同的人负责。我自己也校对过自己的文稿。然而，对原文了解得越深，越难发现其中的错误。显然，作者本人对原文最为了解，所以作者来做校对并不是个好主意。最近，我自己写的小说《重建》（*The Reconstruction*）就遇到了这样的问题。敏锐的读者一眼就看出有一处印刷错误，我在编辑完成后进行的多轮校对过程中居然从未发现。

如果可能，除了自己校对，再请一位独立的校对员。但即便如此，也难免有错。这个教训来自那位发现我写的推理小说中第二处错误的读者。这个错误应该是从一开始的手稿中埋下的。我把那一章大概通读了15遍，却从来没有发现过那个错误。但我并没有感到太沮丧，因为我的21个Beta版读者、我的文稿编辑和两名校对都没有看出来。但它却是存在的，我负有不可推脱的责任。

为了校对好文稿，人们想尽了一切办法。比如，正如我之前所建议的那样，文稿写成后隔几天再校对，这样才有效果。也可以逐行阅读文本，只查看单词和标点符号而忽略其具体含义。有些人喜欢用一页纸盖住除当前正在校对的那一行之外的所有文本。还有人喜欢大声朗读文稿，此举虽然拖慢了校对的速度，但是可以做到细致入微。校对者可能希望参考文稿编辑创建的样式表来确保专有名词和专业术语全文一致。

还有一种校对方式是逐句子或者逐段落地倒序通读全文。这将帮助您将注意力聚焦于单词，而不会陷入故事中被它左右。如果正在校对自己的作品，这个方法尤其管用。因为已经非常熟悉自己的作品，所以校对的时候您的大脑更倾向于复述原文，而不是让您以全新的目光重新审视它并发现隐藏其中的小错误。但是，请勿尝试逐个单词地倒叙通读全文；以这种超细的颗粒度，您永远发现不了缺失的单词或者有违常识的句子。

我还发现，如果阅读各种不同形式的文本，会发现不同的错误。如果我在计算机屏幕上阅读某些文章，就会发现某些特定类型的问题；而当我仔细阅读纸质版文稿时，又会发现其他类型的错。更有甚者，在 iPad 上校对电子书我能发现错误，在计算机屏幕或纸稿上却看不出来。需要根据个人习惯来确定合适的校对策略。您可能会对能发现这么多错误感到错愕，但我早已经见怪不怪了。

使用语音识别软件

过去的 20 年，我几乎一直在用 Dragon Naturally Speaking 语音识别软件来完成所有的写作工作。该软件可以很好地识别我说的话并将其自动转化为文本。自从我掌握了使用语音识别软件来写作的能力，就发现它比打字快得多，手腕和前臂也得到了充分解放，可以有效防止肌肉劳损。

语音识别软件永远不会拼错单词，但有时会误解我说的话，以至于文本中会出现完全出乎意料的错误，连拼写检查都查不出来。因此，我需要比平时更加仔细地校对通过语音识别软件来输入的文本，它更可能导致我前面提到的那些讨厌的同音字错误。

就在我校对本章内容时，我就发现一处被语音识别软件误解而导致的错误。我说的是 or，而语音识别软件输入的却是 are。这两个词的发音确实相似，尤其是当我语速太快的时候，或者发音不够清晰的时候。在根据上下文选择正确的单词方面，Dragon Naturally Speaking 做得相当出色，但它永远都无法达到臻于郅治的境界，所以，请加大校对的力度！

责无旁贷

如果选择以自助出版的方式出版实体书或者电子书，您可能希望自己来完成文稿编辑和校对。不要以为自己可以做好这项工作，也不要轻易丢给一位朋友就草草了事。专业编辑比我们业余编辑厉害得多。我那本人生感悟回忆录 *Pearls from Sand: How Small Encounters Lead to Powerful Lessons* 没有采用自助出版的方式，但我负责为出版社提供完善的最终版书稿，让他们随时可以排版和印刷。因此，我必须自己聘请文稿编辑和校对人员来保证我的书稿没有错。

一开始，我请了老朋友芭芭拉·汉司康。当年她还在《软件开发》杂志当编辑时，我们就合作过。现在，她是一位自由编辑。她是我合作过的最好的编辑。正如我所期望的那样，她对我的书稿进行了非常出色的编辑润色。我还聘请了俄勒冈州波特兰市一家本地公司来完成一部分文稿编辑和所有的校对工作。他们也做得非常出色。最近，我在写《重建》（*Reconstruction*）一书时也是通过另一家位于波特兰的公司来聘用编辑，同样没有让我失望。请他们来做编辑和校对实在是一项明智之举。

下一步行动计划

- 如果需要邀请专业编辑，请搜索当地所有的编辑，物色到在作品主题领域有丰富编辑经验的人。
- 列出所有潜在的 Beta 版读者，邀请他们审阅您正在写的文章或书籍。
- 如果正在考虑为杂志或行业期刊写专栏文章，请向他们索取作者指南或者在他们的网站上查找。文稿越符合编辑的期望和要求，您越能轻松完成工作。

第 31 章　为杂志、网站和博客撰稿

20世纪90年代和21世纪初期，涌现出大量软件类杂志。到现在，有些已经销声匿迹，还有许多至今仍然活跃在软件开发、商业分析、项目管理以及其他领域。如果您对商业分析或者项目管理有独到的见解，这些媒体是您分享个人故事的好地方。

为媒体写专栏文章是咨询顾问展示个人专业技能和提升行业知名度的有效途径。任何咨询顾问只要在这方面投入时间和精力，都可以得到丰厚的回报。我为30多家软件杂志、行业期刊和网站写过文章。与如此众多媒体和编辑的合作经历值得拿出来跟大家分享。

了解受众

如果提高写作效率的第一条法则是了解主题，那么第二条肯定就是了解受众。在提交文章之前，请仔细考虑一下哪些读者会阅读该期刊或访问该网站。仔细阅读几篇期刊或者网站上以前发表的文章，先了解主题、内容和文章风格。能够吸引读者的主题，同样也是编辑或者网站的重点。文章的技术性很强吗？是否还需要包括代码片段或者研究数据？文章多是以对话形式写的，还是采用更正式的方式？文章中是否常用图形、图表或表格？文章如何引用参考文献？文章多数是哪种类型的，是操作指导，还是论文或者行业趋势报告？作者的行文风格是否幽默风趣？文章的平均篇幅大约是多少？有没有系列刊发的文章？作者多半是意见领袖还是从业者？

确保文章从内容感到形式都符合该杂志或者网站受众的期望。您也许可以从期刊以往刊发的作者介绍中获取此类信息。查找一下最近在该刊物上还未深入探讨的主题。想一想是否可以就某个热门话题提出不同的看法，给读者带来新的视角，激发新的想法。也许也可以先把前发表过的若干篇文章串起来作为一个新的主题展开新一轮的探讨。还可以直接问编辑最近感兴趣的内容，然后告诉他们哪些主题是自己擅长的。

入乡随俗

我一般会尽量让自己提交的内容看上去更加符合编辑的要求。比如,我总是询问编辑,文章的篇幅想要达到多少单词,杂志上刊载文章的篇幅通常在 1 500 至 3 000 个单词之间。网站或博客上发布的文章更短,一般在为 800 至 1 500 个单词之间。一幅插图通常相当于 200 个单词(以图幅的大小尺寸来计算),有时也可以根据需要进行调整。

如果某位杂志编辑要求文章的篇幅在 2 000 个单词左右,那么我提交给他的一定也就是 2 000 个单词。如果提交的文章多达 3 000 个单词,就不符合编辑的要求。遇到喜欢内容短小精悍的编辑,您的文章要么会被退稿,要么得大刀阔斧地删改。在极少数情况下,您也可能说服编辑将一篇洋洋洒洒的文章分解成一系列较短的文章用于连载,但这得碰运气。

我和杂志缘分不浅,我提交给各个杂志的每一篇文章最终都刊发了。如果第一家杂志拒绝了我的投稿,我会适当修改后投给另一家杂志。最多的一次投了四家杂志,但每篇文章的确都找到了下家。

并非每次都是在完成全文之后才投稿。如果构思出一篇文章,可以稍加整理之后形成一份大纲,然后提交给某位您认为可能有兴趣的编辑,看看是否能够打动他。如果无人问津的话,就不要劳心费神往下写了。有一年,我向某个杂志提交了 9 份文章大纲。我和编辑一起梳理,获得编辑的首肯后,我才开始在方便的时候着手写作。越了解杂志的读者群体,就越容易获得杂志编辑的青睐。

取悦编辑

尽我所能让编辑的工作更轻松,这是我一贯的信条。我想让编辑尽早意识到我投稿的文章很适合她的期刊和读者。这就是我一贯遵循期刊文本格式要求的原因。如果杂志不习惯在开头和结尾加上"简介"和"结论"两个小节,那么我投稿的文章里也就不会包含这两个部分。有一个流传已久的格言,文章或者演示文稿从前到后应该包含三个部分:

- 告诉他们您要介绍什么内容;
- 把内容告诉他们;
- 告诉他们您已经讲过哪些内容了。

这个层次结构确实清爽，不是一个糟糕的策略，但没有必要给首尾这两个部分冠上"引言"和"结论"的名称。

我有一个根深蒂固的观点：在把稿件转变成可以发表的作品过程中，编辑的工作量越小，未来她对作者的满意度就越高。每一次专业领域内的合作，无论是发表文章、写书籍，还是交付演讲、培训课程以及咨询项目，我的目标都是希望能够给合作伙伴留下深刻的印象："我很高兴再次与卡尔合作。"投稿的文章不给编辑留下太多麻烦，也是迈向这一目标的坚实一步。

如果真的想激怒编辑，那么错过最后期限是最见效的。杂志必须按照固定的时间表发行，网站必须保证不断更新内容，所以他们不会对您的新作永远保持笑脸相迎，果断放弃也是常事。我从未错过任何一篇文章的截稿时间（以及会议演讲材料或者书稿），对此，我深感自豪。

并非每个作者都能做到这一点。迄今为止，不止一位编辑心急火燎地给我打电话，说其他一些撰稿人没有能够在截稿日期以前交稿承诺，所以只好请我出面"救火"，补上一篇文章。如果编辑知道您是一位信守承诺、一贯按时交稿的作者，肯定会不断向您约稿。紧急情况确实会有，所以一旦发现自己因为紧急情况而无法履行交稿承诺，请尽快告知受影响的当事人，以便他们及时调整。遮遮掩掩是您能做的最糟糕的事情。

微言大义

编辑喜欢引人注目的标题和引人入胜的段落。编辑可能会给文章重新起个名字，使其更适合杂志的风格，更能吸引读者的注意力，因此，不要过于珍视你最开始给文章确定的标题。构思精巧的标题容易激发作者和读者之间的内在联系。文章的标题一定要既能准确反映您要呈现的内容，又可以用寥寥数词激发读者的兴趣。我给一些文章起的标题恰恰能够反映这两点，比如"七大作死的禁忌""十大必须避免的陷阱""二十一大成功秘诀"。

标题还应当引发读者的思考："哇，不错哦。我想看看作者到底要说些啥？"以下是一些示例：

- "咱们法庭上见"（本文描述我在诉讼中担任某方专家顾问的经历）

- "当心灵感应不会发生时"（本文描述在需求开发中的一些关键实践）
- "了解敌人"（风险管理教程）
- "应接不暇"（识别项目优先级电子表格工具）
- "停止算命"（关于项目估算技术的文章）

引人入胜

能牢牢抓住读者注意力的时机并不多，所以每篇文章的开头一定要字斟句酌。如果没能在文章的第一段做到开宗明义，让读者感觉心驰神往，那么文章剩下的所有内容写了些什么也就无足轻重了，他们根本就读不下去。同理，如果每一段的第一句话无法吸引他们，那么该段的其余部分也没有机会入他们的"法眼"。读者也很忙，没理由一定耐着性子一直读下去，期待着文章在后续某一点突然就有了趣味。文章的开头一定要能引人入胜，要让读者欲罢不能。

我的文章通常都以读者的普遍感受作为开场，让读者一开始就觉得我对他们的痛点和难处感同身受。以下是一个例子：

> "有时，软件经理会想当然地认为，每一位能力超群的程序员肯定也擅长访谈和写需求，即使没有接受过任何培训、没有任何资源可以用以及没有任何人指导。这个假设让人觉得匪夷所思。与软件测试、软件估算和项目管理一样，需求工程同样也有自成一体的技能和知识体系。"

读者一旦意识到作者能够洞察到他们面临的挑战，而且还可以给他们减轻痛苦，一定会对作者的文章产生兴趣，为您在文中分享的智慧点赞。

给博客回帖

如今，似乎每个人都有自己的博客。如果知道某些博客包含自己感兴趣的文章，请查看它们是否包含来自博客访客的回帖（而不是全部都由博主来写）。如果您有故事正好适合该博客的主题，而您又感到不吐不快，请联系博主，问他们您是否可以回帖。我就经常收到陌生人问我是否愿意接受回帖。几年前，我在写个人博客

Consulting Tips and Tricks（咨询的技巧与窍门）时，绝对想听听来自各位身经百战和富有见地的顾问的意见。实际上，本书除了我亲自写的章节之外，也有个别章节来自我的博客访客的贡献。

查看一下所在领域工具厂商的网站、出版社或者杂志的网站、咨询公司的网站，专业组织以及个人意见领袖（或者至少认为他们是思想领袖的人）的网站，给他们回帖。如果愿意，可以创建自己的博客，开始分享自己的智慧，同时积累写作经验。这么做虽然没人给您发稿酬，但会提高自己的知名度，让读者逐渐意识到您是一位思路开阔的专家。如果回帖真的能够启发人，而不只是为自己的产品或服务做些铺垫和营销宣传，一定会深受欢迎。

确保博客文章、领英上发表的文章等有实质性的内容，都是干货满满，而不只是对常识性内容的肤浅介绍或者虚假解释。当我看到一个链接指向一篇标题新颖的文章时，我会打开链接，而如果此时看的只是一篇500字左右拼凑出来的不知所云的文章、再加上一些毫无意义的展示工作场景的照片，我就会很生气，因为文章里没有什么有用的营养，除了常识一无所有。这些标题党，不是我喜欢的类型。我喜欢真正拥有实践真知的高手。

成文成事

如果您写的文章总是以品质优异而著称，又总是准时交稿，而且总能精准锚定读者的关注点，那么杂志编辑甚至可能会为您个人开辟专栏。1986年，我受邀为一家计算机月刊写汇编语言编程教程的专栏，我当时就特别兴奋。因为杂志编辑并不一定总是愿意刊登同一位作者写的系列文章，拥有自己的专栏，我可以瞄准一个较为宏大的主题深耕细作，我可以对自己想要写作的所有东西自由发挥（而且我又多了一个持续的收入来源）。专栏持续了两年。那段经历实在是太有趣了，并且我也通过那段经历积累了丰富的经验。

下一步行动计划

- 列出目标受众追捧的几种期刊，比如专注于自己业务专长领域的商业期刊。

- 在自己专长的领域内，有哪些不错的网站？把它们逐一2出来。比如，在商业分析领域内比较受欢迎的网站有 ModernAnalyst.com 和 BATimes.com。
- 在自己关注的领域中，有哪些不错的博客？把它们逐一列出来。挨个确认一下哪些博主愿意接受访客的回帖。虽然他们不会付稿酬，但可以增加您的曝光度。
- 您打算写哪些文章？给它们逐一起好标题。注意，这些标题应该对您所关注的杂志、网站或者博客受众有足够的吸引力。
- 从自己喜欢的相关网站和杂志中挑选几篇文章。分析一下这些文章为什么能够吸引您。深入研究每篇文章的第一个段落，看看它们为什么能够引起您的注意。尝试在文章中刻意模仿一下这些能够提高关注度的技巧。
- 选择一个您可以有感而发的主题，写好文章后发表在领英上。事先确认一下哪些小组的成员可能对这篇文章感兴趣，然后在这些小组内发布有关该文章的公告。

第 32 章　听说您要写书

顾问往往好为人师（只要价格合理），因此，许多顾问都有写书的打算。他们经常在各种大会上侃侃而谈，在各类培训课堂上滔滔不绝，还发表过大量文章和博客，所以，下一步走向写书是顺理成章的事情。

我遇到过许多人，他们要么说自己正在写书或计划写书，要么说自己希望写书或打算写书。然而，他们中大多数人并没有真正动笔写书。早在 1996 年，我遇到一位先生，他告诉我他正在与另外一位经验丰富的作家合著一本书。这些年来，他一直在说他们还在写。然而，书呢？

我认识的这些从未完成过写书任务的人，之所以把写书变成"烂尾"，是因为他们都没有将写书这件事情视为项目来管理。至少，依我的经验，写书要花很多时间。我写的每本书，通常都会花大约六个月时间，这还不算交稿之后花在编辑、审阅和校对等工作上的时间。如果对待写书的态度是认真严肃的，就必须把写书这件事情摆在待办任务列表里适当的优先级上。这可能意味着您要推掉一些任务，以便腾出时间来写书，这对许多咨询师来说是一项艰难的选择。技术书籍的时效性往往很强，如果所在的技术领域或业务领域发展太快，而您又对写作计划一拖再拖，很可能会错过机会窗口。

还需要将纪律意识贯彻到写作方法中。我认识一位作家，每天早上 5 点钟左右开始写作，每天花几个小时笔耕不辍。很遗憾，我从来没有用过这种方法，我只是在有写作冲动的时候投入必要的时间来完成此事。在我写作期间，其他项目和娱乐活动都会暂停。如果舍不得在写作上投入时间，那么什么事都不会发生。

有位经验丰富的作家曾经告诉我："捧着自己的处女作时，真是激动得如同初恋一般，心脏怦怦直跳。"这是绝对正确的。对我来说，那一刻真的令人欣喜如狂。当时的感觉永远让人刻骨铭心，无论后来我又写了多少本书。

为什么要写书

如果将来打算写一本书，请先认真考虑自己的写作动机。在简历上列出自己写的书，肯定会为您加分不少。书籍，能使您在自己深耕的专业领域内建提升知名度，增加曝光率。当您向人们介绍"这是我的书"时，一定无比自豪而又兴奋。迄今为止，我已经出版了11本书（包括这本在内）。看着这11本书，我就觉得成就斐然、自信满满。经常有人说我的书既有趣又实用，总是让人很享受。所以，无论出于何种原因，在策划书籍的内容结构和确定书籍的出版方案时，一定要聚焦于写书的目的，就像管理软件项目的愿景和范围一样。

起先，我并不清楚写一本好书能够给个人咨询业务带来多大的帮助。后来，每当潜在客户联系到我讨论培训课程或者咨询服务时，我总是问他们是如何找到我的。我得到的回答往往是："我们读过您的书"。在计划开展咨询或培训业务的领域，写一本备受推崇的长销书，可以让您在业内站稳脚跟。出版专业图书是使您成为业内公认专家大牛的最佳方法之一，而且还能为您创造源源不断的服务需求。

通过阅读您的书，读者会对您有一定的了解。他们知道您在该领域内具备深厚宽广的知识；他们清楚您最关注哪些问题；他们见识过您的沟通能力。他们可以明确地判断您的技术实力是否能够帮助他们解决问题。读者在跟您沟通交流时，会有一种如沐春风的感觉；而这种感觉，通常只有在面对面直接交流时才能体会得到。读者（包括我自己也经常如此）在与自己熟悉的作者交谈时，通常会很激动。每当有人打电话到公司，说"我很荣幸与您交谈"时，尽管知道这些都是客套话，但我还是爱听。此时，我总是这样回答他们："我妻子每天都会跟我交谈，然而她似乎一点也不觉得荣幸。谢谢您的好意。"

自己写一本的专业图书，可以使您拥有比其他顾问更强大的竞争力，可以为您带来更多潜在客户。还可以将书里的内容融入课程当中，还可以将其作为营销工具推广给客户，有效扩展业务。另外，几乎可以肯定的是，您可以比那些从未出版过专业图书的顾问收取更高的费用。

有些时候，您会觉得必须把自己的经历分享出来，必须写到书本里，不然就如鲠在喉，不吐不快。我在写自己第一本软件方面的书籍时，感觉就是这样，我写自己的第一本人生感悟回忆录 *Pearls from Sand* 时，也是这种感觉。我是这样向另外一位有志于成为作家的朋友形容这种感觉的："仿佛我的体内已然生成了一本书，必须把它倒出来。"他当时看我的眼神就像看外星人一样。我打赌他从未有过这种感觉，尽管他一直盼着能够有一本自己写的书。我至今不清楚他写书的内驱力到底是什么。

我在成年后不久就给自己立下一个小目标：有朝一日，一定要写一本书，虽然那时我并不清楚自己会写一本怎样的书。关于如何确定书的主题，我有一个小建议：最好的出发点就是构思出来的主题。1996 年，我出版了自己的第一本专业图书《创建软件工程文化》。当时我有两个出发点。其一，早在 1994 年的时候，我就在《软件开发》杂志发表过一篇同名文章。文章发表之后，读者的邮件像雪片一般向我飞来，比我以前发表的每篇文章后收到的邮件加起来都多。当时我就想："嗯，不错哦。这个话题值得深入探讨。"第二，恰好是在那个时候，我在一次行业大会上获得了一个奖，奖品是一位演讲者关于软件项目管理的一本专业图书。当我在回家的航班上读完那本书的时候，一股思绪从我心底里涌出："我想我可以写一本专业图书，比这一本更精彩。"

当年，一旦我下定决心要出版自己写的书，我就给自己立下了 5 个目标（当时看起来还是有些虚）。

- 写一本书。
- 坚持写书，让我的每一位审阅者都这样说："在他的上一本专业图书里……"
- 邀请知名人士为我的专业图书写推荐序。
- 要让自己也成为名满天下的作者兼咨询顾问，也有人邀请我为他的专业图书写推荐序。
- 当我的姓名出现在书籍封面的时候，我的名字要比书名大。

回顾往昔，除了第 5 个目标，剩下的我都实现了。我可以收山了。在我退隐之前，要把这一路积攒下来的心得体会逐一和大家分享。

如何着手

如何学习写作呢？我在高中和大学期间的课程都没有为此做过任何储备。因此，当我着手开始写第一本书时，真的不知道自己在做什么。在我完成的书稿里，经验不足这个问题暴露无遗。本章的内容将帮助您避免重蹈我当年的覆辙。

在某一年的《IEEE 软件》编委会年会上，我与另外两名经验丰富的作者并肩而坐，我们比较了一下彼此所做的笔记。那时，我们三个人出版的专业图书加起来已经有 11 本之多，每一本都备受好评。我们发现，我们三个人的写作方法都各不相同。了解一下其他作者的写作方法对自己是大有启发的。

我写书的时候，通常都从一份详细的大纲开始，这样可以确保我有效实现自己的目标。相比之下，另一位作者的方法则截然不同。他说：" 开始动笔写 <Book X> 时，我不知道这本书的确切内容。所以我一边写作一边观察，看看怎样构造书的结构。"如此随性的方式对我不起作用，但他关注的领域是在开创性的创新主题，所以这种方法对这位受人尊敬的作者非常有用。需要弄清楚哪种写作方法最适合自己计划出版的书籍。到今天，我依然是一个笃信大纲的人。

《创建软件工程文化》一书的初稿非常简陋。我的大纲过于简约，只有区区三页。初稿却有 400 页之多，共有 13 章，结构非常乱，而且各章篇幅不一，无数个长长的项目符号列表，内容缺乏连贯性，重点也不突出，总之，问题多多。

多亏我的出版社，他们对我非常宽容，提出了许多宝贵的反馈意见。他们看重的是这本书的潜质，所以我能够有机会对初稿进行大刀阔斧的修改。初稿的修改过程费时费力，内容增加不多，但描述方式却得到了极大的改善。我永远要感谢 Dorset House 出版社的温迪·伊金以及她的同事们，他们给予我耐心、细致和周到的指导。经过他们出色的编辑工作，最终呈现在读者面前的是一本重点突出、结构紧凑、令人赏心悦目的书籍。这本书里使用的交谈风格我一直沿用至今。

因此，以我为例，我通过写一本拙劣的初稿得到了许多真知灼见，从而学会了如何写出好书。也许这就是我们大多数人的学习方式，虽然这个过程中经历的事令人不堪回首。

关于写书的一些建议

写作第一本书对我来说是一段痛苦的经历。然而，就跟许多痛苦的经历一样，同时也是强大的学习机会。论述如何写作的书籍不胜枚举。可以看看由多产且受万人敬仰的 IT 作者温伯格（Gerald M. Weinberg）写的《温伯格谈写作》。以下是我总结出来的有关著书立说的一些知识。所有这些也许并非适用于您将来的每一部作品，但参考一下总不是什么坏事。

结构

许多书都由若干部分构成，每部分包含一组同一主题下相关联的多个章节。在编辑的推荐下，我将《创建软件工程文化》初稿中的 13 章重组为 20 章，分为六个部分，每一章的篇幅基本一致。这种类型的重构需要为期一个月左右的编辑加工。

我从中吸取了教训。在下一本书《软件需求》[①]中，我一开始就做了更为细致的构思，光大纲就写了整整 17 页。全书共 3 部分 19 章。因此，此书的写作几乎不需要任何重构。结构化的工作类似于软件在编写代码之前的设计过程。我深信，开始写书之前必须做好结构化工作。修改大纲的幅度和速度比修改全文简单轻松得多。相信我，两项工作我都做过，其中的甘苦我体会很深。

主题

一本书需要一系列贯穿始终的线索，所以主题尤为重要。一本书的所有部分都是由主题串联起来的。只要有主题，就能确保书中的内容不会跑题，就能不断强化读者对主题的认知。您可能还会尝试在书中加一些自己感兴趣的内容，但如果它与主题不符，就应该毫不犹豫地舍弃它。

我读过一位同仁写的第一本书的初稿。读完后，我告诉她："您这里其实一共写了两本半书。您应该紧紧围绕这次的主题，删掉其他所有的内容，这些内容可以留到以后再用。"她听从了我的建议，精简了篇幅，此举成就了一本好书。随后，她又以删减的内容为基础出版了别的书籍。聚焦，聚焦，再聚焦。重要的事情说三遍。

---

① 译注：中文版《软件需求》第 1 版由机械工业出版社 2000 年出版。

我看过其他作者的书稿，有时他们似乎倾向于把自己的每个想法和创意以及每一段经历都扔进书中，无论这些内容是否适合他当前章节甚至当前书的主题。为了避开诱人的陷阱，在动手写书之前，我会在每章一开始放一些项目符号。这些项目符号可以使我时刻关注我希望在该章节中介绍的关键信息。在写书的时候，我会定期查看这份清单，以确保不会因为个人好恶而在本章中掺入一些无关紧要的内容。如果我最初的意图不太对，可能会调整本章的重点。当本章的初稿全部完成之后，我会删除这些临时放置的项目符号，因为它们已经达到了"让内容紧紧围绕主题"的目的。

精心设计的吸睛小技巧

如果在行文过程中有意在文档结构上设计一些构思精巧的吸睛小技巧，可以增添许多令人印象深刻的展示方式。您可能会从其他书里学到增强可读性的方法，这些技巧有助于为书籍增添个性鲜明的特征，使书籍的内容更易于理解。以下是我曾经使用或看到过的一些吸睛小技巧。

- 每章开头都加上精巧的引言或者言简意赅的提要，比如，我在人生感悟 *Peals from Sand* 一书中每章开头都有一段"智慧之珠"。
- 每章开头都用一个简短的插图或者一个小故事（故事可以是真实的，也可以是虚构的）来点明本章的要点。
- 我在《创建软件工程文化》一书中，在每一页的页边都以图标的方式标识出"构建组织文化"和"摧毁组织文化"之类的元素。其他可以重点标识的还有对其他章节的交叉引用、"要避免的陷阱"以及"亲身经历的真实故事"等。
- 在每一章的末尾总结本章要点。
- 在每章末尾放一个带注释的参考书目。
- 在每章后面都附有后续步骤、练习活动或一张列表，帮助读者立即着手将本章内容付诸实践。您可能已经注意到，本书的每一章都是以"下一步行动计划"作为结尾的。
- 以文本框或者侧边栏的格式嵌入真实事件，这样既可以增强观点的说服力，又可以在排版上带来新颖的视觉体验，不至于满篇都是密密麻麻的文本。

- 采用一些原创的卡通漫画来说明重点，这样可以增添幽默感。
- 在全文中给关键句子加上引号。
- 在全文中增添一些重复出现或者不断演变的视觉元素，例如在每页外边缘印上标签，以提供类似"您在这里"的导航帮助。

尽早考虑加入这些设计元素，并且将注意力集中在本书的范围、目标和主题上，这样可以帮助我更高效地完成写作任务，减少不必要的返工。当然，写一本好书的方法很多，但我发现，这种方法非常有效。

补充材料

技术和专业书籍通常都包含一些对读者实际工作有帮助的材料，例如文档模板、电子表格工具、清单和表格。考虑将这些材料提供给读者，让他们可以从您的主页下载。有些出版社也在网站上为图书提供这种下载机制。本书资源位于 www.jrosspub.com 的 Web Added Value 下载资源中心。

像这样为读者提供补充材料可以为作者和出版社带来诸多好处。

- 读者会认为这本书物超所值，除了文字内容还有实用工具。这可能会促使一位犹豫不决的潜在客户果断下单。
- 读者可以快速访问补充材料并应用在工作当中。这为忙碌的专业人员扫清了尝试全新工作方式的障碍。
- 以可编辑的格式（例如采用 Word 格式而不是 PDF）提供给读者。让每位用户都可以根据个人的具体需求自行裁剪。
- 希望采用您的书籍作为教科书的大学教授和其他培训师可以访问资料并根据自己的需求进行修改。
- 如果工具集很丰富并且大大提升了书籍的价值，可以考虑将它们作为独立的产品出售，而不只是把它赠送给任何访问网站的人。
- 将读者吸引到出版社的网站上访问下载内容，无论他们在哪里购买图书，都可以轻松地从出版社那里了解到其他图书。

- 出版社网站到您个人网站的链接可以增加访问量，从而可以向读者宣传您的其他书籍、您的咨询服务和产品。
- 要求读者提供个人的联系信息才能启用下载功能，这样可以帮助您和您的出版社建立一个可以向其销售其他书籍、产品和服务的潜在客户数据库。请注意，并非每个人都喜欢提供自己的联系信息，特别是通过已付款的书下载内容时。

可以作为教材吗

考虑一下您的专业图书是否适合用作大学教材？《软件需求》已经被许多大学采用为教材，尽管我并没有为此做任何特别的准备。大学教授对教材的期望超出了软件从业者的期望。每年我都会收到来自世界各地的教授的问询，问我是否有随书附赠的幻灯片，这可以为他们节省很多备课时间。我以本书为基础开发的一些培训课程中，确实准备了一些幻灯片，只不过并未涵盖书中所有主题。而且，坦率地说，我不愿意放弃宝贵的知识产权。我已经以低廉的价格向几位教授授权使用这些幻灯片，但学校的预算通常很有限，不允许这样做。

如果想使自己的著作成为大学教材，请考虑开发一套辅助教学的幻灯片。当然，如果已经准备好供自己使用的培训课件，那么这项工作就再简单不过了。开发高质量的课件是一项艰巨的工作。还可以准备一些练习题留给学生作为课后作业（应该在书后面附上答案），还可以准备一套模拟试题。准备这些内容材料要花费大量时间，可能会提高这本书的价格，但如果它成为一本被大量采用的大学教材，则销量可以大幅上升。另外，还可以大幅提高个人的名声，使您的想法在自己关注的领域内得到广泛的传播。毕竟，这正是我们写书的原因。

准备采取行动了吗

写书并不容易。这需要有奉献精神，需要有恒心和毅力，还需要有大把时间。我在写第一本书的时候还是柯达的全职员工。写书的辛劳让我感到彻底的绝望，我经常冲着我妻子喊："克莉丝，求求你一枪干掉我吧！"直到有一天，不胜其扰的她回答道："我准备好开枪了。"就这样，我从此以来再也不敢对着妻子胡言乱语了。

与其他所有事情一样，写书这件事情也是越做越容易。三年后，当我完成第二本书的初稿时，我对妻子说："原来写书的经历也还不错嘛。"

她回答道："对哦，这次你甚至都没有要我开枪让你做个了断！"

我想，这就是进步吧。

下一步行动计划

- 如果打算写书，请仔细考虑为什么要写。写下自己的动机和目标。您认为写书的成果是什么（当然，除了写到"全文完"）？您认为有一本自己的专业图书可以为自己的职业生涯带来怎样的好处？
- 如果现在正在写书，请写下四到五个打算放在书稿文本结构上的吸睛小技巧，增加书籍的特色，使其具有独特的外观和风格，能够吸引读者继续往下读。
- 如果您正打算写书或者正在写书，则先写下三至五个主题，即要传递给读者的关键信息；不断用大量内容来强化主题。如果已经开始动笔写，回顾一下目前您写下的内容，确保所有内容都与这些主题中的一个或几个保持一致。
- 考虑一下您实际上每周可以抽出几个小时来写书，以及您大概可以投入几周时间来写书（安全提示：实际投入时间肯定会超出您的预期）。为了留出这些必要的时间，您需要在工作上和生活上舍弃哪些活动？您愿意这样做吗？您的家人呢？您能承受得了吗？
- 想象一下，您自己梦寐以求的专业图书已经出版发行了，正在世界各地的读者中争相传阅。从读者的角度描述一下自己为什么喜欢这本书。畅想一下读者怎样评价您的专业图书，这将有助于您的写作取得理想的成果。

第 33 章 新书付梓

写书是一回事，在全球范围内出版发行却完全是另外一回事儿。近年来，由于自助出版和电子书大行其道，传统出版业发生了翻天覆地的变化，作者和出版社在经济利益方面的价值主张也被颠覆了。今天，作者拥有更多的选择，不过仍然有许多传统出版机构依然坚持追求高品质、受欢迎的书籍。

一旦您在业内的名气足以保证书的销量，出版社就总是很高兴接受您的投稿的。但是，能够踏过这道门槛对您来说可是个不小的挑战。由于这个原因以及其他许多原因，我对 Dorset House 出版社的温迪·伊金一直满怀感激，正是她在 1995 年让当时对书籍出版发行懵懂无知的我有机会深刻领悟了写作是个技术活儿。

本章描述我从书籍出版过程中学到的许多知识。毫无疑问，其他作者的经历不尽相同。我也再次强调，传统出版发行方式并不是让一本好书广为流传的唯一途径（甚至都不一定是最好的途径）。迄今为止，我通过传统出版社出版了 7 本有关软件开发和管理的书籍以及一部关于人生感悟回忆录的小说（哦，这本书也是与出版社合作的成果）。

我的朋友司各特·梅耶斯创建了一个网页，内容涵盖书籍出版的方方面面。对有志于出版专业图书的作者来说，这是一个绝佳的资源，网址是 www.aristeia.com/authorAdvice.html。司各特是位才华横溢的作家，在 C 语言编程方面享有盛誉。他博采众长并结合自己的出版经历，把有用的资源一并整合在这里。如果想编写技术书籍，请认真阅读司各特总结的经验（同时也提请您注意，就在我们同时，出版业依然在不断演化和变迁）。

即使能够写作和出版，也不要指望靠着著书立说来发家致富。不要奢望图书版税可以让人有底气地辞去工作、买上一栋海滨别墅并捧着玛格丽塔[①]享受余生。我对行业内图书的销售额没有确切的数据，但根据我个人的经验，如果写的技术或专业书籍的发行量达到

[①] 译注：玛格丽塔是一种用龙舌兰酒配制的鸡尾酒，据说起源于墨西哥南部的海滨。

5 000 到 10 000 册，就应该感到欣慰，您为同侪创造出了有用的东西。如果能卖出 25 000 册，则应该感到骄傲。如果有哪一本书的销量超过 100 000 册，说明您已经跻身于受人敬仰（同时也是快乐自由）的一流作家的行列。

瞄准利基市场

我认识一位顾问，他计划在软件工程的某个特定领域出版一系列书籍。他已经从自己以往的培训课程中摘出一些内容并改写成该系列的部分书稿。然而，在任何一个特定的领域里，很少有哪家出版社愿意为同一位作者出版发行这样的系列丛书。

据我所知，这位顾问从未出版发行过任何书。对此，我深表遗憾。他学识渊博，善于沟通。我认为他最好将他准备的材料精简为两本书，这样可以做到重点突出、贴近实战而且与众不同，然后再去联系出版社。

通常，我的策略是，识别出一个我认为当前还缺少适当书籍的软件工程领域，然后尝试填补这一空白。我之所以在 1999 年动手写《软件需求》，就是因为当年在需求工程领域几乎没有贴合实际的参考书。没有哪本书广泛覆盖在这一领域我认为非常重要的所有课题，因此我选择了它。结果，这本 9 万字的书销售了大约 4.5 万册。

几年之后，我发现在需求工程领域我又积累了大量的材料，其中大部分来自人们咨询我的问题以及我的回复。我把这些素材补充到原书中，再加上其他方面的优化和改进，形成了《软件需求》（第 2 版），该书于 2003 年出版发行（注意，"第 2 版"与"第 2 次印刷"截然不同。新版本中包含重要的内容修订，补充进新的内容。新的印次最多只是纠正一些细微的错误）。第 2 版比第 1 版增加了 6 万字，然而，我依然觉得意犹未尽。第 2 版的销量也很好。2013 年，我又出版了《软件需求》（第 3 版）。该书的成书过程我将在第 35 章中详细描述。

另一个填补文献空白的例子，就是我长期以来大力推崇的软件同行评审和正规检视（inspection，一种结构化程度很高的正式同行评审形式）。通过朋友间的同行评审，我的工作得到了极大的改善。很多年以前，在该领域已经出版了几本专业图书，但它们的篇幅都在 350 页到 450 页之间，而且它们都集中于"正规检视"这一种评审方法上，很少关注到其他评审方法。

我认为这一领域并不复杂，不需要如此厚的书。于是我在 2002 年写了《软件同级评审》一书。它只有 230 页，涵盖包括正规检视在内的所有评审方法，还融入了一些度量评审有效性的指标以及如何在软件组织中实施评审流程的内容。这本书的目标读者，我是这样定位的：他们对待软件质量的态度严肃认真，但在正规检视①严格而漫长的执行过程面前又心生畏惧。

所以，我的建议是，一定要瞄准所在领域中现有文献中还不尽如人意的利基市场。您可以针对一个专门领域展开深入的探讨，对相关主题进行一个综合性的全面概述，为该特定领域中现有的书籍带来启发，还可以混合多种学科或开拓一个全新的学科。

出版社会评估您的新书写作规划是否符合市场预期。主题独到、有新意的书一定会获得出版社的青睐，然而，竞品多的书籍在商业前景上可能更艰难一些。出版社可不会仅仅因为内容有趣或者文笔好就决定出版发行您的书。他们需要的是畅销书。否则，他们会倒闭的。

电梯营销 30 秒

走进一家大酒店的电梯，然后按下 24 楼的按钮。在电梯上升的过程中，您与电梯里一位正在参加同一会议并前往 19 楼的同行闲聊。您在不经意间提起自己正在写一本书。"酷，"她说，"那么这本书写了些什么呢？"此时，您大概还有 20 秒的时间向这位准读者介绍新书，直到到达 19 楼她要离开时对您说："听起来很有趣，书籍出版后我会买来阅读。祝您好运！"

如此简明扼要地介绍作品的过程，被称为"电梯营销②"或"电梯故事"。当我第一次遇到某人问我"您的书里都写了些什么"时，我承认我被问懵了。如何才能将一本 400 页的书提炼成一个 15 或 20 秒的介绍呢？

---

① 译注：又称 Fagan's Inspection，是 IBM 系统部产品经理约翰·法根在 20 世纪 70 年代发现并推广的一种评审技术。一般地，正规检视的过程由 6 个步骤构成：计划、介绍会议、预审、评审会议、返工和后续跟踪活动。每一个步骤都有严格定义的进出条件。正规检视被认为是最严格、最复杂的评审技术。

② 译注：elevator pitch，又译为"电梯演讲"。指的是在 30 秒钟内，也就是电梯从 30 层到 1 层的时间，把要讲解的内容归纳为 3 点之后陈述出来，要求言简意赅、条理明确。据说起源于麦肯锡对自己员工的要求。

这种尴尬其实是富有建设性的。它迫使我仔细审视书的内容，仔细思考如何向一位普通人（即非软件领域内人士）快速解释。

通过反复练习，可以达到这样的境界，无论何时，只要碰到一位潜在的读者，"电梯营销"就会流畅地从您的舌间流淌出来。以下是我为自己第一部悬疑小说《重建》（Reconstruction）拟的官方宣传文案：

"在森林里的一座坟墓中，发现了一具身份不明的遗骸。法医杰西卡对它完成面部重塑之后，意外地发现自己与受害人之间存在着某种联系。于是，杰西卡被驱使着揭秘受害者，确认俩人之间的关系并为死者伸张正义。"

在写作过程中，要尽早设计"电梯营销"。这样，在写文案的时候，本书的目标和主题会印刻在您的脑海中。另外，您在与潜在的出版社或者代理机构进行初步的对话或电子邮件交流时，电梯营销正是您向他们发出的第一弹，可以用来引发他们的关注。

选择出版社

看看办公室中所有书籍的书脊，您会看到很多出版社的名称。作为作者，需要选择一家对自己作品感兴趣的出版社，他们很熟悉书籍的制作和营销。选择哪家出版社取决于几个因素：他们出过的书，书名您都很喜欢；他们出过的书，装帧排版都很漂亮，能够给读者视觉上的享受；他们注重书的品质。

说起书名，我要再次强调：不要对自己最初拟定的书名投入过多感情。出于营销的目的或者是为了能够在书目检索当中更有效地定位本书，出版社可能更喜欢给您的作品起一个新的书名。类似情况已经在我身上发生过好几次，虽然书名并非总是如我所愿，但出版社确实拥有最终决定权。

如果您的新作能够对出版社现有的产品组合起到非常好的互补作用，那就再好不过了。大型出版社经常有针对不同主题的系列丛书，因此您可能会将自己的书籍定位包含在某个特定系列丛书之中。我的许多书籍都属于微软出版社"最佳实践"系列丛书。我的《软件同级评审》属于 Addison-Wesley 出版社的"信息技术"系列。如果希望自己的新作在某个特定系列中占有一席之地，那么这个系列丛书的编辑可能会欣然接受您的提议。

软件行业出版社中的巨擘有 Addison-Wesley（隶属于培生教育）、McGraw-Hill、Microsoft Press、O'Reilly、Prentice Hall、Wiley 以及其他。J. Ross（本书的出版社）也出版发行过许多有关商业分析、项目管理和许多其他主题的书籍。Dorset House 以出版高品质 IT 书籍而享有盛誉，经久不衰。Pragmatic Bookshelf 则是出版界的新锐，他们出版的许多书籍令人印象深刻，主要涉及编程主题。

选择大型出版社还是小型出版社，各有利弊。如果对写书只是初窥门径，那么我建议您像当年的我一样，选择一家规模相对较小的出版社，可能会有专人指导你。然而在另一方面，规模较小的出版社资源也相对匮乏，无法在市场营销上为您做大量工作。大型出版社更善于把您的著作通过实体书店渠道推广，而不只是在网上销售。您应该与有意向的出版社仔细商讨他们能够为您和您的沥血之作提供什么和不能够提供什么。

为了更有效地选择出版社，还可以咨询熟人中与某个出版社合作过的作者，了解他们的经历。即使不认识自己仰慕已久的作者，也大可不必由此而逡巡犹豫，可以直接写信向他求助。我认识的作者都是好人，他们都乐意为有抱负的新手作者提供帮助。

我一直都是直接与出版社打交道，而不是通过经纪人。这在专业和技术书籍中很常见，小说题材却不常见。同行的引荐可以帮您顺利进入状态，所以，人们有时也会跟我探讨专业图书出版的想法或者询问有关出版社的问题。如果他们的创意确实有价值，我很乐意把他们介绍给自己合作过的出版社。

在写我的个人人生感悟回忆录 *Pearls From Sand* 时，我确实想找一位经纪人。因为我在自助出版界没有什么人脉，所以我最终还是没有找到合适的人。我最终在别人的指点下找到了可以接受该书的出版社。

如果选择小型出版社，那么您最初的联系人可能就是公司的负责人之一。与大型出版公司打交道时，通常首先要与策划或者组稿编辑合作。组稿编辑负责评估构想和建议，并着手开发有前景的项目。出版商和作者之间相互需要，因此不要犹豫，向他们和盘托出您的任何想法、建议、大纲或部分书稿。

对于是否能够同时向多家出版社提出新书选题，大家意见不一。我自己并不排斥这一点。我认为，只要没有跟某一家出版社敲定，多一些选择总没有坏处。也就是说，我认为将新书选题同时提交给多家出版社，是合情合理的。但我也不会将新书提案提交给所有的出版社，我希望可以有的放矢。

新书提案

新作可能源自一个创意、一个标题或是一个电梯营销文案。但是，您如果希望出版社能够全面考虑自己的想法，则需要提交完整的新书提案。在确定好出版社之后，仔细阅读其官方网站以获取新书提案的模板或建议的大纲，了解他们期望的格式。如果您已经与组稿编辑或者其他联系人交谈过，那么他们可以告诉您他们希望在提案中看到哪些内容。无论是与代理人还是与出版社直接打交道，请仔细遵循对方要求的提交表格和内容。各家出版社的要求不尽相同。

如果以上方法均不奏效，可以参考我建议的标准信息格式，我将在本节中对其进行描述。可以在 www.jrosspub.com 上的 WAV 下载资源中心中看到我为我的几本书提交的新书提案。我并不是说它们是有史以来最好的提案，但每个提案最后确实都能签下合同，最终出版成书。

首先需要在提案里介绍自己，介绍自己关注的领域。然后，简要介绍自己计划要写的书。解释为什么它就是业界翘首以盼的书籍，描述其主要特征以及能够给读者带来的价值。您要准备一个提要，将计划涵盖的主题囊括其中。提要可以是叙事形式，也可以是概要大纲形式。出版社不一定需要查看完整的大纲，但希望了解主题和结构。

估算一下这本书最终的篇幅，以及您希望包含在书中的表格和插图的数量。通常，200 页左右的技术书籍可能包含大约 6 万个单词。我与合著者乔伊·贝蒂共同撰写的《软件需求》（第 3 版）大约包含 24.5 万个单词，近 650 页。字数统计比页面估算更有意义，因为字体和格式对页面上可以容纳多少个单词有很大的影响。但是，出版社还是会关心页数，因为这会影响定价、读者体验、发行和运输成本等实际问题，甚至包括每包可以装几本书这样琐碎的问题。如果您的新作比一本书的惯常篇幅都要薄很多或者厚很多，都会极大影响销量。也许可以将自己一生经历总结为一本一千页的书，但出版社知道繁忙的读者只有读 300 页左右的耐心。这是个问题。

另外一个考虑在于您的书有哪些突出的特性。比如，您选择采用哪些吸睛小技巧来使该书具有独特的外观和体验。如果打算建立网站以便读者下载书籍的补充材料，也请一并描述。增加这些部分的目的是说服出版社，新作将为出版社贡献独一无二的价值，您可以以令人信服的方式交付新作，让读者能够轻松访问。

出版社不会因为偏爱某本书而决意发行。他们看重的是销量，越多越好。因此，在新书提案中需要包含营销信息，以说服出版社，让他们相信您的新书拥有不错的商业前景。请描述您的营销策略构想以及出版社定位书籍以吸引潜在购买者的方式，列出读者将从书中获得的好处。

总结一下您对读者群体的大致理解，说一下哪些人会对这本书感兴趣并估计一下人数。千万不要说："每位软件开发人员、商业分析师和项目经理都会像众星捧月一般对待本书，潜在市场至少可以达到 200 万册。"首先，这不会发生。其次，这无助于出版社对书籍做出恰当的市场定位。

提案的关键部分是竞品分析，即市场上现有的类似书籍以及已知准备出版的类似书籍。对于每个竞品，请提供书名、作者、出版者、版权日期、ISBN[①]、页数、价格和简要摘要。描述一下相对于竞品，您的新作会在哪些方面进行完善和补充，您的新作会从哪些方面超越竞争对手。

我的图书提案包括产品状态（"产品"指的是与出版社签订合同中约定写的书）。出版社需要确信您实际上能够按时交付可用的书稿。我知道有些人在与出版社联系之前就已经写完了全书。我在写软件书籍时从未这样过，倒是在写非技术性书籍时干过。我的做法是，先写一份大纲，然后写上一两章，找到写书的感觉后再评估整个项目的进展。此时，我可以信心满满地与出版社联系了，因为我知道自己可以说些什么。在这一部分，我会告诉出版社我已经写了多少页以及估计多长时间可以完成剩余部分。

还得有一部分全面介绍作者的信息，其中包含您的全名、联系方式、学位和证书，公司隶属关系和专业背景。如果以前出版过书，请列出书名、出版社、出版年限、页数、ISBN、估算的销售额以及获得的各种奖项。列出已发表的文章、指南或电子书。即使这是您的第一本书，出版社也需要知道您的文字功底能够足以支撑您完成整本书的写作。

① 译注：ISBN 是国际标准书号，每本书的每个版本的唯一标识符。

接下来，出版社希望看到样张。一般建议您提交写好的两章书稿（一章可不行），让出版社大致了解您的写作风格以及您的文笔是否流畅，评估一下还需要做多少工作才能把您的书稿转化成可出版发行的书。如果还没有动笔写任何章节，至少确保出版社可以从网上访问您的某些文章。但问题在于，如果您还没有写过任何章节，如何让别人相信您可以完成全书的写作呢？

如今这个时代，再也不会出现"您只负责写好书，其他一切都交给出版社，然后坐等收取版税"这样的好事了。现在，出版社对作者的平台非常感兴趣。您的平台决定作品的营销范围，包括社交媒体、博客、讨论小组；行业峰会以及其他一切可以卖书的论坛；行业人脉网络；比作者更出名的人对书的认可。因此，您的提案中还应该有一部分内容来说明您可以为书籍未来的推广宣传和促销工作做出哪些贡献。有关这方面的技巧和窍门，请参阅本书第 34 章。

名气越大，出版社就更乐意跟您约稿，因为您的名气就是这本书的销量保障。如果还是新人，但又有一个绝佳的创意，就只能寄希望于甘愿冒险的出版社愿意与您合作。书籍出版之后会提高您的知名度，带动下一本书销量大涨。

这是一个恶性循环，当您尚未踏入大门时，门槛最高。我在软件行业有一个很好的平台，但在自助出版领域以及小说界寂寂无名。这使得我在这些领域出版非技术书籍的难度非常大，难以引起出版社、代理人以及读者的注意，尽管它们确实都是好书（相信我）。所以，一定要留心，关注出版社希望您如何参与书籍的营销推广。

合约

如果成功说服出版社，让他们觉得您的作品将为他们的出版书目增光添彩，那么恭喜您，您已经迈出了成功的第一步！接下来，出版社将向您提供一份冗长的合同，协议条款的详细程度完全超乎您的想像。当然，出版社是为了保障自己利益最大化才起草这些合同的，所以，您可以通过协商的方式来修改自己觉得不合意的条款。

我阅读并签署过许多图书合同，但还算不上是这方面的专家，也不是律师。我再次向您推荐司各特·梅耶斯为新手作者创建的网页 www.aristeia.com/authorAdvice.html，可以在此获取签约注意事项。如果之前从来没有签署过图书出版合同，就请知识财产律师、文本代理人或其他专家审查合同，查找任何可能需要调整的内容。这里要介绍我在检查合同时经常关注的一些要点。

作者样书

我要求做的第一项改动就是作者可以获得多少本免费样书。出版社可能会为您提供 10 本左右的样书，但您可能需要 25 或 30 本样书赠给试读的人和推荐语（序）作者，好让他们写书评；您还得给自己留上几本作为收藏或者送给自己的客户。您的母亲至少也要保存一本。不要羞于索取更多样书。这种情况对出版社而言，只是一笔微不足道的支出，因为他们将按成本计算，而不是按标价。通常，还可以直接从出版社那里以标价的 40% 至 50% 购买一批，供自己使用。对于赠书以及以作者优惠价购买的书，您不会获得任何版税。

版税

这是您真正感兴趣的部分，不是吗？在合同里，版税会被设置成两级至多级的阶梯费率。每一级版税即为书籍销量达到某一数值时，出版社需要拿出一定比例的净收入（远远低于每本书的售价）支付给作者。比如，以下是一个三级版税的实例：

- 销量为 1~5 000 册时，作者获得 10% 的净收入
- 销量为 5 001~20 000 册时，作者获得 13% 的净收入
- 销量超过 20 000 时，作者获得 15% 的净收入

过往作品销量越高，在协商版税时，您将拥有更多话语权。除非您是某个领域中名气最大的作者，否则对于纸质书来说，版税高于 20% 是非常罕见的。也许电子书可以获得更高比例的版税。

合同中还规定了多种情况下书籍销售的版税税率：美国境内销售和美国境外销售；电子书；出版社在全价销售和打折销售时需要设置不同的版税税率；第三方出版（例如将英语版本许可给另一个国家的出版社）和翻译版本；网站许可……如果书被翻译成其他语言，则您可以得到一笔一次性报酬，相当于翻译许可费的一半，但随后可能无法再从海外销售中抽取版税。合同中将说明所有这些可能性及其版税的支付方式（通常每季度或每半年一次）。

如果愿意，可以就每一级版税的费率和每一级版税所对应的销量与出版社进行协商。请记住，您的诉求不会被出版社全盘接受。

谈判的结果通常是双赢，这就意味着双方都觉得自己获得了一些想要的东西，对自己所做出的妥协也可以忍受。人们通常会吃惊地发现：作者在图书发行中赚取的报酬实在是少得可怜。出版社在销售图书时都会打折，折扣高达55%，用以吸引大型零售商。因此，如果书的标价为40美元，那么零售商可能只需向出版社支付每本18美元的作为进价。您能收取的版税将基于出版社实际收到的收入，这远远低于书籍的零售价格。

举例来说，我最受欢迎的软件领域书籍已经销售了19年。三个不同版本纸质书籍的平均标价约为39美元。我能收到的版税收入平均每本不足3美元（此数额已经包括以所有形式出售和仍在市场上销售的纸质书籍和电子书）。是不是让您感到很震惊呢？这就是传统出版业的运作模式。

预付金

如果出版社为您支付预付金，还可以就预付金的数额和出版社协商。并非所有出版社都愿意向所有作者支付预付金。预付金是未来支付版税的预付款。假设您同意预支10 000美元，出版社在合同开始执行时将向您支付5 000美元，在您提交最终稿时再向您支付5 000美元。书籍在出版后，出版社在向您支付版税时会扣除这部分预付款。出版社只有在版税累计数额超过预付款之后才开始向您支付超出部分。

如果无法说服出版社支付预付款，请不要感到难过。有些出版社根本不会预付，有的出版社不希望预付款金太高，他们希望通过书籍的发行销售快速回笼资金。我还知道有一位备受推崇且著作颇丰的作家选择不接受任何预付款，尽管出版社很乐意支付。那当然是您的个人选择。就我个人而言，如果有出版社愿意支付预付款，我是不会拒绝的。

最近，有一位朋友告诉我，她收到了一家大出版社提供给她一份有关软件行业的非常规出版合同要约。对方不仅不向她提供预付全款，而且合同要求她自己把同一批次印刷好的所有书籍买下，不管是赠送还是转售，全由她负责包销。此举说明出版社试图把此书相关的大部分财务风险转嫁给作者，以确保出版社不受库存积压的困扰。该合同条款要求作者预先投资几千美元。我的朋友明智地拒绝了这份不合理的合同，并把书交给了另一家主流出版社，后者的条款更为合理。

储备金

经常引起争议的另一个地方，是出版社向作者收取储备金以防退货的相关条款。零售商并不总是能够卖完他们从出版社那里购买的所有书籍，尽管此时已经计算销量并且已经向作者支付了版税。此时，零售商会将未售出的书籍退还给出版社并要求出版社退款。于是，出版社需要从作者收取的版税中扣除掉这一部分。

出版社可能会预先从作者那里收取一定百分比或一定数额的现金作为储备金，以防出现不得不收回先前支付版税的情况（就像我认识的一位同行作家那样）。在大多数情况下，从书籍销量中获得的版税足以弥补退货造成的这部分损失。但是，出版社要求保留一部分储备金，以免因退款而造成超额支付版税。

我读过的每本书出版合同几乎都包含这样的储备金条款，这并非不合理。但是，合同通常没有明确规定作者最终收回储备金余额的机制和时机。确保在签约期间与出版社商定好退货问题的解决方案，让他们无法永远霸占您的储备金，或者一直霸占到图书绝版为止。一旦看到书籍的销量已经达到合理的数字并且退货不多，就可以请求要求对方将剩余的储备金退还给您。这种事情我成功操作过好几次。

版权

合同将说明图书的著作权人，我喜欢图书的著作权只归我个人所有，而非出版社。也许这一点并不重要，但这会让我很开心。

下一本书

我见过有些合同包含一项条款：出版社对我的下一本书拥有优先购买权。我总是要求删除该条款，因为我不希望自己以后提交新书提案时有任何限制。谁知道接下来我会写些什么以及会提交给哪家出版社呢？

在这一点上，有一家出版社的要求尤其令我震惊。他们不仅想要获得我的下一本书的优先出版权，而且即使他们退稿，如果发现另一家出版社接受我的新书提案，他们也希望能够以相同的报价获得新书。由于合同里并没有强制要求出版社一定要出版该书，因此他们可以在一段时间之后再次拒绝我，直到我们可以确定新书提案归还给我，我才可以再提交给其他出版社。这个条款极不合理，所以被我断然拒绝。

责任

合同明确规定图书出版发行过程中各方负责完成哪些工作，包括插图、索引和其他元素。一些出版社自掏腰包为您的书稿制作插图。另一些出版社则希望您自己提供排版要用的插图。还有一些出版社会在必要时重绘您提供的插图，但会从您的版税中扣除相关的费用。

顺便说一句，一定要对插图进行校对，以确保插图正确反映了原稿中的所有要素，箭头的方向正确，文字拼写和位置都正确，等等。如果出版社的工作人员重新绘图，请尝试安排直接与制图人员沟通，不必经过编辑的转述。

我的一些书在这方面遇到过问题，我需要在插图中有一条曲线，然而制图人员画出来的都是直线，我花了很长时间跟他沟通才得以确保他的图与我的意图保持一致。之所以耗费这么多时间和精力，就是因为我的责任编辑不允许我与制图人员直接交流。有一次，有位制图人员经过前后五轮尝试才把一个并不那么复杂的插图搞对——也就是说，不过是为我创建的草图做一番简单的美化。然而，更加令人沮丧的是，该书出版之后的首印中竟然是该图的第四个错误版本，而不是正确的第五个版本！

出版社通常雇人来创建索引，他们可能会从您的特许权使用费中扣除这一笔索引制作费用。我知道，有一位作家总是亲自为自己的书籍创建索引，他甚至说服出版社为此而向他支付费用。我通常只为我的索引制作者提供有关索引术语的建议，然而，他们通常都会忽视我的建议，这让我感到很无奈。我也从未被允许过与我任何一本书的索引制作者直接沟通。转述的沟通方式无效、拖沓而且烦人。

坦白讲，我的书籍中，索引都做得很差，通常需要很长时间才能解决问题。所以，作者需要仔细检查索引，确保它包含的所有专业术语可以帮助感兴趣的读者进行查找。如果要写的书籍中包含即使经验丰富的索引制作者也可能无法掌握的技术性强的内容，这就是一项特殊的挑战。如果书的索引以及其他任何地方无效或者包含有错误，读者会认为是作者的错误。

信守承诺

只有在您对书的完成时间有一个清晰的规划以及可以确保不用干掉自己就能按期交付的情况下，才可以与出版社签订合同。曾经有位顾问在动笔开始写作之后很快意识到自己没有足够的时间和精力完成这本书，因为他还有许多其他工作，还有自己的家庭生活。精疲力尽的他做出了明智的选择，他认为写作对他来说并非优先级较高的事项，因此果断选择了放弃（至少是暂时搁置了）。

另一位著名的作者告诉我，有一次他在截止日期之前交付的不是一本书，而是两本。虽然他很开心已经收到预付款，但他真不清楚能不能完成两本书的任意一本。如果确定不能按时交付书稿，请尽快通知出版社，让他们采取适当的补救措施。可能包括调整时间表、请他人完成本书或者完全放弃项目。合同中应规定在哪些条件下进行怎样的补救。如果无法完成计划，请退还预付金。这是再正常不过的事情。

出版社在与作者签订合其实就是在博弈，除非他们和作者以前一起工作过，否则出版社只能相信作者会按承诺交付。以下是一家出版社告诉我的：

"最近我同一位作者见过几次面，讨论书籍的内容与计划。我对她的选题很感兴趣，有意向给她发合同。但是，向她发送作者调查表之后，她最初答应说会在一两周之内填好发还给我。现在已经过去两个月了。她发一些电子邮件解释了延迟的原因，但最新承诺的时间点又过了。如果明天我还拿不到她填好的调查表，我就不跟她签合同了。如果她不能在承诺的时间内完成作者调查表，只有一个接一个的借口，这就等于告诉我她不可能按计划交付这本书。"

您一定不希望这样的故事发生在自己身上。我的人生信条是，承诺要谨慎，交付要提前。这可以使我避免做出虚假的进度承诺。我在写书时，这种态度对我很有帮助，出版社和编辑都很高兴。

与编辑和出版社就书稿状态保持客观及时的沟通至关重要。出版社的生产、销售以及市场推广计划的进度都是掐着时间点儿来的，所以他们必须在那些外部截止日期前完成任务。准时送达书稿，甚至提早送达书稿，总是错不了。但是，在没有知会出版社的情况下提早交付，可能会打乱出版社的整体计划。逾期交付永远不是一件好事，但如果出版社提前知道这种可能性，可以通过调整计划来减轻负面影响，因此可能也不会太沮丧。我向您保证，如果延迟交稿，还没有任何警告，浪费了广告费不说，图书零售商也会感到沮丧并且取消订单，潜在的购买者也会失去兴趣，导致出版社的声誉受到影响。

出版是一项关乎信任关系的业务，一定要确保按时交稿。

保持跟踪

这将比您写书的时间更长，甚至长得多。请为进度留有一定的余量以免出现由于任何无法预测的问题而导致的麻烦。请记住，写书只是个开始。通常，在出版社看到书稿之前，我总是邀请约15位朋友和同事对书稿进行审阅。他们都是我的Beta版读者，正如本书第30章所述。虽然这会增加时间，但有利于提高品质。除了关注进度，我通常还会关注篇幅，因此我必须跟踪监控每一章的篇幅。要跟踪的地方还真是不少啊。

为了帮助我全盘掌握这些信息，我为每个图书项目的开头都设置了一个状态跟踪电子表格。可以在本书的WAV网页www.jrosspub.com查看我拟定的状态跟踪电子表格的示例。我承认，我喜欢数据。这种颗粒度的跟踪对我自己来说必不可少，然而，它可能对您完全没有意义。我的电子表格是一份单独的Excel工作表，包含三个部分，分别是章节状态、审阅状态和全书篇幅。

章节状态

我列出了我需要创建的所有图书元素，包括章节、献词、致谢、序言、自序、引言、书中各个部分的简介、结束语、附录、词汇表、参考文献和书目、作者传记和索引。不一定需要所有这些组件。对于每项元素，我都要记录以下日期：

- 起草日期
- 发送给 Beta 版读者的日期
- 收到评论的日期
- 基本完成日期
- 提交给出版社的日期
- 收到经过文稿编辑后版本的日期
- 将修订后版本发回给出版社的日期
- 收到校对后版本的日期
- 我对最终版本进行修订后发回给出版社的日期
- 最终印刷版提交出版社的日期

对其中的主要里程碑，我都确定了目标日期，比如提交书稿给出版社的日期。这样，我可以快速查看整个项目是否在按计划执行。

审阅状态

对于每位审稿人，我都会记录收到他们完成每一章审阅的日期。我用 0 到 +++ 的符号来标识他们反馈的有用程度。这个方法确实有效。我可以确定谁是最有用、最可靠以及最及时的审阅者。我会将他牢记于心，下本书还会请他审阅。

尽管在招募志愿审阅者的时候没有遭遇过任何麻烦，但令我惊讶的是，这些志愿审阅者当中有很多人根本没有给出任何反馈。他们甚至不解释为什么不对我发给他们的内容发表任何评论。他们凭空消失了，好像被外星人绑架了一样。这真是匪夷所思。如果您注册成为 Beta 版读者，但由于某种原因却无法参与其中，请尽早告知作者。他期待着您的反馈，而时间也很关键。

全书篇幅

根据要讲的故事以及我认为最适合市场的内容，我通常会为书籍设置一个目标篇幅。如果您不喜欢这样做，则可以跳过本节。我根据大纲估计每章的字数。然后，在待审阅的书稿和每章的最终版本中都记录实际的字数。我在电子表格中统计迄今为止的累计字数，并绘制了实际字数与预期字数的比较图表，以便我可以看出偏差。有些书的最终篇幅比我最初估计的多出20%，这意味着我在计划和设定目标方面有待改进。出版社可能会根据某些格式为您提供一个公式，可以用这个公式根据字数来估算页数。

我同意，上述做法确实有些麻烦，但它的确可以帮助我按照目标来完成全书写作。作为研究型科学家，我是个数据控，所以这对我来说真的很有趣。我知道这对其他人来说的确有些古怪。

或者，您直接开始奋笔疾书吧，一直写到结语才停下来，没准儿这种方式更适合您。

下一步行动计划

- 假设您有一本书，请事先写好电梯营销文案。然后请一些朋友和同事试读，看它能否引起他们的注意以及能否向他们揭示本书的内容。不断调整直到能够达成上述目标。
- 列出您能想到的所有竞争对手的书名。您和出版社如何定位新作以便能够跟这些图书展开有效的竞争？换句话说，读者为什么想要购买您的新作而不是其他书？您一定要对这个问题准备一个有说服力的答案。
- 查看附近图书馆中所有的专业书籍，列出一些出版社的名单，他们出版了一批您喜欢的书，并且很可能就是您想提交新书提案的目标对象。您是否可以确定自己计划要写的书在逻辑上与您看到的某些系列丛书主题一致？
- 如果尚未将书提交给出版社，请从 wwwjiosspub.com 的 Web Added Value 下载资源中下载样本提案，并以它们为起点准备提案。

第 34 章　自助出版

今天，希望能够拥有自己专业图书的作者拥有多种选择。您可能出于多种原因而选择自助出版，也许是因为您现在还无法赢得代理商或者出版社的青睐；也许您打算写的技术书籍针对的是小众市场；或者您打算写一部家庭史这样的非技术书籍（不会有什么商业价值）；又或者，您也许不喜欢把选题交给代理商或者出版社之后漫长的等待，甚至可能遭到无情的拒绝。

您可能已经听说过，有些作者通过自助出版的方式使自己的书发行了好几万册，最终还可能引起了传统出版机构的高度关注。是的，这些都是活生生的事实。根据 www.statista.com 的统计：在美国，2017 年自助出版的书籍为 1 009 188 种[①]。这个数字远远超过了通过传统出版机构发行的书。一位在出版行业浸淫数十载的朋友告诉我：在美国，正式出版的英文书籍每年的平均销量还不到 4 本。看来，仅凭版税就可以享受退休自由的好日子已经一去不复返了。

我尝试过几次自助出版。让我告诉您我在这几次尝试中都学到了什么。

自助出版，可真是便宜啊

在过去，从本质上说，自助出版就是承认自己的失败。承认自己因为无法引起出版社的关注而被迫选择自助出版。然而在今天，对许多作者来说，自助出版都是一项切实可行的选择。一些作者求助于注重功利的出版社。这些机构向您收取费用来出版您的书。然而，书籍能否被有效推广和销售以及您是否能够及时收到版税，完全取决于出版社。今天的自助出版和传统出版机构的运作模式完全不同。

尽管，自助出版仍然意味着您的书没有对传统出版机构产生足够的吸引力。但有许多工具和选项任您选用，所以，通过自助出版实现商业成功还是有一定可能的（当然，无法确保成功）。

我自助出版了两本书。第一本书完全是个特例。当我还是个孩子的时候，我们全家在欧洲生活了三年，那时我父亲在美国空军服

---

① 编注：2018 年，分配给自出版图书的 ISBN 数量为 167 万。

役。我们畅游整个欧洲，饱览了欧陆风情。父母把我们的游历过程记录下来，一半是回忆录，另一半是旅行游记，还附有照片。它成了弥足珍贵的家庭记忆。2011年，在我母亲85岁生日那天，我和兄弟姐妹们决定将所有这些游记结集出版，取名为"天涯海角"（You Can't Get There from Here），这是我们全家人在欧洲自驾游时寻找某个风景秀丽的城堡或者其他景点时经常念叨的一句口头禅。

当我们把这本书捧到妈妈面前时，您能想象出她的表情吗？有人送给您的礼物是一本作者署名为您的书，但您之前对此一无所知，这份惊喜可不是经常有的。

为了这一次自助出版，我用了CreateSpace工具，当时Amazon纸质书的自助出版平台。2018年，亚马逊将CreateSpace整合进了Kindle Direct Publishing（KDP），后者是Kindle阅读器发布电子书的平台。从现在开始，我将这组平台称之为KDP。

第一次尝试自助出版，进展过程相当顺利，在许多方面都为我积累了宝贵的学习经验。我们不打算向外销售这本书。当然，有了KDP的加持，您几乎可以立即在Amazon.com上（也可以选择在其他地方）销售自己的图书。只需设置各种货币的价格，选择发行渠道，然后单击按钮即可将自己的作品发布到全球。

这些书是按需印刷的，因此作者用不着担心最终会有成百上千册书滞销所造成的成本和库存。使用按需打印功能（POD），只有在某人下单订购时，打印机才会印刷书籍并运送给客户。它们看起来就跟普通书籍一模一样。只不过，由于是自行装帧设计的书籍，所以封面设计未免有些简陋，页数也不多，内容排版设计上也稍显业余。许多实体书店都不会销售POD书籍。

KDP提供了多种出版选项。我为母亲的书选择了最简单的方式。首先，我对父母编撰的原始文字进行编辑，然后我做了简单的封面设计（全套的封面设计，包括封面、书脊和封底）和版式设计，这些对我来说都很新鲜。设计好版面之后，我只需将内部和封面PDF文件上传到我的kdp.amazon.com账户。KDP工作人员审查我的文件并得出结论说他们根据我的需要安排打印，于是我就订购了一本平装本。我对封面布局进行了几处小的更正，我认真仔细的姐姐在最后校对过程中发现了几处内容错误。更改后的第二稿印刷版经验证无误。到此，我们完成了整个自助出版过程。整个过程我花了63.34美元，账单明细如下。

- 申请 ISBN 支付 10.00 美元，以便在这本自助出版的书籍印上自己的出版印鉴："Agent Q Bookworks" 出版。或者，可以使用 KDP 提供的免 ISBN 注册发行版本，在这种情况下，它被显示为"独立发行"。
- 账户升级费用 39.00 美元，这样，我们自己购买这本书可以节省一半的成本（目前 KDP 不再提供此选项）。
- 每册书的发行费用 3.58 美元和运费 3.59 美元，一共两册。
- 我妈妈的感动：无价。

这对我来说似乎很便宜。如果我们还需要，可以继续从 KDP 购买，每本仅需 $ 3.58，另加运费。当然，我们又给妈妈多买了一些，让她送给亲朋好友。

因此，这是一种自助出版的典型案例，所有事情都由自己动手完成，牵涉的工作确实很多，但正如我所说的："这是爱的劳动。"另外，这还是一次无与伦比的学习经历。我从未想象过我会扫描和修饰 83 张拍摄于半个世纪前的照片。

自助出版，可真不便宜啊

另一方面，如果自助出版的作者希望自己的著作一看就是一本非常专业的书籍，就需要聘请专家完成一些关键的任务，例如文稿编辑、封面设计、排版、页面制作、校对以及转换为电子书格式。2017 年，我在写个人第一本小说《重建》（*Reconstruction*）时选择就是这种模式。当时我的目标之一正是当有人拿起我这部小说的时候，永远不会说："这一看就是自助出版的书。"为了达成这个目标，我需要有专业团队的支持。

以前我从未写过小说，我对小说的写作风格知之甚少。因此，在初稿之后，我聘请了一位文稿编辑，她给我的反馈正是我梦寐以求的。她帮助我纠正了行文的时态，告诉我何时用对话来替换叙述性文本，何时用叙述性文本替换对话；她提示我添加更多有关某些角色和场景的描述性信息；她还帮我修改了一些格式信息；等等。劳拉不遗余力地指导我成为一名出色的小说作家。

我还想要一个醒目的封面，使人们一眼望去就有翻书的冲动。我先草拟了一个概念，但后来我聘请了一位专业设计人员来精雕细琢。维尼在他的网站上展示了他为小说以及其他书籍设计的许多封面,都很有冲击力。他为我提供了一些封面草稿,有一些我很喜欢,而另一些我不喜欢。我们二人齐心协力共同完善,经过多次修改和迭代,最后,我终于得到了一个让我爱不释手的封面设计,可以在www.TheReconstructionBook.com看到它。聘请专业人士就是确保他可以创造出高质量的图片,可以根据需要适当调整封面大小,以适合我选择的自助出版机构的要求。

在为这本书寻找专业排版人员的时候,我觉得他们的报价对我来说似乎都太高了。我在制作我母亲那本游记的时候积累了一些经验,因为那本游记里有好多照片、地图和其他图形,必须保证位置正确。因此,我决定自己动手,再说了,我的小说基本都是文字,还能有多难?

事实证明,完成一本书的排版设计并不是难于登天。我泡在图书馆里研究许多正规出版的小说是如何布局的(不是那些刊载在杂志上的小说)。我量了页边距,记录下页眉的格式,仔细查看了字体及字号和间距,详细查看各章首页的样式。

除了小说本身的文字外,我还必须了解小说文前和文后辅文都要配置哪些内容,比如标题和版权页、献词(当然是我妻子!)、致谢和作者介绍。某些自助出版平台允许在选择开本尺寸(书籍印刷时的尺寸)后下载用于内部排版和全套封面的模板。

总结:书籍版式设计包括的活动

关于书籍版式设计,具体包括下面这些细节。

- 设置每页周围的页边距,需要区分单双页,因为在设置页边距时需要考虑到装订的要求。
- 选择正文的字体、字号(点)和行间距(即行与行之间的垂直空白)。
- 为任何特殊类型的文本定义字体、样式和格式,例如引号和章节标题。
- 定义并设置正文的页眉和页脚,它们可能因章节而异,并且在每一章的单双页以及第一页上可能有所不同。
- 章首页单独设计。
- 定义要遵循的缩进标准。通常,每一章的第一段、标题后紧跟的那一段以及每一章中出现中断之后的段落,这三处都要采用左对齐，其他所有段落都采用缩进格式。正常情况下，正文文本采用按比例间隔的两端对齐格式。

- 选择要遵循的任何突出显示的模式。例如，我为《重建》一书中每章的前三个词都采用 BOLD SMALL CAPITALS 字体突出显示，这么做只是为了区别。
- 确定目录和索引的版式，小说可能不需要索引，但其他类书籍需要。

一旦决定了小说的装帧，完成排版设计就不是那么复杂了。但是，将全文 8.8 万字导入模板的过程，让我开了眼界，知道了以前完全陌生的连字规则和布局惯例。遵循这些规则可以确保书籍在印刷出来之后的确看起来不像是自助出版的。

例如，左右对开的两个页面最底行要对齐。如果是在 Microsoft Word 中创建原稿，则可能自动打开防止开头独行和结尾孤行的设置，即页面底部不会单独放置段落的第一行（开头独行）或者在页面顶部单独放置段落的最后一行（结尾孤行）。但这项设置可能会使您在某些相对页面上的行数不同。需要关闭防止开头独行和结尾孤行的设置，然后手动修复，使对开页上的最后几行对齐。

对连字规则，一定要小心谨慎！这些地方一定不要用行尾连字符：每个段落的第一行；段落的倒数第二行；页面的最后一行以及倒数第二行；页面的第一行。对于已加连字符的单词、URL 链接或包含其他标点符号（例如撇号）的单词中，请勿使用行尾连字符。如果要在一行的结尾处单词中使用连字符，一定要确保连字符的前后都要有两至三个字符。我还发现 Word 的自动连字符功能并不总能正确分割单词，因此不得不手动修复一些此类错误。

要纠正所有这些排版问题，还需要反反复复仔细检查，还要做大量的手动调整。为了遵循所有的连字符规则，我需要将某些行中的字符紧缩，以便让该行末尾的连字符自动向前环绕。有时还不得不手动插入换行符，以便把带连字符的单词压到下一行。即便如此，由于未知的原因，某些在 Word 中看起来整齐划一的页面在 PDF 中却不太正常。这项工作非常枯燥乏味，无聊之极。好消息是，我确实发现了以前没有注意到的 Word 排版设计功能。

Word 其实并非进行此类排版操作的理想工具。专业书籍排版人员使用诸如 Adobe In Design 这类工具，这才是真正功能强大的桌面排版软件，可惜我没有。我的小说采用的专业版式设计完全来自大量的人工操作。

莱勒特·M.史密斯（Lynette M. Smith）提出的"80个常见的书籍排版错误"是我这部小说的排版指南，正是在它的指引下，才使小说的印刷版看起来与正式出版的书籍毫无二致。这部指南对我来说真是雪中送炭。注意，这80条规则主要与技术和其他非小说类书籍有关，并非所有规则都适用于小说类书籍（幸亏如此！）。

有一个好消息，如果您只打算以电子书的形式自助出版个人专著，则用不着担心上述所有排版细节。电子书阅读器的用户可以自行更改字体、文本大小、行距和页面宽度，这些书籍不会以可预测的方式在页面上流动。实际上，这种文本被称为"可重排的文本"。连接符、开头独行/结尾孤行以及行间距微调等这类问题都不存在了。

请真正懂行的专业人士会增加成本。需要确定自己能负担的预算限额，再看看有哪些编辑工作可以自己动手而无须请专家。考虑一下这些投入是否有助于提高销量，再考虑一下是否有利于本书最终被代理商或传统出版机构看中。如果这些投入只是提高了个人的成就感（"我这本书可真不错啊"），那就要慎重行事。请注意，如果您是自雇类人士，并且在日历年内向您请的编辑或设计师支付超过600美元来帮助您完成自助出版的书籍，那么您必须为他们中的每一位签发1099-MISC税单，并将这项支出申报给美国国家税务局（IRS）。

《重建》成书后约300页，各项支出费用如下：

- 聘请文稿编辑：2 640美元
- 封面设计和自助出版咨询：1 275美元
- 校对：1 050美元
- 转换成两种电子书格式：适用于Kindle设备和阅读器的MOBI以及适用于大多数其他阅读器的EPUB：750美元
- 10个ISBN注册码，这样可以在纸质书本的封底贴上带有价格的条形码：320美元，每种出版格式都需要一个单独的ISBN码，包括平装本、各种电子书、有声读物、大字体版本……使用KDP出版服务的Kindle电子书不需要单独购买 ISBN。如果想单独或成批购买 ISBN，可以选择 Bowker Identifier Services 的服务包（www.myidentifiers.com）
- 从 Shutterstock.com 获得书籍封面图片的授权使用许可：29 美元
- 在美国版权局注册版权：35 美元

如果再加上几版小样以及其他零零碎碎的投入，那么将我这本法医推理小说变成一本引人入胜、印刷精美的书籍总成本约为 6 300 美元。这是我自己出版的送给我母亲的那本游记成本的近 100 倍。这可不便宜啊！

这一切都值得吗？为了赚回我的投资，我不得不挖空心思扩大《重构》的销量，而且还会徒劳无功。但是，嘿，我可是写了一本小说呢！这可是我写过的最有趣的东西。因此，对我来说，这一切都是值得的。到目前为止，这本书获得的都是五星好评，所以这真是一本好书。

如果您不愿意亲力亲为做好所有这些事情或者找不到经验丰富的专业人员，那么许多自助出版公司可以提供全套服务。您只需要付钱给那些公司，选择他们的服务，让他们完成封面设计、排版、营销、促销和零售等几乎所有工作。这些服务可以任意组合，价格从几百美元到几千美元不等。

KDP 是我合作最多的自助出版平台，此外其他自助出版平台我也不排斥。其他自助出版公司包括 IngramSpark（我选过他们为《重建》提供印刷和发行服务）、Lulu、AuthorHouse、Dog Ear、Book-locker 等。Smashwords 专攻电子书，我用它们的服务完成了另外一本自助出版书籍。IngramSpark 的优势在于可以为许多零售商同时提供印刷版和电子书两种发行方式，包括实体书店，这些小型零售商可能不会进货 KDP 或者 POD 发行的书籍。

自助出版的销售过程高度复杂，可能会导致混乱，比如选择发行渠道，将本书所有不同版本都设置为正确的格式，设置使用本币和外币支付时各自的价格，选择付款机制，等等。我自己在自助出版过程中也确实遇到了一些问题。幸运的是，KDP 和 Smashwords 的客户支持都是一流的，他们帮我解决了这些问题。

自助出版专业或技术书籍似乎是一种诱人的选择。然而，事实上，如果选择自助出版，销量相比采用传统出版方式的销量大概要大打折扣。传统出版机构的营销能力是个人无法具备的。我读过一些自助出版的专业技术书籍，质量方面还是不错的。如果您刚刚开始从事咨询和写作生涯，但尚未在自己专注的领域内拥有一大批粉丝，请不要指望自助出版会让你的书有很大的销量。

无论选择哪种出版方式，都不要斤斤计较从版税中赚取了多少收入，这会让您焦虑。与使用传统的出版机构相比，自助出版花的精力更多，然而收益更低。钱不应该成为您自助出版技术书籍的主要动机。正如我们前面所看到的，还有许多其他原因导致您希望写作和发表个人作品。

当然，主流图书发行渠道和印刷装帧精美的书籍并不能保证所有书店和读者都会争相购买您的著作。您需要解决的首要问题是让人们知道这个世界又多了一本好书。

自助营销

不，不是要告诉所有人您是个好人，而是要告诉目标客户您写过哪些好书以及人们为什么要购买您的书。无论选择哪种自助出版渠道，所有想出版个人专著的人都同意，必须准备好推广和营销工作：营销、营销、营销，重要的事情说三遍。有些人似乎笃信"酒好不怕巷子深，书生自来闻书香"。我想，更准确的说法应该是"好书宣传千百遍，方能引得知音来"。即使与传统出版机构合作，也要提前计划好在推广和营销方面投入大量时间和精力。

许多网站都刊载了大量推广和营销自助出版个人专著的技巧；在做好准备工作之后从中选择适合自己的方法。选择哪一种市场营销方法在某种程度上取决于专著的类型。以下只是有关推广和营销工作的一些建议。有些可能对您有些作用，有些则可能完全无效。

- 在您的所有社交媒体上提前发布公告，而且要反复发（警告：根据我的经验，在社交媒体上获得多少点赞和好评与书的销量没有直接关系）。
- 在书出版之前，请加入相关的领英小组，积极参与讨论，让其他访问者知道您有话要说。
- 从书当中截取一些片段，改写成言之有物的小文章，拿到领英上发表，在相关讨论组中发布书的链接。

- 联系当地报纸，看看是否有人对您和您的书感兴趣而愿意做一个专访。类似事情我做过好几次了。
- 同理，与本地的电视台和广播电台也联系一下。
- 在亚马逊上开通作者页面。
- 邀请您所在领域的一些著名专家提早写一些推荐文章。可以将它们放在封底或者扉页上，也可以放在图书网页上以及在线零售商的图书说明中，例如 Amazon.com 页面上的"编辑推荐"部分。
- 给一些同行免费送样书，提醒他们在自己的社交媒体渠道上发布书的消息，在网上零售商及其经常光顾的任何其他论坛上发表书评。可能需要多提醒几次。
- 请与图书馆和书店联系，看看他们是否感兴趣。他们可能更希望从类似 Ingram 这样的大分销商处进货，他们一般都不喜欢从 KDP 或者您自己那里进货。
- 与网站或杂志联系，发表从书中节选的一些文章，也可以请他们审阅本书。
- 如果您关注了该领域中的任何博客，看对方是否愿意接受您根据书的内容写访客跟帖。不过，博主一般都会拒绝过于明显的促销跟帖。
- 请与您认识的书评人联系，看看他们是否愿意对此书发表评论。有一些网站专门写书评，但会收费，例如 Kirkus（www.kirkusreviews.com/indie-reviews）。我从未尝试过其中任何一个，所以不知道它们是否值得。如果需要他们的帮助，请尽早开始，因为某些此类网站只评论还没有上市发行的书籍。

这个清单可以继续罗列下去。基本上，必须想方设法跨越我先前在第 2 章中提到的关于成为一个独立专家（包括顾问或作家）的最大障碍："如果没有人知道您，您再优秀也没有用。"我赞成您仔细搜索查询那些为如何营销和推广书籍提供众多建议的网站，根据关注的主题选择最有效的推广机制，根据能投入的时间和预算来选择最合适的促销机制。

最后还有一个促销技巧。我在自助出版《重建》的时候，妻子给我买了一件运动衫，上面印着"请向我提问，只要和我的书有关"。当我去参加品酒活动时，当我在本地公共图书馆做志愿者时，以及我参加聚会时，我都穿着它，很多人看到它时都会向我打听。那件运动衫为书的销量做出了贡献，早已经回本了。

您大概也听说过，有的人靠着自助出版的书籍大红大紫，销量惊人，赚了大钱。而现实中，恐怕您我的著作大概率做不成这样。很抱歉我总是实话实说。但我还是要祝您好运，祝您的自助出版一帆风顺。迄今为止，我自己做得还不错。

下一步行动计划

- 如果想选择自助出版，先问问自己为何选择这条路而不是与传统出版机构合作。您是否认为自己愿意克服传统出版的障碍？
- 考虑一下：如果选择自助出版，有哪些任务需要亲自完成？有哪些任务最好聘请其他专业人士帮忙完成？
- 估算一下自助出版的费用，确认是否在自己的预算内。注意：这些费用应该作为业务费用免税。但是，美国国税部门希望您的公司在五年中至少有两年是盈利的。
- 写下自己愿意并能够付诸实践的六至八项行动，用以推广自费出版的书。

第 35 章　合作写书

几年前，我做了一件之前从来没有做过的事情，那就是合作写书。效果非常好。我与其他人合作写过几篇杂志文章，效果也不错，但杂志文章与书籍相比，不可同日而语。如果想要与其他人一起合作写文章或者其他任何一项需要长时间合作才能完成的任务，那么您可能会发现下面的故事很有用。

2012 年 8 月，Seilevel 软件需求咨询公司的研发副总裁乔伊·贝蒂问我是否考虑过为我广受欢迎的《软件需求》写第 3 版。该书第 1 版由微软出版社 1999 年出版，第 2 版于 2003 年出版。

实际上，我确实考虑过写第 3 版。第 2 版在当时已经出版 9 年了，尽管所有内容依然有效，书仍然畅销，但我知道升级显然更好。在第 2 版出版之后的 9 年里，软件领域发生了一些重大的变化。第 2 版中有些内容略显陈旧，需要补充，而有些部分则需要改进。

坦白说，修订篇幅多达 500 页的大部头令人望而生畏，无疑是一项非常艰巨的工作。几年前，我退休了，不再做咨询和培训工作了，软件需求领域的相关文献完全不知道。对我而言，吊床、吉他以及志愿者工作比再次在键盘上花好几百个小时更有吸引力。也就是说，尽管意识到改版《软件需求》的确有必要，但我并不是特别有热情。

不过，乔伊提出的问题使我开始思考和她一起合作写《软件需求》（第 3 版）的可能性。乔伊在商业分析领域备受推崇，当时她参与合著的《软件需求与可视化模型》[①]一书获得了广泛的好评。我们开始探讨合著的可能性。很快，我们达成共识：两人的合作很有价值，我们愿意尝试一下。

"需求"的需求

针对《软件需求》（第 3 版），我们的首要任务是创建一份大纲。我们以第 2 版的大纲为基础。我们首先把第 2 版的各个章节区分为两类：必须要进行大规模修改的章节和只需要进行微调的章节；

---

① 译注：清华大学出版社 2016 年出版。

然后再看看第 3 版需要添加哪些全新的主题。我们两人各自分头研读第 2 版，各自圈出要进行更改的地方。我提出了 150 多个修改想法，逐一写在便签上，贴在第 2 版的相关位置。我的电子邮件存档里保存了多年来读者与我进行的几十封电子邮件交流（也包括在 2004 年和 2008 年乔伊本人与我的几次邮件往来）。这些信息（读者向我提出的问题以及我的回复）丰富了如何改进第 3 版的想法，也是第 3 版中可以分享的故事来源。

以第 2 版为基础，乔伊和我很快敲定第 3 版所有章节的结构以及最初的一级和二级标题。然后，我们在此基础上继续丰富细节。我们两个人在每章标题下添加了如何修改和完善的想法。这个带注释的大纲成为我们交流思想的主要协作工具。本质上，这个大纲及其所有相关注释共同构成了我们两人对《软件需求》（第3版）的需求。

我们将新版大纲纳入提交给微软出版社的新书提案之中。当微软出版社接受我们的提案后，乔伊我们俩激动万分。之前，我们俩都在微软出版社出版过自己的书，而且与他们的合作都很愉快。

跨越千山万水

我住在俄勒冈州的波特兰，而乔伊住在德克萨斯州的奥斯丁。我们其实只有一面之缘，相识于我们决定要合著《软件需求》（第3版）之前那年的一次会议上。我们需要确定在这个为期数月的合作项目中行之有效的信息交流和管理方法。

乔伊在 Microsoft SharePoint 上建立了共享数据库作为我俩的配置管理工具。我们还建立了一个问题清单来跟踪预计会出现的各种问题。我们在数据库中创建了如下各个文件夹，用于管理不同类型的文件：

- 第 2 版的最终印刷版本，分章节存储。这是我们新书的基准点。
- 书稿草稿，我们会对它们进行多次内部评审、修改和迭代。
- 数十个图形和其他图像，分列在每一章的子文件夹中。
- 提交给出版社进行文稿编辑的分章节文本以及出版社编辑后返给我们的版本。
- 我们从出版社那里收到的经过排版的、PDF 格式的各章节分页文本，供最终校对使用。

- 我们俩自己使用的状态跟踪电子表格、章节清单和协作过程，针对 Beta 版读者的审阅指南以及问题列表。这些都是管理我们这个合著项目的基石。

只要我俩中任何一人将某个章节的修订版或其他文档上传到这些文件夹，我们只使用添加模式（不是覆盖），以便保留所有版本的历史记录。我们严格遵守检出和检入过程以确保一次只有一个人可以处理某一个文件。这条基本的配置管理原则能够确保我们不至于覆盖掉对方的工作，也不至于丢失我俩中任何一人所做的更改。保留每章的历史版本可以让我们时不时回头检查以前处理某些主题的方式，并且，不小心丢失的一些材料也可以迅速找回。如果没有这样一个共享文件数据库，想要完成这样一项规模庞大的合著工作将会困难重重。

共同制订合作计划

长久以来，我一直怀疑许多合作完成项目的团队其实并不会花太多心思去想他们如何写作。也许一开始都是风平浪静，大家合作愉快，一旦临近项目截止日期，发生了太多意外，所有人压力陡增，这时的团队合作就缺乏章法。乔伊和我花了很多心思制定合著《软件需求》（第 3 版）时双方要遵循的协作流程。

首先，我们两人分别承担各个章节的主要作者责任。我们在分工上尽量做到工作量平衡。我们还精心设计了一个流程，流程制定得很详尽，覆盖所有细节，比如，一方如何将信息与内容转交给另外一方，如何回复从 Beta 版阅读者那里收到的反馈，如何与出版社的编辑团队互动。

我们还就某些写作风格和格式问题达成共识。我们一致同意：本书的主要目标是要确保书籍从格式到内容保持一致。我们不希望将来书籍出版之后，读者能够一眼看出我们当中谁执笔完成了某个章节。对于从第 2 版直接继承来的章节，要达成这个目标轻而易举，毕竟当初都是我独自写的。但对于全新的章节，我们经过来来回回无数次调整和修改才最终做到了浑然一体。

乔伊和我甚至还讨论了如果我俩对某个问题持有不同意见时如何解决冲突。我的经验是，在进行业务合作时，最好在第一个冲突到来之前，双方就如何解决矛盾冲突达成一致，而不是等到在各方已经丧失理智而单纯从感情方面捍卫自己的观点。现在看来，我们提前把双方协作过程的所有细节都考虑清楚并协商一致，是一个宝贵的经验。

状态跟踪

在合作写一本大部头的专业技术图书时，有很多信息需要及时跟踪。在合著期间的任何一个时间点，这本书的每一章都处于以下各个状态之一：

- 尚未开始
- 初稿写作完成
- 初稿由另一位作者审阅完成
- 初稿审稿后正在由本章执笔者修订
- 由 Beta 版读者进行同行评审
- 同行评审后正在修订中
- 我们自己请来的内部编辑（乔伊的一位同事）正在编辑书稿
- 书稿已提交给出版社进行文稿编辑
- 文稿编辑后的修订过程中
- 最终稿已提交给出版社
- 从出版社收到排好版的 PDF 格式文本，包括每一个页面和插图
- 对已排版 PDF 文本进行校对和更正
- 更正后再次校对
- 最终版本提交给出版社（当然，除非之后又发现其他错误）

我们合著的这本书一共由 40 多个部分组成，包括 32 章正文、前言（献词、介绍和致谢）和后记（结束语、三个附录、词汇表、参考文献和索引），书中还有 100 多个图文件。我们对所有这些要素都执行了如前所述的状态跟踪。有时，我觉得自己就像同时在操作 10 多个喷着火星的电锯，手忙脚乱。我们建立了一个电子表格，跟踪每个章节从某一个状态过渡到另一状态的日期。我们俩都必须在这个共享的跟踪电子表格维护自己负责的那一组待完成修订项，这样一来，在更新它们时，我们不会覆盖另一位的工作成果。

我们还建立了一个跟踪表格来查看评审状态。我们记录了每章发评审的日期、预计收到反馈的日期和实际收到反馈的日期以及相应的评分来表示每位评审人员提供的反馈的可用程度。频繁更新此状态跟踪文件确实有些麻烦，但这是完成远程写作工作必须要付出的代价，也是必须要闯过的一关。任何时候任何形式的多人协作活动都会在一定程度上降低效率，而您需要做的是根据需要来调整和适应。

这种模式的状态跟踪活动势在必行，以确保我们时刻清楚各自需要怎么做才能确保我们能够在预定日期交付所有书稿。

乔伊和我还精心安排了关键章节里程碑的预定时间点，然后按照工作进度重新安排时间表。在出版社的编辑团队成立之前，我们对很多任务的时间点是机动安排的。在这一点上，出版社也需要我们切实承诺交稿时间。他们还需要我们切实承诺何时可以完成对经过文稿编辑的书稿的修订工作，以及提交最终交付版本的时间。出版社的编辑团队一旦集结完毕，书籍的出版工作就需要有条不紊地按流程执行，就像项目一样每个时间点都要严格遵守。我很高兴地向您汇报，最终我们所有的工作都是按计划完成的，没有出现任何延迟。

成果感悟

合著《软件需求》（第 3 版）尽管工程浩大，但过程其乐融融，妙趣横生。乔伊的确是人如其名，与她合作的日子充满了欢乐。她弥补了我自己知识体系上的重大空白，向我分享了她的很多个人经历和故事。难能可贵的是，我们的基本理念和观点非常相似。每天我们两人交换大量电子邮件，还有不定期的电话讨论，哪怕有些小分歧，也很容易解决。我们从来没有想过要一拍两散。

有人愿意倾听我的想法，可以帮我澄清想法，帮我在左右为难的时候做出决断，帮我判断是否要包括某个特定的主题，以及在我思维混乱的时候帮我理清头绪，还有比这更棒的事情吗？

乔伊还定期从她的同事那里获得一些反馈，时常给他们分享一小段文字来测试他们的反应。这种快速的、来自真实世界的反馈屡屡让我们从自我陶醉中恢复清醒。

您可能认为，与其他人合著可以节省时间，因为可以分给他们很多章节。我的经验恰恰相反。我的经验是，要是我独自写这本书的话，花的时间和精力一定要少于合著。这主要是因为，与个人写相比，在合著时每一章都要经历更多的迭代，因为每一章书稿都是乔伊和我共同修改与完善的。

从好的方面来说，合著带来了很多显而易见的好处。首先，我自己的知识有空白。乔伊具有丰富的专业知识，她写到书里的内容我写不出来。她还更新了几年前我在第2版写的某些章节内容，极大丰富了其中的内容。在某些方面，所谓"旁观者清"，作为局外人的乔伊更容易看到改进机会。

在合著工作刚刚开始的时候，我的一位同行作者问我："一本书就像作者的孩子一般。您对别人'调教'您的孩子有何感觉？"的确，每次看到乔伊对第2版进行大刀阔斧的修改，我都不得不设法让自己置身事外。然而，随着修整过的章节逐一呈现出更好的效果，我也干脆乐享其成，袖手旁观了。

此外，与合著者一起工作的成果比我们每个人独立写书优秀得多。以前我写书时，都是自己仔细看过每章书稿之后发送给十几位种子读者审阅。这次，乔伊和我仔仔细细审阅彼此的工作，然后才发给其他人。我们对彼此的作品进行字斟句酌，严苛到无以复加的程度（当然也是以高度尊重为前提），一切都是为了实现我们共同的目标。

结果，我们对每个主题的最终展示比以前更清晰，更彻底。我们彼此都从对方身上学到了很多。书籍出版之后好评如潮。《软件需求》（第3版）获得了技术交流协会的优秀奖。

您要不要尝试共同创作呢

我会再与其他作者合作完成一本书吗？这完全取决于合著者是谁以及我认为他或她可以给我本人带来哪些知识和经验。几年前，我遇到一位女士，她写了一部有关人类性行为的标准教科书，目前已经出版到了第13版。她告诉我，她和她的合著者准备每三年更新一个版本。我无法想象如何能够保持如此长久的合作伙伴关系数十年不衰，为读者一次又一次地奉献同一本书。不过，她的主题比我的更有意思。

如果正在考虑与他人合著，请评估一下个人动机和期望，因为毁灭任何一段伙伴关系都有很多种方法。也许您只是想要找个人分担工作和帮您整理内容。也许您需要一名伙伴帮您补齐您缺乏的但又应该在书中讨论的某些主题的深入知识。曾经有位同行邀请我和他一起写书，他本人也是领域专家，但他坦承我比他更优秀。所以，他苦苦追寻的是一位影子写手，而不是一位合著作者（由于诸多原因，该项目后来也没有成功）。如果您的母语与本书出版时所使用的语言不同，则您可能希望与目标语言文笔更好的人合作。合作伙伴关系对达成推广和销售目的也很有意义，因为你们两位（或多位）可以联系各自的专业人脉网络来推广书籍。

即使所有人可以齐心协力，前景看起来也很乐观，潜在合著者的职业道德也是至关重要的。您相信合著者能够坚持到底吗？他们也可以信任您吗？有些作者无法完成他们的任务，因为他们缺乏相关知识，他们必须依赖于合著者，然而合著者却逃之夭夭了。这事儿在我身上发生过一次，幸好我及时抽身，才不至于损失过大。如果您想与同行合著一本书，就跟认识的曾经与他合作的人交流一下，了解一下此人是否值得信任，然后再来决定是否需要与对方联系。

除非已经非常了解对方，否则请考虑测试一下他们对目标的承诺和他们的响应能力。可以安排一些电话会议进行初步讨论，然后设计与该书相关的特定活动，要求在这些会议之前以书面形式完成一些任务，以检查事情的进展。如果潜在合作对象没有按时完成任务，而且还总是找借口，那么您可能得完成许多计划外的工作。因为您自己以"从不拖稿"享誉业界，所以不希望成为拖稿达人，然而又没法指望不信守承诺的合著者。

在项目进展过程中重新分配工作并非不合理，就像乔伊和我那样，但调整幅度太大可能会产生财务上的影响。如果同意与合著者平分版税，但最终您却完成了90％的工作（而不是之前约定的大约一半的工作），那又当如何呢？您并不想在项目后期再重新协商版税的分配比例。当然，您也要确保自己全身心地投入该项目，按时履行自己的职责。合作伙伴之间的信任是相互的。

幸运的是，乔伊·贝蒂和我合作时，这些遭心的事都没有发生。有了这些经验之后，我现在对如何与合著者有效合作有了更深的理解。我与乔伊一起合著《软件需求》（第3版）的过程中所积累的经验，对我将来完成类似的合作价值连城。实际上，这些经验将有助于完成任何类型的合作项目。我不会改变我们的合作方式，因为结果已经完全说明了过程的价值，我们到现在都还是好朋友。也就是说，几年后我会让乔伊独立完成第 4 版的修订工作，因为我的吊床还在等着我呐！

下一步行动计划

- 您最想与谁共同创作一本书？为什么？您希望他们能给项目带来哪些好处？
- 如果确实考虑与其他人合著，请列出您想要和大家共同讨论哪些细节以便为优质高效和配合默契的合作伙伴关系打下坚实的基础。
- 识别合著可能面临的风险。请说明每个风险可能带来的负面后果。作为早期预警，您可能会在发现哪些迹象时意识到风险真的演变成了问题？设想一下，如何规避风险，以及一旦风险演变成现实问题，又可以采取哪些应急措施。